»WER AUFMERKSAMKEIT GIBT UND BEKOMMT,
VERFÜGT ÜBER DIE HÄRTESTE WÄHRUNG DER WELT.«

Jon Christoph Berndt

JON CHRISTOPH BERNDT

AUKMERFSAMKEIT
WARUM WIR SIE SO OFT VERMISSEN UND WIE WIR KRIEGEN WAS WIR WOLLEN

ECON

Econ ist ein Verlag der Ullstein Buchverlage GmbH

ISBN 978-3-430-20223-7

© der deutschsprachigen Ausgabe
Ullstein Buchverlage GmbH, Berlin 2017
Lektorat: Gerd König
Alle Rechte vorbehalten
Gesetzt aus der Proxima Nova
Satz: L42 AG, Berlin
Druck und Bindearbeit: CPI books GmbH, Leck
Printed in Germany

INHALT

ZUGETEXTET 7
   Immer nur senden, senden, senden 17
   Typologie der Nicht-Zuhörer 29
   Mit der Herde unterwegs 61
   Meckern, Lästern, Provozieren 70
   Zum Mitnehmen 76

DIE HÄRTESTE WÄHRUNG DER WELT 77
   Fokussierung: Wer zuhört, wird vorn sein 81
   Aufmerksamkeit gezielt schenken 97
   Den Kampf um Beachtung gewinnen, ohne zu kämpfen 111
   Zum Mitnehmen 121

WIE AUFMERKSAMKEIT SCHENKEN UND
BEKOMMEN GELINGT 123
   Empathisch sein und kollaborierend zuhören 124
   Sich selbst wieder wahrnehmen 137
   Viel sagen, ohne viel zu sagen 148
   Echtes Interesse zeigen 158
   Driverseat statt Opferrolle 170
   Der Mut zum Nein 178
   Die Kunst der gepflegten Provokation 181
   Zum Mitnehmen 187

ZUM SCHLUSS GEHT'S UMS SICH-VERKAUFEN 189
   Die Human Brand entwickeln 192
   Zum Mitnehmen 205

ANHANG 207
   Aufmerksamkeits-Detektor: Bin ich ein guter Zuhörer? 207
   Leitfragen für den vertiefenden Diskurs 210
   Anmerkungen 211
   Literatur 217
   Personen- und Namenregister 219
   Sachregister 222

ZUGETEXTET

Beim Mittagessen mit einem Bekannten erzähle ich davon, dass ich demnächst zu einem Kunden nach London reisen werde. Ich habe den Namen der Stadt kaum ausgesprochen, da will er auch: erzählen. Mit der bloßen Erwähnung meiner Reise habe ich ihn – sozusagen als Stichwortgeber in diesem Gespräch – daran erinnert, dass er unlängst auch unterwegs war. In Asien und in Spanien – und eben auch in London. Von ihm kommen jetzt Sätze wie: »London, toll, ich muss übermorgen nach Istanbul.«; »Ihr solltet un-be-dingt in Spitalfields essen gehen, ins Hawksmoor, das Essen dort ist der Hammer. Und da müsst ihr das Sirloin-Steak essen.«; »Wo wohnst du? Ich wohne immer im Haymarket.« Und immer so weiter. Er doziert darüber, wo er sonst überall in London war, was er alles über die Stadt weiß und was er erlebt und erfahren hat. Es war meine Vorlage, und jetzt hat er sich das Gespräch unter den Nagel gerissen. Er hört nicht hin und sendet nur. Aus dem angedachten Dialog, der macht ein Mittagessen schließlich aus, ist ein Monolog geworden. Dieser Gesprächsgrabscher wird zum Salbader. Er ist schön in Fahrt und ohne Zeitdruck, kramt aus seinem reichen Lebenserfahrungsschatz so einiges zum Thema hervor. Eine Frage stellen? Auch mal zuhören? Lieber nicht. Ich frage mich mehr und mehr, wie ich aus der Nummer wieder rauskomme. Und wer wohl die Rechnung übernehmen wird.

Ich weiß auch was, will auch mal, bin es auch wert, gehört zu werden! Das Bedürfnis, im Mittelpunkt zu stehen, ist der Antrieb der Gesprächsgrabscher. Es drängt die Menschen auf die Bühne, immer und überall. Der Drang wird immer stärker, beim klassischen Zwiegespräch von Angesicht zu Angesicht wie im Internet. Bei den Kollegen und beim Chef spürt man es, der beste

Freund und der Lebenspartner tun es, Mutter und Vater ebenso. Allesamt Saboteure des echten Gesprächs!

Vor diesem Phänomen ist niemand sicher: nicht zuhören, nicht empfangen wollen, lieber senden, auf allen Kanälen, 24/7, always on. Wenn man nicht aufpasst, mutiert der Saboteur zum Polypen: Äußerst intensiv saugt er sich an einem fest. Seine Saugnäpfe haben gefühlt sogar Widerhaken wie sonst nur der Kalmar, ein Meeresbewohner, der damit seine Beute festhält und sich einverleibt. Für seine Opfer gibt es kein Entrinnen. Deshalb wird man auch den Gesprächspolypen besonders schwer wieder los. Auf Vernissagen und Empfängen ist er die wahre Pest. Hier tritt er in Rudeln auf, immer auf Ausschau nach Beute. Er geriert sich als Verbalerotiker, als rhetorischer Exhibitionist, und zieht seine Tour de Raison kompromisslos durch – von der Antike bis zur Gegenwart, A bis Z, Flensburg bis Garmisch, süß bis salzig, London bis Dubai. Um ihn abzuschütteln, braucht es Überwindung und Raffinesse, Chuzpe und sogar Taktlosigkeit. Gelingt es nicht, lässt er sein Opfer zu später Stunde emotional vollkommen leergesaugt zurück.

Das nervt. Auch die Ratschläger verrichten ihr Werk ungebeten, überall und ohne Anlass: »Du solltest unbedingt den großen Mixer von Kitchen Aid kaufen, macht 2 PS Spitze, der ist mit Abstand der beste für Smoothies, wir haben den in Hammerschlag!«; »Nach Venedig fahrt bitte nur Mitte November, machen wir auch so, da habt ihr keine Japaner und weniger Kreuzfahrtschiffe und die Biennale ganz für euch allein!«; »Beim Hatha-Yoga musst du echt aufpassen, da gibt's schreckliche Studien, ich sag nur Blutgerinnsel!« Ratschläge können auch Schläge sein.

Eine weitere Gattung der Gesprächspolypen, die Bewerter, sind ebenfalls überall aktiv: »London, was für ein Moloch, hoffentlich kriegst du Schmerzensgeld.«; »Kannst du so gut Englisch?«; »Wieso musst du da hin, sind die Berater da wegen dem Brexit alle schon getürmt?« Dabei möchte man beim Mittagessen nur ein bisschen Small Talk, vielleicht ein paar Informationen geben und bekommen, eine gute Zeit verbringen. Doch statt der leichtfüßigen Konversation hackt jemand auf der anderen Seite des Tisches ungebremst auf London rum, ohne Rücksicht darauf, dass ich da noch hinmuss. Er surft die Welle, die ich ausgelöst habe, mit seinen eigenen Geschichten. Hilfe!

WER ZUHÖRT, VERLIERT Es gibt etliche Formen und Definitionen von Aufmerksamkeit. Außerhalb von Wissenschaft und Forschung ist es sinnvoll, unter diesem Schlagwort drei Fähigkeiten zu unterscheiden:

- an einer Sache dranzubleiben und sich nicht ablenken zu lassen, auch verstanden als *Konzentration*

- trotz ablenkender Impulse nicht abzuschweifen, auch bezeichnet als *selektive Aufmerksamkeit*

- schnell und höchst konzentriert zwischen verschiedenen Aufgaben hin- und herschalten zu können; auch *Multitasking* oder *alternierende Aufmerksamkeit* genannt.

Eng verwandt mit diesen Fähigkeiten ist eine ganz andere: das *Zuhören*. Sie legt sich über alle Aufmerksamkeitsformen. Neben den Fähigkeiten des Hinsehens und des kognitiven Verarbeitens von Informationen sorgt das Zuhören dafür, dass Aufmerksamkeit überhaupt geschenkt und erregt werden kann. Wer allerdings nur hört, aber nicht hinhört und schon gar nicht zuhört, kann nicht aufmerksam sein. Er hört nichts Wesentliches. Auf der anderen Seite kann jemand, der unaufmerksam ist, nicht erwarten, Aufmerksamkeit zu bekommen. Er hat es nicht nur nicht verdient. Vielmehr wird es ihm in unserer schnelllebigen Zeit, die reich ist an Reizen, schlicht nicht gelingen. Nur demjenigen, der weiß, wer und wie andere sind, wie sie denken und fühlen und was sie wollen, gelingt, was Erfolg verspricht: eine Information zu formulieren und zu kommunizieren, die andere empfangen, verarbeiten und bewerten können. Im besten Fall befinden sie sie für ausreichend relevant und setzen sich näher damit auseinander. Es ist im Grunde so einfach – und doch so komplex und kompliziert im Alltag.

Eigentlich wissen wir, dass nur so herum ein Schuh draus wird, ein echtes Gespräch. Dennoch verstärkt sich bei immer mehr Menschen der Eindruck, dass heute keiner dem anderen mehr richtig zuhört. Ein Großteil der »Gespräche« besteht aus Nicht-zuhören und Aneinander-Vorbeireden. Es ist so nervig wie frustrierend, vor allem dann, wenn man nur schnell eine Information weitergeben oder bekommen will. Ausnahmsweise mal ohne Kommentar oder weitere Erläuterungen, geht das? Vor allem sollen alle Beteiligten gleich verstehen, wie das Gesagte gemeint ist. Das Einmaleins jeder normalen Unterhaltung, sollte man meinen. Doch all das ist nicht mehr selbstverständlich. Die Gesprächsgrabscherei führt so weit, dass besonders Hörenswertes extra angekündigt wird: »Pass mal auf ...«; »Jetzt hör mir mal zu ...«; »Achtung, jetzt kommt's: ...« Erwin Pelzig, die Bühnenfigur des fränkischen Kabarettisten Frank-Markus Barwasser, treibt das Ankündigungsgetrommel vor jeder wichtigsten Information aller Zeiten auf die Spitze: »Aufgemerkt!«

WER HINHÖRT, SCHAFFT MEHR ALS DIE MEISTEN. WER SOGAR ZUHÖRT, SCHENKT ECHTE AUFMERKSAMKEIT.

Was tun, wenn der Sender sich dennoch nicht verstanden fühlt? Oft meint er dann, das würde sich ändern, wenn er das immer selbe Argument wiederholt. Oft. Dann folgt die mantrahafte Verstärkung durch Wiederholung, um sich als Vertreter einer ganz anderen Spezies endlich Gehör zu verschaffen: als Einhämmerer. Es kann doch zum Verrecken nicht sein, dass der andere das nicht kapiert! Doch dieser andere schaltet dann erst recht auf Durchzug. Was jetzt noch kommt, geht zum einen Ohr rein, ist in der Mitte egal und geht zum rechten Ohr wieder raus.

Für den Empfänger kommt das Gesagte zum falschen Zeitpunkt, es ist zu rabiat, zu wenig charismatisch, energie- und kraftlos oder schlicht banal. In solchen Momenten wäre es besser, viel zu sagen, ohne viel zu sagen. Die großdeutige Gesprächspause, wie etwa Helmut Schmidt sie meisterlich beherrschte, tut not.

Wir sind Schauspieler inmitten einer Groteske. Jeder schwadroniert so fröhlich wie unreflektiert neben den anderen her. Und alle arbeiten sich an den Themen ab, die in ihrem Kopf gerade ganz oben sind und jetzt sofort, ganz dringend rausmüssen. Wie bei einem eigenartigen Gesellschaftsspiel, bei dem jeder alles darf, nur nicht auf die anderen eingehen. Für alle von 9 bis 99. »L'art pour l'art« sagen die Franzosen zu so etwas – Quatschen um des Quatschens willen. Es genügt sich selbst und dient keinem näheren Zweck. Es tut einfach nur gut, sich ein bisschen abzulenken und die eigene Lebendigkeit zu spüren. Das ist ein schöner Ausgleich zur Denkarbeit am Computer und den ganzen Telefonkonferenzen. Einfach drauflos smalltalken, gerne wild und unersättlich, ohne einander wahrzunehmen, zu verstehen und wirklich auszutauschen. Wer so miteinander spricht, profitiert nicht über den Moment hinaus. Genau das ist allerdings der Urzweck von Kommunikation: sich etwas geben, einander bereichern, Bleibendes hinterlassen.

Wir erleben es daheim und bei der Arbeit, an der Käsetheke im Supermarkt und im Internet. Der Trend ist keiner mehr, längst ist er vergesellschaftet. Früher gab es ihn vor allem bei Paaren, diesen Tanz der kultivierten Unaufmerksamkeit. Dort mündet er schon immer in den einen Satz: »Nie hörst du mir zu!«

Unterhalten sich zwei Männer. Sagt der eine: »Du, ich kann nicht mehr.«
»Was ist los?«, fragt der andere.
»Meine Frau redet und redet.«
»Was redet sie denn?«
»Das sagt sie nicht.«

Im Büro spielen wir Bullshit-Bingo, wenn Meeting ist. Bevor es losgeht, teilt ein Witzbold Blätter mit den üblichen Hohlphrasen aus: »meeten«, »zeitnah delivern«, »leveragen« und solche Sachen. »Treffen«, »schnell liefern« und »ausgleichen« als deutschsprachige Alternativen sind eben keine Alternativen. Was man hört, wird angekreuzt, und wer als Erster eine Reihe voll hat, ruft »Bingo!« und gewinnt die Runde. Das Palavern ist ein grandioser Zeitvertreib, sonst müsste man ja arbeiten, und die Kekse schmecken auch. Wer genehmigt sich die meiste Sendezeit? Jetzt schlägt die Stunde des besten Verkäufers seiner selbst. Er schnappt sich das Stichwort des Tages und legt los. »Wow«, sagt man sich, angetan von seiner Show, »was der draufhat! Und wie der sich für uns ins Zeug legt und vor Begeisterung fast platzt!« Aber dann, in der heimlichen Auswertung nach dem Meeting, wird die Welt schnell wieder nüchtern: »Der lullt uns ein!«; »Wir fühlen uns geblendet!«; »Der ist wie ein Heizdeckenverkäufer!« Ungeachtet dessen besteht immer die Gefahr, dass man sich von der Schaumschlägerei zu etwas hinreißen lässt, das man gar nicht will.

Mangelnde Aufmerksamkeit hat viele Facetten und äußert sich durch noch mehr Symptome: Wie den treffsicher am Ziel vorbeiquatschenden Dampfplauderer gibt es diejenigen, die das Ziel nicht einmal kennen. Sie wollen es auch gar nicht wissen. Wofür sie antreten, ist ihnen gleich. Aber sie spüren, gegen wen sie antreten. Jetzt muss alles raus, müssen alle Register gezogen werden! Solche Totalverweigerer, was Wachsamkeit, Achtung und Respekt angeht, kennen wir alle. Für sie ist im Geschäftsleben der Kunde bloß eine Nummer. Solche Leute machen das Verkaufen kompliziert, mühselig und langwierig. Lieber soll es mit der werten Kundschaft schnell gehen. »Anhauen – umhauen – abhauen«, sagen Verkaufstrainer dazu. Dafür machen die Unüberzeugbaren ihre Scheuklappen dicht, geben Auskunft knapp bis barsch und pflegen den sozialistischen Weg des geschäftli-

WER AUFMERKSAMKEIT BEKOMMEN WILL, MUSS LERNEN, AUFMERKSAM ZU SEIN.

chen Miteinanders: verteilen statt umwerben, streng nach dem Zeitpunkt des Eingangs der Kaufandrohung. Das geht so lange gut, bis es nicht mehr geht. Dieser Tag ist nah, immer, und dann geht mit der Zeit, wer betreffs Kundenwertschätzung, -verständnis und -umgarnung nicht mit der Zeit geht.

ECHTE BEZIEHUNGEN BRAUCHEN ECHTEN DIALOG Meg Whitman, früher Boss von Ebay und heute diejenige, die Hewlett Packard zukunftsfest macht, spricht aus, was zählt: »Wir müssen unseren Kunden zuhören und Lösungen für sie finden. Wir können Leistungen anbieten und sie mit anderen Partnern zusammenbringen. Dort liegt unsere Stärke.« Zuhören ist die Schlüsselkompetenz der Zukunft. Sie ist die erste Perle einer Kette, deren weitere Perlen – Nachdenken → Wissen → Vergleichen → Beurteilen → Hinterfragen – zum Edelstein im Amulett führen: der Erkenntnis. Werden alle Perlen von allen an der Kommunikation Beteiligten berücksichtigt, führt das zur besten gemeinsamen Lösung.

ZUHÖREN IST DIE SCHLÜSSELKOMPETENZ DER ZUKUNFT.

Dann gehen alle mit gutem Gefühl auseinander, und die Ergebnisse bringen jeden Einzelnen auf seine Art voran. Fühlt sich unser Gegenüber verstanden, gelingt es uns überhaupt erst, eine Beziehung und damit Vertrauen zu ihm aufzubauen. Dafür will er, was wir auch wollen: wahrgenommen, gehört und verstanden werden.

Das geht mit der Besinnung auf bewährte Tugenden: Die Art, wie die Großeltern und deren Großeltern miteinander kommuniziert haben, ist zeitlos gut. Und Gutes bleibt, wie in der Mode. Auch das Internet und besonders die sozialen Medien können so genutzt werden, dass all die schönen neuen Möglichkeiten der Kommunikation einer zeitgemäß entgegengebrachten Aufmerksamkeit dienen. Erst sie sorgt wieder für ein fruchtbares gesellschaftliches Miteinander, das inzwischen vielerorts zu wünschen übriglässt. Das gilt es zu stärken. Gleichzeitig gilt es, dagegen anzugehen, was unter dem Deckmantel der Anonymität im Internet grassiert: Verleumdung und Denunziation. All das einfach rauszulassen, was man sich ohne Maske und mit vollem Namen in der richtigen Welt nicht zu sagen traut. Die Digitalisierung gibt uns die so kraft- wie machtvolle Gelegenheit, auch als Sender aktiv zu sein, wo wir es früher nicht konnten. Zuvor gab es die Tagesschau, die *Frankfurter Allgemeine Zeitung* und eine übersichtliche Auswahl an Sachbüchern streng ausgewählter Autoren. Diese Sender hatten es geschafft, dass alle ihnen zuhörten – auch weil sie mussten und es nicht jedem vergönnt war, ebenfalls ein Buch zu schreiben. Für die eigene Äußerung und Erwiderung gab es nur den Leserbrief und für sehr wenige die Möglichkeit, Journalist zu werden.

In Erinnerung an diese Zustände müssen wir das, was sich uns heute an Möglichkeiten bietet, endlich schätzen lernen. Und die medialen Optionen für jedermann für den echten Austausch von Gedanken und Meinungen nutzen, der diese Bezeichnung auch verdient: Dialog statt einseitiger Dröhnung. Nur wenn sich Rede und Gegenrede – vor allem durch besseres Zuhören und Verstehen – wieder aufeinander beziehen, entsteht das, was die Natur damit beabsichtigt hat: leidenschaftlicher, abgewogener, kritischer Diskurs. Er ist der Anfang von allem und kommt bei den menschlichen Bedürfnissen gleich nach Essen und Trinken und dem Dach über dem Kopf. Und er ermöglicht erst das, was in der Bedürfnispyramide ebenfalls weit oben steht: wertvolle soziale Beziehungen. Dafür hat die Natur den Menschen mit Ohren und Mund, Gefühl und Verstand ausgestattet.

DIE GRÖSSTE CHANCE DES INTERNETS – DER AUSTAUSCH – BLEIBT WEITGEHEND UNGENUTZT.

Die Kluft zwischen Notwendigkeiten und Realität stellt die Beteiligten – uns alle, weil wir alle das Bedürfnis haben, uns mitzuteilen und gehört zu werden – vor enorme Herausforderungen. Wir sollten ihnen nicht jeder für sich begegnen, sondern mit zeitgemäßer Kollaboration: zuhören, verstehen, gemeinsam profitieren. Das sorgt wieder für das interessierte tolerante Miteinander zum Wohle aller. Und genau das brauchen wir, vor allem auch im Hinblick auf die Herausforderungen des globalen Wettbewerbs, der multikulturellen Gesellschaft und des beschleunigten Alltags in einer Welt, in der alte Muster aufbrechen, immer mehr Gewohntes verschwindet und vielfältige Ängste vor Umwälzungen herrschen. Zahlen–Daten–Fakten und diese unverblümte knallharte Ehrlichkeit, die man im deutschsprachigen Raum als Inbegriff erfolgreicher Kommunikation ansieht, genügen hier nicht. Vielmehr braucht volkswirtschaftlicher Erfolg im Zeitalter des beständigen Wandels zu einer Weltbürgergemeinschaft neue Kompetenzen.

Der »We-Q«, eine kollektive emotionale Intelligenz zum Zweck des kollaborativen Austauschs, gehört zuvorderst dazu: Nicht länger stur beharren auf der eigenen Meinung, sondern offen sein für die Meinungen anderer und Beziehungen durch Gegenseitigkeit aufbauen. Der We-Q steht dafür, die Intelligenz vieler interaktiv zu nutzen. Dies vor dem Hintergrund, dass die Jahre des vor allem materiell geprägten Schneller, Höher, Weiter vorbei sind. Zukünftig geht es um einen menschlicheren Dialog, dem wieder an echten Beziehungen gelegen ist und der an sich selbst wächst. Denn nur so können wir der Informationsflut Herr werden, und mehr noch: sie sinnhaft für gemeinsame Ziele einsetzen.

Solcherart Begegnungen auf Augenhöhe müssen sich die Menschen und die Unternehmen stellen, die erfolgreich bleiben oder wieder erfolgreich werden wollen. Dabei wird Erfolg zusehends weniger dort gemessen, wo der Geldbeutel sitzt, und mehr dort, wo das Herz ist. Emotionalität zählt wieder, sie darf gezeigt und gelebt werden. Mit ihr und der Intelligenz der vielen lassen sich die Komplexität des Lebens und die Agilität der digitalen Gesellschaft im Zaum halten und steuern. Dafür braucht es Mitmenschen und Mitarbeiter, die verstehen wollen und können, was wichtig wird, und entsprechend angeleitet und begeistert werden. Gemeinsames verstehen und handeln anstatt mit Desinteresse oder gar institutionalisierter Provokation auf allgegenwärtigen Druck zu reagieren, bringt alle weiter. Nur wer verstanden hat und mit dem Herzen dabei ist, kann sich wirklich für etwas einsetzen. Die Voraussetzung dafür ist, dass wir als Sender verstanden werden wollen und als Empfänger wirklich zu empfangen bereit sind.

Anstatt nur reflexhaft auf kommunikativen und gesellschaftlichen Druck zu reagieren, müssen wir wieder den Kern der Sache ins Auge fassen und nicht nur um des Redens willen reden. Wir müssen uns wieder fragen: Worum geht es? Wer ist der andere? Was will er?

NUTZEN ZU STIFTEN IST DER UNTERSCHIED ZWISCHEN KOMMUNIKATION UND GESPRÄCHSGRABSCHEREI.

Gehe ich da mit? Welcher ist mein Beitrag zum Austausch, dessen Resultat allen etwas bringt? Weiter wird nur noch kommen, wer erst zuhört, sich dann auf den anderen genauso wie sich selbst einlässt und schließlich nutzenstiftend argumentiert und handelt. Die ersten Schritte vom Nicht-Zuhörer und Nur-Sender zum dienenden Mitglied der Gesellschaft sind Bewusstseinsschärfung und Selbstreflexion. Wer sie geht, schafft für sich die Grundlagen für gelebte und erlebte Aufmerksamkeit: Der Mensch konzentriert die Wahrnehmung auf bestimmte Reize seiner Umwelt. Dieser Filtervorgang beeinflusst sein Denken und Handeln. Aufmerksam sein ist anstrengend: Wir müssen uns auf etwas konzentrieren. Nicht selten weichen die Erkenntnisse von unserem Selbstbild und unseren Überzeugungen ab. Dann wird es herausfordernd, mit der neuen Situation umzugehen. Aufmerksamkeit bedeutet, diese Herausforderung anzunehmen. Dann wird sie zu dem, was im Zeitalter der Botschaftsdröhnung einen Mehrwert für alle schafft: das Gold unseres Jahrhunderts.

AUFMERKSAM SEIN KOSTET KRAFT, UND DAS IST GUT SO. NUR WAS ETWAS KOSTET, IST AUCH ETWAS WERT.

IMMER NUR SENDEN, SENDEN, SENDEN

Die Rede ist das älteste und mächtigste Mittel, um auf sich aufmerksam zu machen. Sie erhöht die Sichtbarkeit. »Mit der Sprache hat sich die Evolution unserer Spezies von der biologischen Emergenz auf die Ebene der bewussten Schöpfung von Neuem verlagert«, sagt der Volkswirtschaftler und Stadtplaner Georg Franck in seinem Werk »Ökonomie der Aufmerksamkeit«[1]. Neues wurde also nicht mehr nur durch bloßes Sein und Miteinander geschaffen, sondern auch durch den Austausch von Empfindungen und Meinungen. Viel später schufen die Erfindungen der Schrift, des Buchdrucks und des Internets wiederum ganz neue Dimensionen für diese Form der zwischenmenschlichen Kollaboration. Lange Zeit war die Rede neben dem Kampf die stärkste Ausdrucksform, und dabei viel stärker als nonverbale Äußerungen durch Mimik und Gestik. Wer auf eine Bühne stieg, hatte sich und seine Meinung zuvor kritisch geprüft und hinterfragt. Er war entschlossen dazu, sie zu äußern, zu verbreiten und zu verteidigen. Die Bühne war nur für diejenigen, die von ihrem Anliegen überzeugt waren und solide zu argumentieren wussten.

Das hat sich radikal gewandelt. Reden, Werben und Argumentieren sorgen gepaart mit Plappern, Quasseln und Schwafeln (Chatten sowieso) für die ultimative Kakophonie des Unwichtigen. Es wird immer weniger ernsthaft und verantwortungsvoll zugehört und lieber jedes Thema x-fach durchgekaut, neu beleuchtet und neu versendet, ohne es zu durchdringen oder auch nur etwas hinzuzufügen. Das geschieht in wachsendem Umfang auf eine bisher ungekannt niveaulose, oftmals niederträchtige Weise unter dem Deckmantel der Anonymität. Es ist beinahe erstaunlich, wie das gemeinschaftliche Alltagsleben, dessen wichtige Stützen nun einmal Rede und Meinungsaustausch sind, ohrenscheinlich

WER IMMER NUR SENDET, KANN WENIGSTENS SAGEN, DASS ER ZUM ZUHÖREN KEINE ZEIT HAT.

weiterhin so gut funktioniert. Bei genauerem Hinhören nehmen Missverständnisse und Dissonanzen nämlich durchaus zu, genauso wie der gesellschaftliche Druck. Die Menschen werden dünnhäutiger und ängstlicher und dabei gleichzeitig aggressiver und polemischer. Das liegt vor allem an der Menge an Daten und Informationen, die tagtäglich auf jeden Einzelnen einprasseln. Unter ihnen sind allein, sagt die Werbewirkungsforschung, etwa 14.000 »Beachte mich!«- und »Kauf mich!«-Botschaften.

AUFMERKSAMKEIT: EIN KNAPPES GUT Den Unternehmen geht es um die Verkaufe, den Medien um die Quote. Sie bemisst die Aufmerksamkeit, und die ist die Währung schlechthin im Geschäft um die Botschaften. Sie ist noch wichtiger als das Geld, das dort in Werbung fließt, wo man sich besondere Aufmerksamkeit verspricht. Das liegt an einer Eigenschaft der Aufmerksamkeit: Sie ist als Ressource knapp und begrenzt und kann nicht größer werden. Auch wenn jedes Jahr neue Sender und Kanäle, Websites und Druckschriften, Unternehmen und Produkte, auch Menschen dazukommen: Der Tag hat nur 24 Stunden oder 1.440 Minuten oder 86.400 Sekunden. Sie gilt es, abzüglich der Zeit für den Schlaf von etwa einem Drittel, immer wieder neu in Form von Aufmerksamkeit zu verteilen. Denn auch das ist Aufmerksamkeit: eine Zeitfrage. Wen wir dabei berücksichtigen, der erhält ein Geschenk, das kostbarer ist als Gold und Geld. Das liegt daran, dass es zumindest Geld im Prinzip unbegrenzt gibt, auch wenn viele nicht genug davon haben. Die Währung Aufmerksamkeit aber vermittelt Wertschätzung, die sich mit Geld nicht bezahlen lässt. Sie steigert die Verkäufe. Und sie verbessert die Quote, die auf der limitierten Menge an Aufmerksamkeit pro Person basiert und deshalb eben nicht unbegrenzt vermehrt werden kann.

So viele Angebote zum Hinhören, -sehen, -schauen zur selben Zeit. Es wird immer schwieriger zu entscheiden, was man zuerst beachten soll, was im Anschluss und was überhaupt nicht. Die Aufmerksamkeitsspanne beschreibt die Zeit, in der sich die

Aufmerksamkeit einer Person voll auf eine Sache konzentriert. Sie ist von zwölf Sekunden im Jahr 2000 auf nur noch acht Sekunden im Jahr 2013 gesunken. Damit ist der Mensch, was dieses wesentliche Detail angeht, unter dem Niveau des Goldfisches angekommen. Der, davon geht die Forschung aus, kann durchschnittlich neun Sekunden bei einer Sache bleiben.[2]

Sicherlich bedarf es weiterer Spezifizierungen hinsichtlich Untersuchungsgegenstand und -design, um aus dieser Information wirklich valide Schlüsse zu ziehen. Interessant (und alles andere als verwunderlich) ist generell, dass die Aufmerksamkeitsspanne abnimmt. Dazu trägt auch bei, dass der Mensch durchschnittlich etwa 250 Mal am Tag auf sein Smartphone oder Tablet schaut und mehr als jeder Zweite zum Smartphone greift, wenn er nichts anderes zu tun hat. Das sind so erstaunliche wie erschreckende Erkenntnisse, gerade vor dem Hintergrund, dass es nach jeder Unterbrechung bis zu 15 Minuten und länger dauert, bis man sich wieder auf die unterbrochene aktuelle Tätigkeit konzentrieren kann.

DAS SMARTPHONE IST DER AUFMERKSAMKEITSKILLER NUMMER 1.

Wie noch auffallen, als Firma mit einem Produkt wie als Mensch mit sich selbst? Wie den »Share of Voice« bekommen, seinen Anteil an den Kontakten mit der begehrten Zielgruppe, die man mit allen anderen Anbietern teilen muss, und an ihren Reaktionen? Die einfachen Antworten auf diese Frage sind zwangsläufig ganz schnell bunt, laut und billig: Die Ware muss raus, morgen kommt neue! Der inzwischen auch in Europa angekommene »Black Friday« – der Freitag nach Thanksgiving, der in den USA mit irrsinnigen Rabatten das Weihnachtsgeschäft einläutet – wird beim Elektrohändler Saturn gleich zur »Black Week mit exklusiven Angeboten, täglich neuen Hightech-Highlights und stündlich wechselnden Schnäppchen«. Dazu gibt es den passenden Werbedonner.

Unter demselben Druck, noch wahrgenommen zu werden, sind etwa auch Verkaufstrainer, in ihrer Eigenwerbung durchweg »Europas führender«, ach was, »weltweit führender Verkaufstrainer«! Wer befindet eigentlich darüber? Berufsbezeichnungen auf sozialen Netzwerken oszillieren zwischen »Expert Influencer for Market Leading Game Changing SaaS Technology – Unified Communication as a Service Consultant« und, erheblich kürzer, »Ultrapreneur«. Auch gibt es den »Influencer«, das ist jemand, den Präsenz und Ansehen in den sozialen Medien für diesen Titel qualifizieren. Buchautoren preisen ihr neues Werk als »Der neue Bestseller von ...«, bevor es überhaupt auf dem Markt ist. Es gab eine Zeit, da haben die Rezensenten und die Verkaufszahlen entschieden, was ein Bestseller ist und was nicht. Was früher ein Gütesiegel war, hat heute ungefähr die Differenzierungskraft eines Preisschilds im Ein-Euro-Laden.

Kann das auf Dauer funktionieren? Natürlich nicht.

Wer auf seine Kunden hört und wirklich weiß, was sie sich wünschen, braucht da nicht mitzumachen. Wer aber unsicher ist und vergessen hat, mit der Zeit zu gehen, gerät aus der Spur und braucht den Mehr-Sein-als-Schein-Hebel. Wenn sogar ein ehemals so edles wie klar positioniertes Medium wie der *Spiegel* auf einmal anfängt, sich zu verhalten wie der »Aale-Dieter« auf dem Hamburger Fischmarkt, ist Eindeutigkeits- und Klarheitsgefahr im Verzug. Es geht so weit, dass sich das Magazin, etliche Jahrzehnte mit dem Nimbus der gedruckten Wahrheit erschienen, in der »GMX Vorteilswelt« als Zugabe verramschen lässt. So schickt der Mailprovider seinen Usern ungebeten etwas von der Sorte »Ihr Online-Kredit mit bis zu 100 Euro Cashback! +++ DER SPIEGEL + Mini-Digicam gratis!«.

»Cashback« ist überhaupt etwas Seltsames, ebenfalls aus Amerika: Man kriegt Geld dafür zurück, dass man Geld ausgibt. In den USA bekommen Käufer eines Chevrolet Silverado, ob bar bezahlt oder auf Kredit finanziert, bei Vertragsunterzeichnung sofort 2.000 Dollar. Und in Deutschland gibt es 100 Euro für einen Onlinekredit: »Wenn das Geld grade mal nicht reicht und Sie einen Kredit benötigen, empfehlen wir den Kreditvergleich mit Check24:

> WER SICH DER BEDEUTUNGSINFLATION VERDÄCHTIG MACHT, VERLIERT MEHR, ALS ER GEWINNT.

Sparen Sie so bis zu 2.000 Euro und kassieren Sie dazu bis zu 100 Euro Cashback! Überzeugen Sie sich außerdem 7 Wochen lang von DER SPIEGEL zum Sparpreis, und Sie bekommen eine Mini-Digitalkamera geschenkt!« Im Kontext dieses Informations-Overflows eher fragwürdiger Angebote droht der gedruckte *Spiegel* als ehemals wertvolle Marke unterzugehen. Sein über Jahrzehnte so konsequent aufgebautes Image wird substantiell und unwiederbringlich beschädigt. Das alles für ein paar neue Abonnenten, von denen niemand weiß, wie lange sie bei der Stange bleiben. Ihnen gegenüber stehen zahlreiche langjährige Fans, die derart vergrault ihr Abonnement kündigen und nicht wieder zurückkehren.

Der Unterhaltungselektronik-Hersteller Panasonic macht es auch. Da gibt es zuweilen für den Kauf einer Waschmaschine sofort bis zu 400 Euro bar zurück. Abgesehen davon, dass die meisten Menschen diesen Anbieter bei Waschmaschinen nicht auf dem Radar haben: Allesamt sind Unternehmen, die die beiden wichtigsten Tugenden wertschätzender Kundenkommunikation nicht beherrschen oder sie verlernt haben: aktiv zuhören und beredt schweigen.

Zu Tausenden solcher Werbebotschaften kommen Abertausende im privaten und zwischenmenschlichen Bereich. Sie prasseln persönlich und am Telefon auf uns ein, und wieder: im Netz. Besonders was online geschieht, erfährt durch die rasant fortschreitende Digitalisierung immer neue, ungeahnte Dimensionen. Buch, Brief und Fax wirken inzwischen so verstaubt wie vor 50 Jahren Federkiel und Postkutsche. Und es mag noch 20 Jahre dauern, bis wir über etwas dann so Altmodisches lachen werden wie »das Internet«, so wie wir es heute kennen. Der Soziologe Hartmut Rosa spricht von einer »dreifachen Beschleunigung« unseres Lebens: dem technischen Fortschritt, dem sozialen Wandel und dem Lebenstempo. Er vergleicht den täglichen (Über-)Lebenskampf mit dem Dauerlauf auf einer nach unten führenden Rolltreppe, und für jede zu beantwortende Mail müssen wir wieder eine Stufe zurück ...[3] Wie bei Sisyphos, dem

DER MODERNE SISYPHOS BEKOMMT FÜR JEDE BEARBEITETE MAIL ZWEI NEUE.

griechischen Sagenhelden mit dem Felsblock: immer wieder den Berg rauf. Sisyphos hatte Frevelschuld auf sich geladen, bei uns sind enorme Vielfalt, Komplexität und Beschleunigung die Treiber.

Rosa widmet sich dem Phänomen der Resonanz und sagt, das Dilemma der modernen kapitalistischen Gesellschaft liege darin, dass sie immerzu »wachsen und innovieren, Produktion und Konsumption steigern, Optionen und Anschlusschancen vermehren« müsse; »kurz: dass sie sich beschleunigen und dynamisieren muss, um sich selbst kulturell und strukturell zu reproduzieren, um ihren formativen Status quo zu erhalten«.[4] Diese »Eskalationstendenz«, so der Soziologe, verändere unser Weltverständnis. Es betreffe die Beziehung zu Raum und Zeit und zu den Menschen und den Dingen, die uns umgeben, schließlich die zu uns selbst. Er attestiert, dass eine ökologische Krise, zudem die Krise der Demokratie ebenso wie eine Psychokrise früher oder später die Folgen seien. Glaubt man diesen Weissagungen, kommt für die Zukunft erschwerend hinzu: Demjenigen, der sich seine Stellung in der Gesellschaft und seine Zukunftschancen, seinen Status und seinen Lebensstandard erhalten will, bleibt nur Mitmachen, Sitzenbleiben auf dem Karussell. Es sei denn, er gehört zu den wenigen, die ganz bewusst absteigen, sich abklemmen vom Mainstream und vom Datenstrom und sich dazu entschließen, ein ganz anderes Leben zu leben. Es gibt sie, diese Aussteiger. Von allen anderen, den »Angepassten«, werden sie mit Attributen belegt, die sich von abschätzig über anerkennend bis neidisch vielfältig interpretieren lassen: entschleunigt, alternativ und einfach anders. Sich der Eskalation zu entziehen, gilt als alternativer Lebensentwurf.

HÖREN ALLEIN REICHT NICHT Unsere Fähigkeit, den Menschen und den Dingen um uns herum unsere Aufmerksamkeit zu schenken, ist dieselbe wie vor tausend Jahren. Nur die Umstände, mit denen wir konfrontiert sind, haben sich verändert. Diese Entwicklung hält an, und sie geht immer schneller vonstatten: Mehr und mehr Themen, Ereignisse und Produkte buhlen um uns. Das wirkt sich auf unser Auswahlverhalten und die Art und Weise aus, wie tiefgründig und wie lange wir uns mit einem Sachverhalt beschäftigen und wem wir wie lange zuhören.

Jeder Mensch ist ein selektiver Wahrnehmer. Er hört oder liest ein Reizwort, für das er empfänglich ist, und geht ohne Umschweife darauf ein. Was vorher und hinterher gesagt wurde, also den Gesamtzusammenhang, blendet er dabei oft aus. Solches Verhalten verlangt den Gesprächsteilnehmern viel Geduld ab. Mit dem entsprechenden Wissen aus der Neurowissenschaft erträgt es sich besser.

ZUHÖREN IST HÖREN IN VERBINDUNG MIT KONZENTRATION, DENKEN UND FÜHLEN.

Wo liegt der Unterschied zwischen dem Nur-Hören und dem Zuhören? Das einfache Hören gilt als Ur-Alarmsystem des Menschen: Wo lauert Gefahr? Ist ein gefährliches Tier in der Nähe? Das komplexe Zuhören drückt sich in einer fundierten Beschäftigung mit dem Gesagten aus. Sie wird immer schwerer, weil die Überforderung immer mehr zunimmt und es immer mehr Gelegenheit zur Ablenkung gibt. Zuhören ist Hören in Verbindung mit Konzentration, Denken und Fühlen.

»Du hörst nie zu!« ist nicht mehr nur der verbreitete Vorwurf in Beziehungen, sondern längst auch im Miteinander von Freunden, Kollegen und Kunden. Überall gilt: Bequemlichkeit und Tempo schlagen Inhalt und Substanz. Am einfachsten ist es, nur zu reden, ohne lange darüber nachzudenken und auf das zuvor Gesagte näher einzugehen. Dabei liegt die wahre Bereicherung nicht in der Schlagzahl und der Lautstärke, sondern in dem Grad, in dem die kommunizierten Bedürfnisse und Wünsche erkannt und wechselseitig befriedigt werden. Kommunikation ist nicht die Fähigkeit zur Beschallung, sondern ein Mittel zum Zweck. Und unser wichtigstes dazu. Das macht sie wirkungsvoll – und auch so anspruchsvoll, wenn wir sie gezielt einsetzen wollen.

DIE WICHTIGSTEN SCHLÜSSEL ZU EINER STABILEN PRIVATEN WIE BERUFLICHEN BEZIEHUNG LIEGEN IM ZUHÖREN UND IM VERSTEHEN.

Wie viel einfacher und entspannender ist es doch, einfach draufloszulabern, alles rauszulassen, was anliegt und einem jetzt gerade einfällt! Labern gibt Menschen das gute, allerdings kurzlebige Gefühl, dazuzugehören, ein Teil der Gruppe zu sein und vor allen Dingen gesehen zu werden. Labern ist Stressabbau: sich einfach erleichtern, das übervolle Hirn ausleeren. Was für eine Wohltat! Indem Menschen sich aufplustern, inszenieren, profilieren, glauben viele zu einem gelungenen Anlass beizutragen. Ob die anderen wirklich interessiert sind und Anteil nehmen? Nebensache. Bei Google gibt es zum Suchwort »reden« etwa 70 Millionen Treffer, zum Suchwort »zuhören« nur etwa 5 Millionen. Gefühlt kommt das dem Verhältnis von Labern zu sinnhafter Kommunikation im Alltag ziemlich nahe.

Der Chef einer Hamburger PR-Agentur stellte einmal ein Ultraschallbild mit dem Hinweis »Freu mich« auf seine Facebook-Seite, und sofort hagelte es Glückwünsche: »Ganz der Vater!«; »Glückwunsch! Drillinge?«; »Congrats! Das Beste auf der Welt«; »WOW, das ist noch besser als jeder PR-Preis!« Und der Vater des Postings? Er postete: »Mensch, Leute! Das ist mein Herz. Mein Doc sagte heute beim jährlichen Check, ich hätte 'ne Pumpe wie 'n junger Gott.« Darauf fingen die ersten »Freunde« das Malheur mit »Brusthöhlenschwangerschaft« und ähnlichem Verlegenheitsrauschen ab, während andere selbst jetzt noch ungehemmt weiter gratulierten: »Wünsche dir Zwillinge! Gratulation – auch deiner Frau!« Darauf wieder der Verursacher: »Freunde, ich freu' mich ja über so viel Zuspruch. ABER: Es ist mein Herz!!! Nicht, dass bei meiner Frau schon das Telefon Sturm klingelt ...« Jetzt schlug die Stunde der Erklärer: »Visuelle Kommunikation ... Ultraschallbild = schwanger ... völlig egal, was darauf abgebildet ist ☺« Später trudelte dann noch einer mit der Frage ein, ob es schon einen Namen gäbe. Noch später klärte ein anderer dann alles auf: »Laut einer Facebook-Studie gilt die 90/9/1-Regel auch für Kommentare: Von 100 Personen haben 90 den Ursprungsbeitrag nicht gelesen, 9 ist es egal, und nur einer – in der Regel der Verfasser – versucht verzweifelt die Diskussion wieder zum eigentlichen Thema zurückzulenken.«

VIELE KOMMENTATOREN HABEN DEN AUSGANGSTEXT KAUM GELESEN.

Geschichten solcher Art gibt es unzählige. Sie sind umso lustiger, je weniger sie einen selbst betreffen. Sie täuschen allerdings nicht darüber hinweg, dass unsere Kommunikation schlicht eines ist: krank. Die Möglichkeit, zu allem und jedem seinen Senf dazuzugeben, wird von den sozialen Medien extrem befeuert. Dadurch fühlt sich der User, dieser moderne Großstadtnomade, nicht selten alleingelassen vom Leben im Eineinhalb-Zimmer-Apartment mit Küchenzeile, Rauchglas-Ecktisch und Bestellzettel vom Pizzadienst, mit der Community verbunden. Facebook fordert ihn mit der verführerischen Einladung zum Liken und Kommentieren immer wieder aufs Neue heraus. Es geht schneller und einfacher und macht mehr Spaß als die wirkliche Beschäftigung mit einem Buch, der Zeitung oder gleich mit sich selbst. Niemand schickt sich gern selbst Smileys.

Die 90/9/1-Regel lässt sich auch auf die Offline-Welt anwenden, und auf Telefonkonferenzen sowieso: Kaum ein »Call«, bei dem nicht hörbar getankt, eingekauft, eingeparkt, gegoogelt, zur Toilette gegangen oder alles auf einmal erledigt wird.

Die meisten hören hin, mancher nicht einmal das, und nur jeder Zehnte hört wirklich zu.

SÜSSER BREI FÜRS HIRN Das menschliche Gehirn ist so angelegt, dass es auf Neues sofort reagiert. Das erklärt die Unrast, sobald es um Unbekanntes geht: Auf einen neuen Impuls hin wird Dopamin ausgeschüttet, allgemein als Glückshormon bekannt. Dieser Botenstoff hält den Menschen in einer Art Suchtkreislauf gefangen. Gierig auf Neues, ist er leicht abzulenken und anfällig für die unterschiedlichsten Informationen und Reize. Er weiß dabei sofort zu selektieren nach unterhaltsamen, leicht verdaulichen Neuigkeiten und solchen, die eher schwere Kost sind und die er deshalb zunächst meidet.

Das Problem dabei ist: Unser Gehirn, so wie es heute noch beschaffen ist, formte sich bereits in der Steinzeit. Damals gab es keine Städte und keine Technik, geschweige denn die Digitalisierung. Man lebte im Einklang mit der Natur und verteidigte sich, um die Art zu erhalten, gegen den Säbelzahntiger, ging auf Mammutjagd und brachte wildgewordene Artgenossen zur Räson, nicht zwingend mit kommunikativen Mitteln. Den spärlichen Rest der Zeit saß die Sippe ums Feuer versammelt und tat, was manche hippe Großstädter mit Ausstiegsbedürfnissen auch heute wieder bei teuer bezahlten Outdoor-Trips tun, wenn sie mal nicht mehr empfangen wollen: man schwieg. Kommunikation fand eher rudimentär, auf Lautbasis statt. Hierauf, und damit auf viel weniger zu verarbeitende Informationen als heute nötig, ist unser Gehirn immer noch ausgelegt. Zwar ist der Mensch, das belegt auch die Hirnforschung, in gewissem Umfang wandelbar und adaptionsfähig. Doch seine Kapazität für Aufmerksamkeit ist und bleibt begrenzt und hält nicht Schritt mit der ständig steigenden Anzahl und Vielfalt von, so der amerikanische Neurowissenschaftler

DAS MENSCHLICHE STEINZEITHIRN KOMMT IM ZEITALTER DER ÜBERBORDENDEN REIZE UND MÖGLICHKEITEN NICHT MEHR MIT.

Daniel Levitin, »Fakten, Pseudofakten, Geplapper und Gerüchten, die sich alle als Informationen ausgeben« und uns immerzu überfallen.[5]

Früher gab es drei Fernsehkanäle und ein paar Kaffeesorten. Es gab einige Urlaubsziele in Deutschland und Italien, aus denen man auszuwählen den Luxus hatte, und drei unterschiedliche Motorisierungen beim Auto. Heute drängen unendlich viele Anbieter mit ihren Werbebotschaften für unendlich viele Angebote in unendlich vielen Ausführungen auf die Bühne und buhlen um unsere Gunst. Sie funken auf allen Kanälen, in Anzeigen und Online-Communitys, auf Plakaten und Bannern, mit Gewinnspielen und Newslettern. »Nimm mich wahr!«, »Sieh mich an!«, »Kauf mich!«, rufen sie und fordern uns nicht nur kognitiv, sondern vor allem in unserer Selbstdefinition immer wieder neu heraus. Dies zum einen vor dem Hintergrund des Dazugehören-Wollens, zum anderen angesichts der schieren Vielfalt und der so ermüdenden wie anspornenden Situation, dass man sich nie sicher sein kann, wirklich das allerbeste und gleichzeitig allergünstigste Angebot erwischt zu haben. Lieber noch eine Runde recherchieren ...

Außerdem wollen die Mitmenschen in der Familie und all die Freunde, Kollegen und Geschäftspartner beachtet werden; von den sogenannten Prominenten ganz zu schweigen. Bei dem Getöse gilt es vor allem, nicht unterzugehen im Ozean der Reize. Das ist der tägliche Spagat, immer wieder neu die Zerreißprobe, auch weil wir der Überzeugung sind, bei allen möglichen Themen mitreden zu müssen, um relevant zu sein. Diesen Irrweg befeuern gerade solche Gesprächsrunden, die die Kunst, stundenlang wortreich aneinander vorbeizureden, zu einem Format erhoben haben: die TV-Talkshows.

Im unendlich weitläufigen Dschungel der Verbalitäten immer wieder neu herauszufinden, was man wissen muss und was getrost wegbleiben kann, ist ein schwieriges Unterfangen. Dafür braucht es die immer neue Entscheidung: Was ist mir wichtig? Außerdem braucht es die abgewogene Meinungsbildung: Was kann ich glauben, was sollte ich hinterfragen? All das verlangt in einer Zeit, in der die Zeit das knappste Gut ist, noch vor Öl und Silizium, weitere Schleifen zu drehen, genauer hinzuhören, nachzudenken und nachzufragen, zu vergleichen und zu beurteilen. Da ist das Gehirn irgendwann gefühlt so abgefüllt, dass nichts mehr hineinpasst. Wie bei einer randvollen Tasse Tee, die ein einziger Tropfen mehr zum Überlaufen bringt. Die Sender, professionelle Medien und kommerzielle Werbetreibende, genauso wie all die Ego-Booster im Privatleben, wissen das. Dieses Wissen führt zu einem Konkurrenzkampf um die Aufmerksamkeitsreserven. Die leidgeprüften Entscheider in diesem Kampf sind immer noch unsere archaischen Nervenzellen. Sie prüfen, welche Informationen wichtig sind und welche nicht. Sie leisten Großes – wenn der Mensch sich gefordert, aber nicht überfordert fühlt und in guter nervlicher Verfassung ist. Also ungefähr auf dem Dröhnungsniveau des Steinzeit-Alltags. Aber wer kann den noch für sich reklamieren?

Um die geballte Menge an Informationen zu verarbeiten, benötigten Nervenzellen schon immer Sauerstoff und Glukose. Heute so viel davon und immer mehr, dass sie schnell ermüden, wenn der Nachschub ausbleibt. Wenn mehr verbraucht wird als nachkommt, fühlt der Mensch sich ausgepowert. Er ist dann unaufmerksam, bringt im Gespräch keine Empathie auf und hört bestenfalls hin, aber nicht zu. Das führt zur eher passiven Teilnahme an der Kommunikation und eben auch zum ungeprüften Liken und Sharen von Beiträgen anderer. Jedes Status-Update und jedes Lesen einer Mail löst aufs Neue die Frage aus: Soll ich antworten? Sofort oder später? Was soll ich schreiben? Was soll ich tun, wenn dann keine Antwort kommt? Solche Entscheidungen genauso wie die, was aus dem gigantischen Warenangebot ich kaufe, kosten wiederum Energie. Die Energie, die

UNSERE NERVEN SIND NICHT FÜR DIE ÄRA DER RASTLOSIGKEIT GEBAUT.

eigentlich für die wirklich wichtigen Angelegenheiten vorrätig sein muss.

Die Informationsflut ist wie süßer Brei für unser Gehirn: Wir bekommen mehr, viel mehr, als wir gebrauchen können. Und unser System, ausgelegt für die Kapazität einer notwendigen Mahlzeit, kommt damit nicht klar, wenn wir der Versuchung nicht widerstehen und den Löffel weglegen, wenn wir genug haben.

TYPOLOGIE DER NICHT-ZUHÖRER

Es gibt viele Plätze im Garten der Natur. So ist es auch mit Leuten, die vermeintlich alles gut bis sehr gut können – außer zuhören. Im Gewirr des allgegenwärtigen Kommunikationsknäuels haben sie immer Hochkonjunktur. Den reinen Nicht-Zuhörer gibt es nicht, bei den meisten handelt es sich um Mischtypen. Allerdings hat jeder Mensch als Kommunikator eine Hauptausprägung und findet sich in einem der folgenden Typen am stärksten wieder:

In der Gruppe der Selbstdarsteller:

Der Stichwortgrabscher wartet mit spitzen Ohren nur darauf, dass er sich ins Gespräch bringen kann. Seine Reizworte sind Allgemeinplätze wie »Streik«, »Rente« oder »die Bahn«, auch Örtlichkeiten wie »London«, »das Borchardt« oder »Oktoberfest«. Bücher von der Bestsellerliste und Blockbuster im Kino gehen ebenfalls gut. Der Stichwortgrabscher schnappt sich das meistversprechende Schlagwort und legt los. Blumig berichtet er, was er in diesem Zusammenhang erlebt, erfahren, gehört hat. Mit keinem Wort knüpft er an die Vorrede an. Lieber jagt er dem Gegner den Ball ab und spurtet los. Er ist unter beiden Geschlechtern anzutreffen. Um im »Gespräch« mit ihm dennoch Gehör zu finden, helfen ganz gezielt gestellte, sehr konkrete Fragen (in der Version für Fortgeschrittene zu einem möglichst fernen, ganz anderen Thema). Die lassen den Grabscher zumindest mal erstaunt innehalten und verschaffen seinem Gegenüber die dringend benötigte Gelegenheit einzuhaken.

Der Polyp heftet sich saugnapfartig fest und erzählt ohne Punkt und Komma seine Lebensgeschichte. Hat er einmal das Wort, gibt es kein Halten mehr. Er weiß nicht, wie man Fragen stellt. Lieber spickt er sein Opfer mit allen Details (notfalls erfundenen) und drängt es in die passive Ecke. Dabei ist nebensächlich, worum es geht. Für den Polypen gibt es keinen Dialog. Er sendet nur und braucht nicht einmal Bestätigung. Wer ihm einmal zum Opfer gefallen ist, macht in Zukunft einen großen Bogen um ihn. Erwischt es einen, wird es langwierig und das Entkommen schwierig. Der Polyp lauert überall. Er ist ein gern gemiedener Gesprächspartner, weil er kein Gefühl für Grenzen hat und eine echte Nervensäge ist. Hat man sich in seinen Fangarmen verheddert, gibt es nur eine Strategie: jemanden herbeiwinken und mit diesem vermeintlich besten Kumpel unter Vortäuschung akuter Notwendigkeiten das Weite suchen.

Der Ego-Shooter erzählt detailverliebt seine Personality-Geschichten, in denen es immer um eins geht – um ihn. Er nimmt nicht wahr, dass er nervt und anderen kostbare Zeit raubt. Ihm ist jedes Detail wichtig. Dabei würden für seine Geschichte oft zwei, drei Sätze genügen. Er redet laut, um auch Umstehende zu erreichen. Einwendungen anderer, dass sie auch mal etwas sagen wollen, bürstet er mit einem »Ich bin jetzt dran!« oder »Ich bin noch nicht fertig!« ab. Stattdessen mal auf Empfang umschalten kommt für ihn nicht in Frage. Er befürchtet, sein Ansehen zu verlieren, wenn er sich unterbrechen lässt. Bei so einem gibt es nur zwei Lösungen. Die eine ist, sich alles bis zum Ende anzuhören und mindestens anerkennend abzunicken, sonst glaubt er immer wieder nachlegen zu müssen. Die andere ist, merklich auf dem Stuhl hin und her zu rutschen und jegliche bestätigende Regung – Ja-Sagen wie Nicken – einzustellen. Solche Totalverweigerung bringt die ablehnende Haltung wortlos zum Ausdruck.

Sie verunsichert selbst den Ego-Shooter und sorgt für eine reelle Chance, dass er seinen Sermon merklich einkürzt und sich beizeiten ein anderes Opfer sucht.

Der Selbstverkäufer brilliert in Meetings. Er scheint viel zu wissen und tut sich schillernd mit seinem Wissen hervor. Die anderen sollen denken: »Wow, was für ein Champ!« In Wahrheit ist er vor allem ein wundervoller Schaumschläger, der dem Chef nach dem Mund spricht. Seine klugen Worte leiht er gerne von anderen. Damit bringt er sich im rechten Moment ins Gespräch, um strategisch zu punkten. Anderen hört er zwar zu, doch geht er wenig auf sie ein. Vielmehr geht es ihm dabei ums Abgreifen, damit er den anderen ihre eigenen Ideen als die seinen zurückspielen kann. Hat er etwas geleistet, hängt der Selbstverkäufer es gerne an die große Glocke. Man begegnet ihm am besten mit etwas Lob und viel Humor – nicht zu derb und süffisant, aber auch nicht zu devot. Der wissende, in sich hineinlächelnde Betroffene steht über diesen Dingen und findet wahren Dialog im Gespräch mit anderen.

Vor allem unter Männern sind **die Pingpongs** anzutreffen. Sie treten als Gespann auf. Berichtet der eine – ping! – von seiner tollen neuen Kamera oder Wohnung, legt der andere nach – pong! Tollere Kamera, tollere Wohnung! Sie jazzen sich gegenseitig hoch in einem Spiel, in dem es nicht darum geht, was man sagt. Vielmehr geht es ums generelle Dagegenhalten und gegenseitige Übertrumpfen. Als Randfigur eines solchen Gegockels hat man den Eindruck, die beiden spielen Quartett, und die Karte mit dem heißesten Statussymbol sticht. Es macht zwar Spaß, wechselseitig zu berichten, was man leistet und sich leisten kann. Wenn es dabei bleibt, handelt es sich allerdings nicht um ein Gespräch. Vielmehr geht solch rudimentäres Wetteifern auf die Steinzeit zurück, als die größere Keule durchaus ein Argument war. In einer solchen Runde Substantielles zu erwarten, ist vergebliche Liebesmüh. Eher führt ein »Toll, was du alles schaffst!« zum Ziel: nämlich hier schnell wegzukommen.

In der Gruppe der Weltverbesserer:

Es fällt ein Stichwort, und **der Ratschläger** weiß sofort die Lösung. Unaufgefordert öffnet er seine Erfahrungsschatztruhe und breitet die rhetorischen Preziosen aus. Es ist wie auf dem Basar bei einem besonders hartnäckigen Teppichhändler: Er will seine Kompetenz unter Beweis stellen und missioniert für sein Leben gern. Dafür wird der Ratschläger zum Radschläger. Die Möglichkeit, dass jemand einfach nur erzählen oder ein Ohr haben möchte, hat er nicht auf dem Schirm. Wo er doch bloß helfen und die Welt ein bisschen klüger machen will! »Du fährst nach London? Komm' mir bloß nicht zurück, ohne das Steak im Hawksmoor zu essen!«; »Dein Sohn war aggressiv? Ruf' doch den Thomas an, der ist Kinderpsychologe, ich geb' dir die Nummer!« Am besten schenkt man so jemandem ein Lächeln und äußert dabei so charmant wie bestimmt, dass ein Rat nicht nottut.

Der Bewerter hat auch ohne Stichwort zu allem und jedem eine Meinung. Meist tendiert seine Einschätzung der großen (Politik, Terror, Wirtschaftslage) wie der kleinen Weltlage (Wetter, Urlaubspläne, Kollegenkreis) ins Drastische, Negative. Das soll ihn von den anderen abheben und klarstellen: »Ich mach's richtig, ich bin besser, klüger, gewandter.« Für ihn ist das Gegenüber nur Nickmichel, bestenfalls Ein-Wort-Kommentator (»Aha!«). Beides motiviert ihn zum Weiterreden. Er wird nicht schnell müde, aber wenn alles raus ist, fühlt er sich befreit. Sein Opfer würde am liebsten Reißaus nehmen vor so viel Unentspanntheit und Miesepetrigkeit. Aus der Bewertungsfalle, in die wir alle leicht tappen, kommt man am besten mit Fragen statt Sagen raus. Eine Aussage mit Fragezeichen ist konstruktiver als eine mit Ausrufezeichen. Sie lässt dem anderen vor allem Raum zum Überlegen und zum Reagieren.

Wer einen Sachverhalt so lange wiederholt, bis er recht bekommt, ist **der Einhämmerer.** Er will ganz dringend etwas klarmachen, klarstellen. Er meint, je öfter er das Mantra-artig zum Besten gibt, desto mehr wird er gehört. Die Wiederholung ist seine Ultima

Ratio: »Sind die alle schwer von Begriff, nur ich nicht?«; »So kompliziert ist das, was ich sage, doch nicht!«; »Der Groschen muss doch endlich fallen!« Dass es schnell keine Worte mehr gibt, nährt seine Illusion, endlich verstanden zu sein. Dabei wollen die anderen nur, dass er aufhört. Den Unterschied zwischen recht haben, damit Ruhe ist, und recht haben, weil er recht hat, kennt er nicht. Er ist nicht boshaft, sondern hat dort einen blinden Fleck, wo es um Hinhören und Verstehen geht. Man kommt dem Einhämmerer mit seiner eigenen Waffe bei: wiederholen. So deutlich wie behutsam und vor allem geduldig darauf beharren, dass seine Sicht der Dinge nicht die einzig wahre ist. Am besten geht das ganz einfühlsam mit Beispielen aus dem gemeinsamen Alltag.

Dem Meckerer ist immer etwas zu lang, zu breit, zu laut. Es ist ihm schlicht nicht recht zu machen. Statt sich über einen Anruf zu freuen, kommt sofort das »Meldest du dich auch mal ...?«. Er beschwert sich im Ferienhaus noch vor dem »Guten Morgen« bei denen, die oben das Frühstück für ihn zubereiten, dass sie ihm auf dem Kopf herumtrampeln, während er unten noch schlafen will. Er meint es ja nur gut. Er will den anderen zeigen, wo sie vom rechten Weg abgekommen sind. Dabei ist der Meckerer frustriert bis unreflektiert. Er lässt einfach Dampf ab. Solche Störer und Knotterer sind wie Statler und Waldorf, die Meckeropis aus der Muppet Show, nur volldigital: in kleiner Dosis liebenswert, auf die Dauer penetrant und nervig. Fühlen sie sich in ihrem Schmerz über die Zustände als Jammerer angegriffen, legen sie erst richtig los. Dabei ist es einfacher und zielführender, hinter den Ärger zu schauen und sich mit den Ursachen zu befassen. Meist liegen sie nämlich bei einem selbst. Wer den Meckerer behutsam zu dieser Erkenntnis führen kann, ohne ihn zu düpieren, kann im Gespräch mit ihm bestehen.

Der Lästerer hat nicht nur an allem und jedem etwas auszusetzen. Er hat vor allem die Unart, dieses Etwas aufzuhübschen und süffisant durch den Kakao zu ziehen. Er delektiert sich daran, andere kleinzureden. Dabei wächst er über sich hinaus. Es ist ihm fremd, dass die anderen (von den unreflektierten Claqueuren in seinem kleinen Fankreis abgesehen) darunter leiden. Der Lästerer lenkt mit dem Hinweis auf die Makel anderer von seinen eigenen ab. Oftmals ist er in herausragender Stellung, und wer aufmuckt, wird weggebissen. Dabei ist Lästern fehlender Mut. Er macht sich dadurch bemerkbar, dass das Beklagenswerte zuerst aufgrund von Fakten beim Namen genannt wird, um es dann – angereichert mit einem lösungsorientierten Wertbeitrag – zu verbessern. Eine gute Antwortstrategie ist hier, beredt zu schweigen, nichts zu sagen und damit viel zu sagen. Diese galante Art der Distanznahme führt ganz besonders drastisch einen vor: den Lästerer sich selbst.

In der Gruppe der Abwehrer:

Der Wort-im-Mund-Herumdreher ist der mit den Großbuchstaben und den vielen Satzzeichen. Seine Waffen sind vor allem drei Sätze: 1. »WER sagt das???«; 2. »Woher wollen SIE das wissen???«; 3. »HÖRT, HÖRT!!!« Um ein Wortgefecht für sich zu entscheiden und als Sieger vom Tisch zu gehen, retourniert er sachlich vorgetragene Angriffe blitzschnell volley. Dann bleiben alle mit offenem Mund irritiert zurück, bis die Sendezeit vorbei ist. Der Wortverdreher nimmt Argumente persönlich, er versteht sie als Kritik. Dazu kommt seine Lust an der Provokation, gepaart mit offensichtlicher Ahnungslosigkeit. Alle sind das Problem, nur er nicht. Eine explosive Mischung ist das, eher bei Männern anzutreffen. Hier braucht es Sachlichkeit und Standfestigkeit: Jetzt bloß nicht ablenken lassen! Wer sich von so jemandem auf die persönliche Ebene ziehen lässt und es persönlich nimmt, kann nur verlieren. Und weil er auch Sachargumente nicht hört, bleibt nur eines: diesen schwierigen Zeitgenossen mit seinen eigenen Waffen schlagen und Satz 1, 2 oder 3 aus seinem eigenen Repertoire anwenden.

Der willkürliche Filterer kann jeden Gesprächspartner zur Verzweiflung bringen. Bei ihm wird der Unterschied zwischen Hören und Hinhören besonders deutlich: Er merkt sich nur das, was er sich merken will. Bei allem anderen schwört er Stein und Bein, dass es niemals Thema war. Dabei ist er kein profaner Lügner. Vielmehr ist sein Verhalten entweder Taktik, und er glaubt, was er meint. Oder er kriegt manches tatsächlich nicht mit oder blendet es gleich wieder aus. Das ist Selbstschutz, weil ihm genauer hinzusehen weh tut, oftmals aus seiner frühkindlichen Prägung heraus. Der dritte Grund für solches Verhalten ist, dass schlicht der Speicher voll ist. Der Selektiv-Wahrnehmer ist dann unkonzentriert und kann nichts mehr aufnehmen. Im Umgang mit dem willkürlichen Filterer hilft behutsames Erklären, so ausdauernd wie liebevoll. Auch kann es ratsam sein, professionelle Hilfe zu empfehlen und dem Betroffenen den Weg dorthin so leicht wie möglich zu machen.

Der Ablenker ist gerne auch ein Drückeberger. Vor allem, wenn es zur Sache geht, zeigt sich sein typisches Verhalten: Das Gespräch wird ernst bis sehr ernst, es steht eine Entscheidung mit Tragweite an. Jetzt müsste der Durchbruch kommen ... Da schweift der Ablenker plötzlich ab und macht Fässer voller Seichtem auf: »Schön habt ihr's hier!«; »Kommt ihr am Wochenende mit zum Skifahren?«; »Ich glaub', ich mach' mal ein Sabbatical!« Völlig zusammenhanglos wechselt er fix das Thema. Ohren, Herz und Kopf sind dann total abgedichtet. Dazu schweift sein Blick so komisch im Raum umher. Rückkehr zum Ausgangsthema zwecklos. Dem Ablenker ist gar nicht bewusst, dass er immer wieder versucht, preiswert durch die Hintertür zu entkommen. In einer solchen Situation hilft nur, ihn am Kragen zu packen und zurück an den Ort des wahren Geschehens zu schleifen, wo es genau jetzt um Klarheit geht. Wer ihn kennt und einzuschätzen weiß, macht ihm beim nächsten Mal vorher klar, worum es gehen wird. So kann er sich auf das Gespräch einstellen und darauf vorbereiten, was von ihm erwartet wird.

Der **verbale Gewalttäter** ist immer der Härteste, egal wie es gerade um seinen Gesprächspartner steht. Er akzeptiert kein Nein und keinen Aufschub. Alles muss raus aus ihm, jetzt sofort.

Er will unbedingt Fakten schaffen. Da stören alternative Vorschläge und die Terminpläne der anderen. Er will das Thema umgehend final klären und dann gedanklich ausbuchen. Ende der Durchsage! Der verbale Gewalttäter hört null zu. In seinem Bewusstsein wabern tausend Dinge. Er sagt Sachen wie »Ich habe keine Kapazitäten, darüber auch noch nachzudenken!« und »Müssen wir noch zehnmal darüber reden? Mir brennt der Kittel!«. Bekommt er seinen Willen nicht, wird er vehement. Jetzt bloß nicht überrumpeln lassen! Man kommt ihm am besten bei, indem man ihm sein Verhalten zurückspiegelt: »Ich sehe das ganz anders, muss aber jetzt selbst in ein Meeting. Lass uns später drüber reden.« Auch Ende der Durchsage! Mit der Zeit begreift der verbale Gewalttäter dann, wenn auch langsam, was sich ziemt.

Der Totalverweigerer ist zum Beispiel in Partnerschaften anzutreffen, die nur noch wegen der Kinder bestehen. Mindestens einer hat sie aufgegeben: »Ändert sich ja sowieso nichts«, denkt er sich und hat auf Dauerdurchzug geschaltet. Ebenso verhält sich der »Unternehmensbewohner«. Er ist nach innen emigriert und macht bloß noch zombiegleich seinen Job. Er fühlt sich mit seinen Bedürfnissen einfach nicht gesehen. Wer ihm gegenübertritt, hofft vergeblich auf Engagement und Gegenliebe. Der Totalverweigerer frühstückt seine Gesprächspartner schnöde ab. Lieber freut er sich auf den Feierabend und das, was ihm wirklich Spaß macht. Wem an ihm gelegen ist, der sollte ihm freundlich mit Ich-Botschaften begegnen und das Voneinander-Wegdriften thematisieren: »Ich habe den Eindruck, dass ...« suggeriert die Chance auf eine gemeinsame Perspektive. Als Kunde eines Totalverweigerers kann man allerdings nur eines tun: ehemaliger Kunde werden.

All diese Typen verschaffen sich auf ihre Weise Aufmerksamkeit. Doch die – jeweils ganz eigene – verbale Kommunikation ist nur eine Möglichkeit dafür. Eine ganz andere ist die wortlose, subtilere Kommunikation über Symbole: der Ausdruck der Persönlichkeit durch das Zurschaustellen von Marken. Seht alle her, ich gehöre dazu!

SEHT MICH AN! ICH BIN EIN STAR!

Der eine hat den Lufthansa-Senator-Kofferanhänger an seinem Koffer von Tumi. Die andere hat das Bike von Cresta, extra für sie konfiguriert und handgelötet in der Schweiz, das es so kein zweites Mal gibt. Der Dritte hat die trendigen Sneakers, Stan Smiths von Adidas in Weiß.

Marken dienen dem Selbstausdruck. Wir bevorzugen solche, die zu uns passen. Schrille Typen tragen Vivienne Westwood, hanseatisch-zurückhaltende finden sich in Jil Sander. Die perfekte Passung zwischen Selbstbild und Marke ist, wenn es um die Entscheidung für oder gegen ein Produkt geht, allerdings nur die halbe Wahrheit. Häufig dienen Marken vor allem etwas, das die Wissenschaft »symbolische Selbstergänzung« nennt: Sie sollen unsere Persönlichkeit in einem bestimmten Zusammenhang vervollständigen, gar überhöhen. Wer seinem Umfeld zeigen will, dass er ein disziplinierter Hobbyläufer mit Marathon-Ambitionen ist, trägt die V800, eine Fitness-Uhr von Polar. Und zwar ganztags, über der Manschette. Mit dem Image der Uhr macht er seine Zugehörigkeit zu einer attraktiven Gruppe deutlich. Wer will da schon wissen, ob man mit der Uhr wirklich joggt?

Apple ist bei Selbstergänzung und -überhöhung noch einen Schritt weiter: Man braucht kein iPhone mehr, nur noch die weißen Ohrhörer an dem weißen Kabel, um sich als Apple-Jünger zu erkennen zu geben. Eine Weile geht das gut, bis die Nachahmer ihre Stöpsel ebenfalls in Weiß anbieten. Dann besteht die Gefahr des Verschwindens in der Masse. Wer sich auch morgen noch wirklich abheben will, setzt da besser gleich auf Beats by Dr. Dre. Diese Kopfhörer sind so groß und bunt, dass sie das erweiterungsbedürftige Selbst unübersehbar aufmöbeln, schon rein volumentechnisch. Mehr Selbstergänzung, an noch prominenterer Stelle, ist nur schwer möglich, außer durch die Selbstummantelung mit einem Tesla.

Mit der Kraft der starken Marke sind wir in der Lage, die Lücke zwischen dem Bild, das wir von uns haben, und dem, das wir von uns haben wollen, zu schließen. Das tatsächliche Selbst begegnet dem Mann in seinen besten Jahren – also mitten in der Midlife-Crisis – frühmorgens, wenn er nicht mehr schlafen kann, aber dennoch liegen bleibt. Jetzt muss er sich selbst Rede und Antwort stehen. In diesen unerträglich ruhigen Momenten sind die Unsicherheiten und Ängste ebenfalls hellwach. Der erste Gedanke: »Als ich noch cool war, wäre ich nie ohne Not so früh aufgewacht. Ist das schon die senile Bettflucht?« Der zweite Gedanke: »Meine Kinder sagen, dass ich peinlich bin. Ist das liebevoll provokant oder brutal wahr?« Der dritte Gedanke: »Meine letzte Assistentin hat mich noch angehimmelt, die neue hat nur Augen für den jungen Kerl aus der Entwicklung.« Jetzt fallen Entscheidungen: Hemden in Slim-Fit von Hugo Boss statt bügelfrei von Eterna, Audi Q5 statt A4 und im Fitnessstudio anmelden. Aber nicht bei McFit, sondern bei Elements Fitness, denn da trainieren die potenten Gewinner.

Marken entwickeln das tatsächliche Selbst (»So banal ist meine Welt«) in Richtung des idealen Selbst (»So will ich mich sehen«) und des sozialen Selbst (»So sollen mich andere sehen«). Sie geben Selbstvertrauen und fungieren als Eintrittskarte zu einer gewissen gesellschaftlichen Gruppe. Es ist die Community, der wir angehören wollen. Das Kostüm von Chanel verleiht seiner Trägerin das gute Gefühl, auf den abendlichen Bühnen stets richtig gekleidet zu sein. Mit dem Volvo-Kombi zeigt man, dass einem beim Autofahren die Sicherheit der Familie über alles geht. Und das Pferdchen auf dem Shirt von Polo Ralph Lauren sagt beim Golfen alles: »Ich bin, du bist, er ist einer von uns!« 90 Euro für das Kurzarmshirt sind geschenkt, wenn einem dafür das Wohlwollen der Clubmitglieder sicher ist. Marke kommt von Markiertsein, wahrnehmbar und zuzuordnen für andere.

MARKEN GEBEN ORIENTIERUNG, SICHERHEIT UND EIN GUTES GEFÜHL.

Sich Aufmerksamkeit zu verschaffen geht mit der Marke wie mit dem Marketing für sich selbst: Geltungsbedürftige Zeitgenossen bestellen im gehobenen Restaurant »mit ohne«, was bedeutet, dass etwas weggelassen werden soll – das Fleisch, der Fisch, alles Tierische, alles Gluten- oder Laktosehaltige, die Nüsse oder gleich

MENSCHLICHE MARKEN WERDEN NUR GESCHÄTZT, WENN IHR VERHALTEN EINEN NUTZEN ERKENNEN LÄSST.

all das auf einmal. Hauptsache, es kommt etwas dabei heraus, das so nicht auf der Karte steht und wofür sich die Küche nochmal ins Zeug legen muss. Man wird gelegentlich den Eindruck nicht los, manch einem gehe es eher darum, extra umsorgt und dadurch besonders gesehen zu werden, als eine Unverträglichkeit oder seine Überzeugung auszuleben. Im »Noma« in Kopenhagen, dem lange Zeit besten Restaurant der Welt, erklärte ein Gast vor versammelter Gesellschaft, seine Frau könne nichts essen, was »klein und rund« sei. Und im Sternerestaurant »Jante« in Hannover wurde für einen festlichen Anlass für eine gewisse Dame extra ein veganes Sondermenü vorbesprochen: drei Gänge, garantiert ohne tierische Zutaten. Als es dann aber so weit war mit dem Festessen und sie das Menü für alle anderen las, fand sie das Lachstatar doch spannender. Und als sie zwei Wochen später wieder vor Ort war, nahm sie das Fleisch. Der sternedekorierte Koch Tony Hohlfeld kommentierte professionell: »Wahrscheinlich hatte sie da gerade nicht ihren veganen Tag.«[6] Extrawürste sollen Individualität ausdrücken und Beachtung auf sich ziehen. Aufmerksamkeit bekommt auch, wer durch Besonderheit auffällt. Dabei ist der Grat schmal zwischen dem, was eine anziehende Individualität ausdrückt, und dem, was eher substanzloses Gehabe ist.

Wer Freunde zu sich nach Hause zum Essen einlädt, muss vorher abfragen, wer was mag oder darf und was nicht. Früher haben alle alles gegessen, außer Hirn und Zunge, aber die Differenziertheit heutiger gastronomischer Möglichkeiten gab es damals auch nicht. Heute muss bei jedem von drei Gängen immer mindestens ein Gast passen – oder jeder bekommt seine eigenen drei Gänge. Wer so naiv ist, einfach Bœuf en Daube à la Provençale zu machen, und für die Bio-Rinderschulter ein Vermögen ausgibt, verliert garantiert: Zwei der Gäste, stellt sich beim Platznehmen heraus, sind schon länger strenge Vegetarier. So hält die eine Hand den Schmortopf bei Laune, während die andere den Sushi-Bringdienst alarmiert. Darauf können sich die Fleischlosen einigen. Wenigstens sagen alle zum Champagner ja. Als endlich alle essen, trudelt dann noch jemand ein, der zuvor nicht genau wusste, ob er kommen kann. Er hat viele Termine und leidet außerdem vermutlich unter Multioptionalität, unter der Qual der ganzen Möglichkeiten für einen Samstagabend. Es ist noch Schmortopf da, doch er beharrt darauf, ebenfalls Vegetarier zu sein. Für ihn gibt es ein Glas Oliven, ebenfalls bio, mit ohne alles. Vor allem diesem Gast bleibt dieser Abend lange in Erinnerung, wie den Gastgebern auch.

Wer hier hinter vorgehaltener Hand einen Drang zur Selbstdarstellung ins Gespräch bringt, macht sich Feinde: Jedes Individuum sollte auch individuell gesehen werden, mit all seinen Überzeugungen und Unverträglichkeiten! Das machen die doch, weil sie nicht anders können! Außerdem sind die Zeiten nun mal so! Der geneigte Gastgeber zieht fürs nächste Mal die Konsequenz, – wenn überhaupt – zu Käseplatte und Bier einzuladen. Mit reichlich Oliven in Gläsern für die Ovo-Lacto-Vegetarier und die Paläo-Freunde. Letztere essen nur, was es schon in der Steinzeit gab. Oliven mögen durchgehen, aber vor dem Servieren aus dem Glas nehmen.

Selbstdarstellung gibt es, seit es Menschen gibt. Immer schon setzen sich besonders Männer in Szene, um aufzufallen. Das macht beliebt und erfolgreich bei den Damen. Schon bei den Jägern und Sammlern gingen viele Männer leer aus, während einige wenige einen ganzen Harem unterhielten. Denen gelang es, mit Neugier, Mut und Dominanz Eindruck zu schinden. Dass solche rudimentären Mechanismen noch immer wirken, zeigt der legendäre Fernsehspot der Sparkasse aus den Neunzigerjahren. Er hat nichts an Aktualität eingebüßt: Trifft der Business-Mann zufällig seinen alten Kumpel. Der darf sich setzen, dann geht es los mit tollen Fotos – »Mein Haus, mein Auto, mein Boot.« Darauf der andere mit seinen Fotos. Ebenfalls Haus, Auto, Boot, allerdings größer, außerdem seine »Dusche« (der Springbrunnen in seinem Park), seine »Badewanne« (der Pool) und sein »Schaukelpferdchen« (der Zuchthengst). Ein herrliches Statussymbol-Pingpong, das heute gern auch in den sozialen Netzwerken stattfindet – wenngleich sich bei vielen Menschen die Ansichten darüber, was erstrebenswert ist, generell hin zum Immateriellen verschoben haben. Auch eine daraus resultierende Haltung lässt sich trefflich als »Alleinstellungsmerkmal« verkaufen. (Im Grunde ist sie das Gegenteil – ein Zugehörigkeitsmerkmal.)

DIE STADT, GRÖSSTE BÜHNE DER WELT Mit der Herausbildung der Städte bekamen die Männchen ganz neuen Entfaltungsraum fürs Radschlagen, und die Weibchen fingen an aufzuholen. Das Leben in der Stadt ist ein Leben unter vielen und den Augen vieler. Auf einmal gab es viel mehr Möglichkeiten dafür, sich zu inszenieren, als in der Höhle oder auf dem Land. Auch weil sich Händler und Geschäfte mit Leder und Stoffen, später ganzen Kleidungsstücken, Schmuck, Düften und Cremes in immer mehr und immer neuen Varianten niederließen. Man begegnete sich in Kirchen und Wirtshäusern, auf Familienfesten und kulturellen Veranstaltungen. Überall konnte man besonders in Erscheinung treten, auffallen mit modischem Stil und gekonnter Inszenierung. (Die Stilikone gibt es schon sehr lange, man nannte sie nur nicht so.) Städter zogen sich, anders als die Landbevölkerung, nicht nur für sich an, sondern auch für andere. Sie zeigten, was sie schätzten und was sie hatten, um Nachbarn, Fremden und potentiellen Liebes- und Lebenspartnern zu imponieren. Der Stadtplaner Georg Franck schreibt dazu: »In der Stadt wird die Differenz zwischen öffentlicher Schauseite und abgeschirmter Privatsphäre zu einem Gestaltungsprinzip des Lebens.« Draußen der große

Showbereich, in der Wohnung der intime Backstage-Bereich: »Die Schauseite – ob der Personen, Kutschen oder Gebäude – ist zum Repräsentieren. Die private Sphäre ist der Rückzugsraum hinter der Bühne. Draußen ist ständig Theater, drinnen darf man sich vom Auftritt erholen und auf das Auftreten vorbereiten.«[7]

Heute ist wie damals, nur neu vertont. Aus dem sonntäglichen Flanieren mit Hut und Stock im Jardin des Tuileries wurde der Besuch im Münchner Restaurant »Lenbach«. Es hatte einen beleuchteten gläsernen Catwalk, über den jeder laufen musste, bevor er Platz nehmen konnte. Mick Jagger, Cindy Crawford und Karl Lagerfeld taten es, und der Normalsterbliche bekam von all dem Glamour etwas ab. 2012 musste der Laden schließen, nachdem so viel Hedonismus selbst den Münchnern zu viel geworden war. Der Inhaber sagte, dass die hochtourige Münchner Gesellschaft weiterhin großen Hunger auf Neuigkeiten habe, allerdings: »Wenn einer schon viermal seinen Geburtstag im Lenbach gefeiert hat, dann geht er halt auch mal woanders hin.« Diese Bühne war abgespielt. Nachdem das gewöhnliche Fuß- und Feiervolk sie für sich eingenommen hatte, zog die Karawane der »Early Adopters« weiter. So bezeichnet die Diffusionswissenschaft – sie untersucht die Ausbreitung von Innovationen, Informationen und Aktivitäten – solche Menschen, die gerne Risiken eingehen und vor allem da ganz vorne mit dabei sein wollen, wo sich etwas Neues tut. In ist eben, wer drin ist, und das soll für die Early Adopters um Himmels willen nicht jeder sein.

Wenn der professionelle Sich-zur-Schau-Steller in die Oper geht, achtet er a) darauf, eine Karte ganz vorn zu haben, und trudelt b) ganz knapp ein, bevor es losgeht. Verbunden mit angedeuteter Huldigung ins rückwärtige Publikum dankt er sich dann zu seinem Platz in der Mitte der Reihe durch. Viele wollen gesehen werden, etwas darstellen, wer sein: wenigstens ein Experte, lieber ein großer Künstler, besonders gerne ein Star. Das geht in jedem Metier – im Backen der am besten dekorierten Törtchen, beim Restaurieren des schönsten BMW Dixi und beim Bedienen des kompliziertesten Rasterelektronenmikroskops. Der Wunsch nicht aller, aber der meisten Menschen, auf der Bühne des öffentlichen Lebens wahrgenommen zu werden, lässt niemals nach. Im Gegenteil, immer mehr bereiten sich akribisch auf den großen Auftritt und den großartigen Moment des Gesehenwerdens vor. Ob kniend vor den Juroren der Castingshows, mit dem Videocast auf Facebook (Thema nebensächlich) oder gleich nackt zu später Stunde im Fernsehen. Da tun alle so, als seien sie im Paradies gestrandet. Jeder ist der Prominente seiner selbst, und das Phänomen der peinlichen Berührtheit ist abgeschafft. Der Philosoph Jörg Bernardy bezeichnet die Aufmerksamkeit anderer als »die unwiderstehlichste aller Drogen«[8].Es gehe dabei nicht nur um die Beachtung für sich selbst und in zwischenmenschlichen Beziehungen, sondern vor allem auch um die Aufmerksamkeit als Rohstoff zur Festigung und Steigerung der eigenen ökonomischen Position. Durch die zunehmend digitale Kommunikation entwickele sie sich zu einer Währung, die Zeit und Geld überstrahle und neben sich erblassen lassen könne. Auf dieser medialisierten Stufe der Ökonomie der Aufmerksamkeit nehme der Kampf um dieselbe Formen eines mentalen Kapitalismus an.

> *SOLANGE DER MENSCH BEIFALL BEKOMMT, MUSS ER NICHT ÜBER DEN SINN SEINES LEBENS NACHDENKEN.*

GEILER BERUF: ATTENTION-JUNKIE Wir gieren nach Anerkennung durch andere. Bekommen wir sie, schwimmen wir obenauf und fühlen uns wohl und geliebt. Verschwindet sie dann wieder und stehen wir auf einmal nicht mehr im Mittelpunkt, geht es mit dem Wohlgefühl schnell bergab. Neue Beachtung muss jetzt her für die erneute Bergauffahrt auf der Achterbahn der Aufmerksamkeiten.

Der Mensch bestimmt seinen Selbstwert vor allem aus dem, was andere über ihn denken. Er sehnt sich nach Bestätigung von außen. In der Regel hat er nicht ausreichend gelernt, auf sein Selbst zu vertrauen und so seinen Selbstwert aus seinem urmenschlichen Kern zu ziehen. Deshalb, und auch, weil er in einer beschleunigten Welt nicht den Anschluss verlieren will, nutzt er alle Bühnen, die für die Inszenierung bereitstehen. Die Selbstdarstellung mildert Defizite bei der Sozialisation und kompensiert Komplexe. Die sozialen Medien schüren dabei den Drang, sich darzustellen und ins rechte Licht zu rücken. »SM« ist durchaus eine treffende Abkürzung für dieses Segment der Kommunikation. Gemeinhin steht sie für Sexualpraktiken abseits der Norm. Hier steht sie für abartige Kommunikationspraktiken – das Vermitteln verletzender Inhalte mittels der Instrumente des Aufwiegelns, der Denunziation und der selbstquälerischen Exposition der eigenen Unzulänglichkeit. Wie praktisch, dass man damit gleich sein Geld verdienen kann: Attention-Junkies holen beim »Unboxing« Produkte aus der Verpackung und probieren sie vor der Kamera aus. Sie testen Cremes und führen vor, wie es ist, sich mit der anderen Hand als der gewohnten zu schminken. Sie befummeln und küssen sogar minutenlang Mikrofone.

Beim Unboxing drehen kleine und große Kinder durch. Eine bis heute unbekannte Amerikanerin hat mit dem Kanal »DC Toys Collector« Millionen Abonnenten gewonnen. In den Videos sehen wir nur ihre Hände und hören ihre Stimme. Im Auspack-Video »MLP McDonalds Happy Meal Toys My Little Pony DJ Pon3 Vinyl Scratch Play Doh Pinkie Pie 2014« (selbst die Regeln für gute Überschriften scheinen überflüssig, wenn die Bühne stimmt) holt sie kleine Plastikponys aus einer Plastiktüte. Allein damit hat sie 16 Millionen Aufrufe, in der Szene spricht man von Milliarden Klicks insgesamt. Hierbei handelt es sich um eine unüblich vornehme Form des Aufmerksamkeits-Heischens: Ganz ohne Publicity Millionen Mal geklickt werden, Millionen Dollar verdienen und nichts anderes tun, als

DER MENSCH DEFINIERT SICH ÜBER ÄUSSERLICHKEITEN: SEINEN LIFESTYLE UND SEINE STATUSSYMBOLE.

immer wieder aufs Neue still in sich hineinzulächeln, während man Geld verdient mit – im Grunde genommen – nichts.

Die Webvideo-Produzentin Dagi Bee, bürgerlich Dagmar Nicole Ochmanczyk, ist da schon lauter. Sie fabriziert im Netz »den kleinsten Burger der Welt« und vollführt die »KRANKE & HÄSSLICHE Zungenbrecher-Challenge«. Dafür und für andere grundsätzlich gewöhnungsbedürftige Handlungen vor der Kamera hat sie mehr als drei Millionen Abonnenten. Gemeinsam mit Hunderten »Youtubern« sorgt sie dafür, dass die »Twenty somethings«, Leute zwischen 20 und 29, ihre Identifikationsfiguren haben – wie ungewöhnlich auch immer ihre Vorlieben für alle anderen anmuten mögen.

Früher war ein Vorbild, wer die Masse zum Staunen und Lachen und, vor allem, zum Nachdenken brachte. Heute staunt und lacht die Community auch, aber über andere Dinge – und denkt vor allem nicht unbedingt darüber nach. Für Berühmtheit reichen im Zweifel ein wenig Hackfleisch, Käse und Brot und ein ausreichender Drang zur Selbstdarstellung. Der kleinste Burger der Welt kommt auf mehr als 1,3 Millionen Aufrufe bei Youtube.

WER IM INTERNET ZUM STAR WERDEN WILL, DARF ALLES, NUR NICHT KOMPLEX SEIN.

Das Küssen und Befummeln von Mikrofonen soll Geräusche machen, die ein Kribbeln im Kopf verursachen. Fans von ASMR, der »Autonomous Sensory Meridian Response«, sprechen sogar von einem »Kopforgasmus« durch Klänge und Flüstern. Man kann ihn angeblich auch bekommen, wenn Hände aneinanderreiben oder beim Friseur die Kopfhaut massiert wird. Die Netzgemeinde macht das Phänomen, mit dem die Wissenschaft nichts anzufangen weiß, zur Bewegung: 18 Minuten lang bearbeitet und beflüstert beispielsweise eine junge Frau, die sich Heather Feather nennt, ihr Mikrofon. Ansonsten passiert – nichts. Ihr Video heißt »Relaxing Ear Massage w/Cupping and Whispering« und hat mehr als 2,5 Millionen Aufrufe. Sie lebt von dieser Kunstform, bei der es sich eher um eine neue Form der Erotik handelt – extrem entschleunigten Softporno, ganz ohne Ausziehen. In einer Zeit, in der einem nichts mehr fremd ist, ist diese – sagen wir mal: subtile – Form von Erotik eines der letzten verbliebenen Mysterien der menschlichen Sinnlichkeit – noch.

Die Formen sozialmedialer Selbstbeweihräucherung variieren auf amüsante Weise mit dem Zeitgeist. Vor 20 Jahren galten selbstgebastelte Weihnachtskarten mit dem Foto der ganzen Familie als peinlich, ebenso Gesprächsbeiträge über die Sandbeschaffenheit am Anantara Beach in Dubai. Heute stehen solche Ego-Reflektoren ungeniert im Vordergrund. Ursache für diesen Einstellungswandel der Sender wie der Empfänger sind die sozialen Medien mit ihren unendlich großen Kommunikationsräumen. Die frühe Selbstdarsteller-Show »Wetten, dass...?« ebnete den Weg für all das, so die Einschätzung von Jan-Hinrik Schmidt, Experte für digitale interaktive Medien am Hamburger Hans-Bredow-Institut.[9] Plötzlich schafften es unbekannte Menschen mit ihren skurrilen Neigungen ins Fernsehen, das zuvor die exklusive Bühne weniger echter Stars und Prominenter gewesen war. Die Kernbotschaft: »Ich kann was, was du nicht kannst!« Der Wett-Glamour übertraf jede Buchveröffentlichung und jeden Zeitungs- und Magazinartikel. Frau Hinz und Herr Kunz wurden von einem Millionenpublikum wahrgenommen und über Nacht berühmt.

Facebook, Youtube und Instagram drehen heute das Rad der Eitelkeiten immer schneller immer weiter. Sie sind die digitalen Fenster zur unendlich großen Welt voller User und Freunde. Diese und unzählige weitere Plattformen bieten – jenseits aller Unterhaltungs-, Rate- und Gesangsshows – scheinbar - unerschöpfliches Potential für Brustgetrommel und Beklatschtwerden. Gegen solche virale Durchschlagskraft verblasst jeglicher Flurfunk von früher und jeder Stehempfang. Online-Tagebücher, Selfies und Kommentare eignen sich hervorragend fürs Storytelling in eigener Sache. So kreiert jeder seine »Homestory«, indem er sein Alltagsleben vorführt, und schreibt sie immer weiter fort. Früher war diese Form des zweckgebundenen Exhibitionismus Prominenten vorbehalten, indem die Klatschblätter sie zu Hause besuchten. Die Mechanismen bleiben gleich – Kamera, Einblick in die Intimsphäre, möglichst viele Tabus und Regeln brechen. Früher ging man in die Peepshow, heute rekelt man sich selbst auf der Drehbühne. Was früher das Markstück war, das immer nachgeworfen werden musste, ist heute der Klick. Er spornt an zu einem ganz neuen Schneller, Höher, Weiter. Wer die meisten Likes bekommt, gewinnt.

DER DRANG, MEHR WAHRGENOMMEN ZU WERDEN ALS ALLE ANDEREN, IST MENSCHLICH.

Damit es so kommt, sucht man sich schöner, toller, spannender in Szene zu setzen. Medienexperten sind sich darin einig, dass die sozialen Medien den Hang zur Selbstdarstellung befeuern und den gesellschaftlichen Druck erhöhen. Im digitalen Gerangel um eine möglichst große Außenwirkung bleiben intrinsische Werte auf der Strecke. Sie bezeichnen das, was der Mensch um seiner selbst willen tut. Er denkt dabei nicht darüber nach, welche Vorteile oder Belohnungen er daraus ziehen könnte. Hierbei zählen Werte wie Zurückhaltung, Ernsthaftigkeit und Hingabe. Der Gewinn liegt in der Freude am Tun. Dieser »Werkstolz« auf das Geleistete und Geschaffene schafft ein tiefes Verständnis für sich selbst wie für andere. Das, worum es heute geht, ist dagegen vor allem extrinsisch motiviert. Das soziale Verhalten gerade der jüngeren Generationen dreht sich um Ich!, Ich!, Ich!

HEUTE WIRD MAN NICHT FÜR EINE LEISTUNG BELOHNT, SONDERN FÜRS BERÜHMTSEIN.

Ein Autor schreibt seinen Roman nicht, um ein erfüllendes Erlebnis zu haben, sondern um berühmt zu werden. Karitatives Engagement findet weniger im Stillen und mehr im Blickpunkt der Öffentlichkeit statt. Und bevor die Familie an Heiligabend den erleuchteten Weihnachtsbaum sieht, sieht ihn die Community im Netz: »Beklatscht mich!«

Die Psychologieprofessorin Jean Twenge von der San Diego State University fand heraus, dass vor 30 Jahren noch jeder siebte amerikanische Student narzisstische Züge aufwies; 2006 war es schon jeder vierte. In ihren Augen ist keine Generation selbstverliebter als die heutigen Nutzer von Facebook. Sie ist überzeugt davon, dass gerade diese Plattform den Narzissmus extrem befördert, was seine Ausprägungen Eigenliebe und Selbstüberhöhung und das Betonen von Erfolg und Macht sowie von eigener Großartigkeit und Eigenliebe angeht.[10] Antrieb für all das ist, dass die Netzwerke im Internet nicht nur einladen, sondern geradezu auffordern zur geschönten Selbstdarstellung unter den vielen anderen wichtigen, beliebten, perfekt in Szene gesetzten Menschen mit ihren in Pixel gogossenen Augenblicken.

DIE GESELLSCHAFT DER NARZISSTEN Die digitalen Netzwerke sind nicht nur ein Mikrokosmos für sich, sondern vor allem das mediale Abbild unserer Gesellschaft. Sie offenbaren, was zuvor im Verborgenen lag – nicht notwendigerweise repräsentativ, aber doch intensiv. Das liegt daran, dass so viele mitmachen, kommentieren, bewerten und vergleichen. In der Summe hat all das großen Einfluss auf das Interesse, die Befindlichkeiten und die Einstellungen der Nutzer. Auf dem Europäischen Trendtag 2016 des Schweizer Gottlieb Duttweiler Instituts wiesen Wissenschaftler auf die Gefahren hin, die sich im realen Leben daraus ergeben, dass jeder durch das Internet in verschiedene Rollen schlüpfen kann. Sie attestierten, dass dadurch zwei Ichs des Users entstehen könnten: Neben einem authentischen Ich würde ein selbstinszeniertes, narzisstisches Ich herangezüchtet. Diese Abweichung führe zu einer gefährlichen Selbstentfremdung, besonders wenn sich der Betroffene der Aufspaltung in Realität und Scheinwelt nicht bewusst sei.

Dabei ist die in der Psychologie als Narzissmus bezeichnete Eigenliebe an sich nichts Verwerfliches. Sie gehört zur Persönlichkeitsentwicklung und Identitätsfindung dazu. Das Kind durchläuft diese natürliche Entwicklungsphase, um sich ausprobieren zu können und so ein starkes Selbst zu entwickeln. Narzisstisch zu sein ist grundsätzlich etwas Normales, Gesundes. Es hilft dabei, sich gegenüber den Eltern abzugrenzen und seine eigenen Interessen zu verfolgen. Wird das Kind allerdings nicht genügend wahrgenommen und darf es seine Gefühle, Interessen und Bedürfnisse nicht ausreichend artikulieren, kommt es unter Umständen zu einer narzisstischen Störung. Als Heranwachsender und Erwachsener versucht dieser Mensch dann, seine Seelennot mit Gefühlen der Großartigkeit zu kompensieren. Der daraus resultierende übersteigerte Drang, sich darzustellen und dadurch endlich Bestätigung durch andere zu erhalten, geht oftmals mit Beschönigungen und Unwahrheiten einher und kann zu ADHS, Magersucht und Depression führen.

Nicht nur zu wenig, auch zu viel in der prägenden Kindheit und Jugend erfahrene Aufmerksamkeit kann die Ursache für spätere krankhafte Eigenliebe sein. Auslöser dafür sind ebenfalls ständiges Loben von Nichtigkeiten und der fortlaufend kundgetane Stolz der Eltern darauf, wie großartig und hochbegabt das eigene Kind doch sei.

Besonders mangelnde Empathiefähigkeit entlarve Narzissten, schreibt der Psychiater und Psychoanalytiker Hans-Joachim Maaz in seinem Bestseller »Die narzisstische Gesellschaft«[11]. Dort attestiert er den meisten Mitgliedern westlicher Konsumgesellschaften eine solche

SELBSTLIEBE NÜTZT DEM MENSCHEN, SOLANGE ER IHRE AUSWIRKUNGEN UNTER KONTROLLE HAT.

Störung mehr oder minder großen Ausmaßes. Er definiert, dass der Narzisst Menschen als »Objekte« ansehe. Sie müssten ihn unbedingt bestätigen und bewundern und dürften auf keinen Fall substantielle Kritik an ihm üben. Für ihr Wohlverhalten bekämen sie Anerkennung und großzügige Gesten. Diese gälten allerdings nicht ihrer Person, sondern vielmehr ihrer konarzisstischen Funktion als Zustimmer und Bestätiger. Der Narzisst brauche die anderen, doch spüre er nicht, was mit ihnen ist. Er nehme nur auf seine ganz eigene Art wahr, wie der andere seiner Meinung nach zu ihm stehe – brauchbar oder nutzlos, als Freund oder eben als Feind.

Solches Verhalten ist nicht nur Facebook-Junkies zu eigen, beobachtet Maaz. Vielmehr lebe jede Führungspersönlichkeit mehr oder weniger von einem unbewussten narzisstischen Einvernehmen. Es sei angesiedelt zwischen gelebter Dominanz und erfahrener Abhängigkeit. In diesem Spannungsfeld stelle jeder Außenstehende so lange eine potentielle Gefahr dar, bis er sich entweder als Bewunderer bewährt habe und eingemeindet in den Kreis der Freunde sei – oder er durch irgendeine gezeigte Schwäche oder eine als Fehler gedeutete Handlung abgewertet werden könne. Diese extreme, niemals enden wollende Bedürftigkeit macht einen solchen Menschen so abhängig von seinem Umfeld, den sogenannten Peers (also den Gleichrangigen mit den gleichen Interessen), dem Kreis tatsächlicher oder eben nur vermeintlicher Freunde. Der Narzisst, so Maaz, strengt sich unermüdlich dafür an, sein übergroßes Bedürfnis danach zu stillen, endlich geliebt zu werden. Deshalb tendiere alles narzisstische Streben zur süchtigen Steigerung. Mit dieser Maßlosigkeit setze der Narzisst sich und die anderen ständig unter Druck. Lobten etwa 100 User seinen Beitrag im Internet und übe nur ein einziger daran Kritik, kratze diese eine Stimme erheblich an dem zerbrechlichen Selbst des Narzissten. Sie wiege dann um ein Vielfaches mehr als die wohlwollenden Bekundungen der großen Mehrheit.[12]

Vor narzisstischer Überempfindlichkeit sind selbst erfolgreiche Politiker und Unternehmer nicht gefeit. Im Gegenteil, man darf annehmen, eine überdurchschnittliche narzisstische Prägung sporne dazu an, solche Karrierewege einzuschlagen. Von Ex-Bundeskanzler Gerhard Schröder hieß es, er lasse kritische Artikel ganz unten in seiner Pressemappe verstecken.[13] Und von Steve Jobs ist bekannt, dass er, wenn er kritisiert wurde oder nicht das bekam, was er wollte, zu lautstarken Attacken ausholte und sich dann nur schwer wieder beruhigte.

DIE GEFAHREN DES GRÖSSENWAHNS Narzissmus gipfelt oftmals in dramatischer Selbstüberschätzung. Mit ihrem forschenden, damals durchaus noch gesunden Größenwahn wollten sich vor allem junge Leute in den Sechziger- und auch in den Achtzigerjahren aus den Klauen früherer Generationen befreien. Stürmisch und frech setzten sie sich über Konventionen hinweg. Die 68er sprühten noch »Um realistisch zu sein, müssen wir das Unmögliche versuchen. Zu viel ist nicht genug!« an die Wand. Die schon deutlich spaßorientierten Revoluzzer der Achtzigerjahre skandierten eher: »Weg mit den Alpen, freie Sicht aufs Mittelmeer!« und »Unterm Pflaster liegt der Strand!« Ohne Größenwahn keine Abenteurer und Entdecker. Auf der anderen, ganz und gar nicht spaßigen Seite dieser Medaille finden sich die in höchstem Maße zerstörerischen Ausgeburten dieses Drangs – Kaiser Nero, König Ludwig XIV. (»Der Staat bin ich!«), Adolf Hitler. Außerdem unzählige weniger prominente Verirrte, die ihre Geltungssucht ebenfalls zu Verbrechern machte: Weil er ein Held sein wollte, verabreichte der Krankenpfleger Niels Högel zu Beginn dieses Jahrtausends zahlreichen seiner Patienten ein Medikament, das schwere Herzrhythmusstörungen auslöst. Und das nur, damit er sie reanimieren und anschließend als Retter dastehen konnte. Bis zu 200 Menschen starben durch sein Tun. Weitab von Diktatoren und Despoten weckt das Streben nach Ruhm, Macht und Erfolg kriminelle Allmachtsphantasien sogar bei auf den ersten Blick ganz normalen Mitbürgern.

Große Phantasien ganz anderer Art kann sogar die an sich recht profane Errungenschaft beflügeln, die allgemeine Hochschulreife erlangt zu haben. In Wermelskirchen-Dabringhausen etwa waren 160 Abiturienten des örtlichen Gymnasiums der Meinung, sie seien wahre Champions und müssten als solche von ihren Familien gebührend gefeiert werden. Der Einlauf durch den Spielertunnel ins Stadion des 1. FC Köln und die Feier mit 1.000 Gästen kostete 40.000 Euro. Darüber hinaus mussten für jedes Fräulein Abiturientin drei Kleider her – je eines für die Zeugnisübergabe, den Ball und die Party danach.[14] Solche Feiern organisieren spezialisierte Agenturen. Nicht wenige der Erziehungsberechtigten halten den Aufwand für gerechtfertigt, und das ist nicht minder größenwahnsinnig.

Dabei gab es das Gefallen an der Selbstüberhöhung schon immer: Die Menschen zettelten den Turmbau zu Babel an, um Gott gleichzukommen. Der Turm ist seither das Sinnbild der Hybris, wie die Griechen solche Überheblichkeit nannten. Sie taucht auf in Märchen und Sagen und ist letztlich wieder und wieder zum Scheitern verurteilt. Sie bringt Tod und Verderben, etwa wenn

GRÖSSENWAHN LIEGT IN DER NATUR DES MENSCHEN. SEINE HEUTIGEN AUSDRUCKSMITTEL NICHT.

Dädalus' Sohn Ikarus mit den selbstgebauten, mit Wachs verklebten Flügen der Sonne zu nah kommt und ins Meer stürzt. Und in Grimms Märchen verlieren der Fischer und seine Frau wegen Ilsebills ungezügelter Gier allen Reichtum, den ein verwunschener Butt ihnen schenkte.

Einem ähnlich tiefen Fall sehen sich viele Größenwahnsinnige unserer Zeit ausgesetzt. Meist auf dem Höhepunkt ihrer Macht und ihres Erfolgs geht ihnen vor lauter Sucht nach Ruhm der Weitblick verloren. Weil sie sich lieber mit Ja-Sagern und Claqueuren umgeben und Kritik und Kritiker nicht ertragen, fehlt ihnen das Korrektiv, das in gesunde soziale Verhältnisse eingebundene Menschen zumeist vor dem »Abheben« bewahrt. Letztlich schützt nur der immer wieder vorgehaltene Spiegel der Kritik vor Selbstüberschätzung, führt nur die Konfrontation mit der eigenen Selbstüberschätzung zur Heilung. Egomanen und Alphatiere setzen sich stattdessen gezielt und viel zu lange der Selbst- und Fremdtäuschung aus. Irgendwann landen sie unrettbar zerstört, unheilbar enttäuscht auf dem Boden der Tatsachen.

Thomas Middelhoff war Vorstandsvorsitzender von Bertelsmann und Arcandor. Er flog mit dem Hubschrauber ins Büro und mit der Concorde nach New York. Dann folgten Entlassung, Privatinsolvenz und Gefängnis wegen Untreue und Steuerhinterziehung. Middelhoff krönte seinen Abschied aus der obersten Gesellschaft mit dem filmreifen Abgang aus dem Gerichtssaal. Der war, nachdem er den Offenbarungseid geleistet hatte, einem Vorzeige-Narzissten noch einmal würdig: »Ich bin wie die Katze übers Dach. Ich musste drei Meter tief auf eine Garage springen und dann noch einmal drei Meter auf die Straße. Dann bin ich durch den Hinterhof fröhlich pfeifend zu einer Nebenstraße gegangen, habe mir ein Taxi gewunken und bin zu Gesprächen und Verhandlungen geflogen.«[15]

Tragische Helden wie Middelhoff gab es immer und wird es immer geben. Viele sind gefallene Superstars wie der »Radgott« Lance Armstrong. Der mehrfache Tour-de-France-Sieger kaschierte jahrelanges Doping mit immer dreisteren Lügen, bis seine Karriere und mit ihr seine Stellung in der Gesellschaft jäh zusammenbrach. Auch Aaron Schock, dem ehemals jüngsten Abgeordneten im US-Repräsentantenhaus, wurde sein narzisstischer Höhenflug zum Verhängnis. Nicht nur, dass er sich und seine Washingtoner Büroräume feudal im britischen Adelsstil inszenierte; die Gestaltung des »Red Rooms« in der erfolgreichen Fernsehserie »Downton Abbey« hatte ihn zu knallig roten Wänden, schweren Bilderrahmen, goldlackierten Wandleuchtern und Fasanenfedern inspiriert. Seine Hybris stellte er ungeniert auch beim Online-Netzwerk Instagram zur Schau. Die Bilder verrieten, dass er für all das Wahlkampfgelder zweckentfremdet hatte. Er musste zurücktreten. Außerdem sagte die verantwortliche Inneneinrichterin von der Firma »Euro Trash« Reportern, dass ihre Dienste kostenlos gewesen waren. Damit rief sie die hauptstädtische Watchdog-Gruppe »Citizens for Responsibility and Ethics« auf den Plan: Geschenke anzunehmen, dazu gehört auch kostenlose Arbeitsleistung, ist einem Abgeordneten verboten. Zu alldem kamen die Flüge in Privatflugzeugen, die als dienstlich abgerechneten Meilen mit dem Privatwagen, die mehr waren, als insgesamt auf dem Tacho standen, die mit öffentlichen Geldern bezahlten Konzertkarten, die Dienstreise nach New York mit zehn Mitreisenden, obwohl dort kaum etwas zu tun gewesen war, der überteuerte Verkauf seines Hauses an einen generösen Wahlkampfspender ... Gefundenes Fressen für viele Kritiker, vieles vom Abgeordneten selbst beweiskräftig dokumentiert auf Instagram. Die Staatsanwaltschaft von Illinois klagte ihn wegen Betrugs und weiterer Delikte an. Noch 2012 wäre der Senkrechtstarter ums Haar mit dem schließlich unterlegenen Präsidentschaftsbewerber Mitt Romney politisch ganz nach oben gekommen, bevor er über seinen Narzissmus stolperte.

Solche Geschichten voller maximaler Überheblichkeit und Selbstüberschätzung schaffen es im Internet und in den bunten Blättern ganz nach vorn. Neider und Kritiker delektieren sich daran, und Essayisten versuchen sich in seriösen Medien an der Deutung dessen, was eigentlich gewesen wäre, wenn ... Was wäre gewesen, wenn Helmut Kohl 1998, nach mehr als 15 Jahren Kanzlerschaft, nicht mehr angetreten wäre? Er wäre vermutlich eher als der »Kanzler der Einheit« in die Geschichtsbücher eingegangen und nicht als der schließlich abgewählte, irgendwann einmal groß gewesene Staatsmann, den zahlreiche Affären und ein ominöses Ehrenwort vom Sockel stießen. Hybris, durchaus. Wer darunter leidet, bemerkt nicht, wenn seine Zeit vorbei ist. Ein Abgehobener kann nicht aufhören, sondern muss aufgehört werden.

DER NOTORISCHE SELBSTDARSTELLER STÜRZT EHER GEWALTSAM VOM SOCKEL DES RUHMS, ALS SELBSTBESTIMMT ABZUTRETEN.

Die Gier nach Ruhm lässt immer mehr Menschen zu tragischen Opfern ihrer übermütigen Eitelkeit werden. Bei den Anstrengungen, die sie unternehmen, um sich für ein Selfie besonders in Szene zu setzen, kamen in den vergangenen Jahren 49 Menschen um. Sie stürzten von Klippen und Hausdächern, ertranken und wurden vom Zug erfasst, weiß der Blog »Pricenomics« und mahnt eindringlich: »Narzissmus kann tödlich sein.«[16] Das ist besonders traurig, weil das Selfie an sich, so die These der amerikanischen Psychiaterin Carole Lieberman, nichts anderes ist als ein »verzweifelter Aufschrei nach Aufmerksamkeit im Stil von: Schaut mich an!«[17].

Sehr selten ist dagegen eine Haltung wie die des Rennfahrers Nico Rosberg. Am Tag nach seinem großen Triumph als Formel-1-Weltmeister trat er zurück: »Seit 25 Jahren im Rennsport war es immer mein Traum, mein einziges, großes Ziel, Formel-1-Weltmeister zu werden. Ich musste viel dafür opfern, aber trotz all dieser harten Arbeit, dieser Schmerzen und dem ganzen Verzicht war dies immer mein Ziel geblieben. Und jetzt ist es so weit, ich habe den Berg erklommen, ich bin an der Spitze angekommen, und es fühlt sich richtig an. Ich fühle eine tiefe Dankbarkeit für alle, die mich auf dem Weg zu diesem Titel unterstützt haben und es somit möglich gemacht haben.«[18] Er wolle jetzt mehr für seine Familie da sein. In Rosbergs Konsequenz manifestiert sich, was nur wenige von denen besitzen, die lange Zeit ihren Ruhm und Reichtum mehren konnten: wahre vorbildhafte Größe. Auch ein solcher Schritt schafft Aufmerksamkeit. Es ist nur eine andere. Sie resultiert aus der Verweigerung des Höher, Schneller, Weiter – ausgerechnet von einem Sportler, in dessen Metier es um nichts anderes geht.

»Heutzutage drängen vor allem deshalb alle ins Rampenlicht, weil die mediale Verwertungskette für Innerlichkeit und Einkehr keinerlei Verwendung hat.«[19] Wer in sich hineinhorcht, läuft Gefahr, Unschönes, Tragschweres, sogar Schreckliches zu entdecken – oder schlicht nichts. Da tut es wohler, so der Berliner

Psychologe Byung-Chul Han, sich laufend weiter darzustellen: »Angesichts der inneren Leere versucht man vergeblich, sich zu produzieren, was natürlich nicht gelingt. Allein die Leere reproduziert sich.«[20]

Jeder Einzelne tut gut daran, den Grad seiner eigenen Selbstliebe kritisch zu hinterfragen und zu prüfen, wie sehr er sein Selbstbild von der Anerkennung anderer abhängig macht. Ein übersteigerter Drang zur Selbstdarstellung macht oberflächlich betrachtet vielleicht berühmt – in der Tiefe betrachtet oft jedoch ganz im Gegenteil einsamer. Den Versuchungen sind wir alle ausgesetzt, insbesondere in den sozialen Netzwerken. Inwiefern wir ihnen nachgeben, ist eine Frage der kritischen Selbstreflexion und der Selbstkontrolle.

MIT PUBLICITY KÖDERN UND GLÄNZEN Prominente Orte und Menschen sind ungemein starke Anreger, Aufreger und Eyecatcher. Wir schenken unsere Aufmerksamkeit bevorzugt bekannten Dingen, denen wir vertrauen und die wir mögen und für »premium« befinden. Das geschieht in der Regel unbewusst. Ganz bewusst dagegen drängeln sich sogenannte »Photobomber« zu berühmten Musikern, Schauspielern und Produzenten auf den roten Teppich und damit ins Bild. Sie schummeln sich auf Partys, zu denen niemand sie eingeladen hat, und sind so drauf wie der ukrainische Fernsehjournalist Witali Serdjuk. Der Profi-Promi-Belästiger lauerte Kim Kardashian auf und versuchte, sie auf den Po zu küssen, fiel vor Leonardo DiCaprio auf die Knie und packte das Model Gigi Hadid auf offener Straße von hinten, um es hochzuheben. »Der Parasit am Star«, betitelte das Magazin der *Zeit* seinen süffisanten Artikel über dieses seltsame Treiben.[22] Dieser Stalker tut, wovon andere träumen. Er geht aus sich heraus, überschreitet Grenzen und wächst über sich hinaus. Er steht im Rampenlicht,

DIE GRENZE ZWISCHEN FIKTION UND WIRKLICHKEIT VERSCHWIMMT BEI MÖCHTEGERN-PROMIS.

wenn auch nur kurz, aber dafür immer wieder. Wird über Stars und Sternchen berichtet, dann auch über ihn. Hier erfährt die Definition von »Prominenz« eine neue Dimension: Ist die Bekanntheit einer real existierenden narzisstischen Nervensäge weniger wert als diejenige einer komödiantischen Nervensäge in der Scheinwelt von Hollywood? In der Wirkung: wohl kaum. Vielmehr bestimmen allein die Medien und die Öffentlichkeit, wer das Prädikat »prominent« bekommt. Gigi Hadid jedenfalls hatte noch keinen Artikel im seriösen *Zeit Magazin*, der sich nur um sie drehte.

Der Schauspielerin Winona Ryder wurde schon vor 15 Jahren die Weltaufmerksamkeit zuteil, als man sie beim Ladendiebstahl erwischt hatte. Jüngst klaute ihr ein Hacker die ganze Identität: Unter ihrem Namen platzierte er gefälschte Produktbewertungen im App-Store von Google. Der Star verklagte ihn, einmal mehr besonders öffentlichkeitswirksam. Ganz legal dagegen, wenn auch in einer Grauzone, ist das sogenannte »Ambush-Marketing« angesiedelt. Das ist so etwas wie »Schmarotzermarketing«. Dabei surfen Allerwelts-Marken, die sich die offizielle Kooperation mit Berühmtheiten und Ereignissen wie Olympiaden und Fußball-Weltmeisterschaft nicht leisten können oder wollen, im Kielwasser der großen Prominenz. Tchibo verlieh seiner neuen Wäschelinie die Anmutung sehr charakteristischer rosafarbener Schleifchen, die gar nicht zufällig an die berühmte Unterwäsche-Marke Victoria's Secret erinnerte und so die Blicke in die Schaufenster zog. Und auf Großevents geben sich Nike und Mercedes den Anschein, offizieller Sponsor zu sein. Sie schaffen das, indem sie außen herum breit plakatieren und Satellitenpartys ausrichten. Bei Marken dieses Kalibers profitieren beide Seiten – die Veranstaltung und der Pseudo-Unterstützer. Ganz korrekt ist das Ganze allerdings nicht, wird Sponsoring doch klassischerweise bezahlt.

Die Werbung steht jedoch naturgemäß für Überhöhung. Da draußen herrscht Krieg um unsere Aufmerksamkeit. Wen -

interessiert da die Ethik? Die Ex- und Ehefrauen genauso wie die Töchter lebender wie verstorbener berühmter Männer haben für solcherlei gutmenschelnde Gedanken ebenfalls keine Zeit. Sie benötigen ihre Abstrahlungsprominenz, um den Erwartungen ihrer Manager gerecht zu werden, indem sie mit ihrem guten Namen den Absatz von Mode, Parfüm und Schmuck ankurbeln.

*IN DER WERBUNG HERRSCHT KRIEG
UM UNSERE AUFMERKSAMKEIT.*

Berühmtheit ist ein starkes Pfund, mit dem sich trefflich wuchern lässt. Gewesene Fußballstars und aktive Krimidarsteller bekommen sechs- bis siebenstellige Summen dafür, sich beim Desodorieren filmen zu lassen oder Kleinsparern das »Exklusiv-Konto« einer Bank ans Herz zu legen. Das geht nur, solange sie das Stadtgespräch bei Filmfestspielen und anderen offiziellen Anlässen genauso wie im Alltagsleben in der Schlange am Gemüsestand sind. Sie sorgen dafür, dass sie profiliert und unverwechselbar sind und bleiben – geplant erfolgreich. Ihr Management arbeitet mit denselben Methoden, mit denen auch Unternehmen und Produkte zu Marken gemacht werden.

Profilierte Persönlichkeiten sind »Human Brands«, menschliche Marken. Bedenkt man, dass der Begriff von Markiert-sein kommt und bekannte und begehrte Menschen genau das sind, wird es deutlich: Die starke Marke hat das anziehungskräftige Gesicht in der Menge, sie wird begehrt und gekauft. Berater und Coaches sorgen durch »Human Branding« (engl., sinngemäß: Menschen zu Marken machen) gemeinsam mit dem Manager dafür, dass der Prominente lange prominent bleibt. Für die Strategie legen die Markenmacher zuerst fest, wofür die Person steht und was sie den Menschen verspricht. Ihr gesellschaftlicher Beitrag muss glaubwürdig formuliert und sofort nachvollziehbar sein.

*DURCH HUMAN BRANDING,
AUSDAUER UND KONSEQUENZ
WERDEN MENSCHEN ZU MARKEN.*

Ausschlaggebend ist, was die menschliche Marke tut, um diesen Anspruch zu untermauern.

Noch viel wichtiger jedoch ist, was diese Persönlichkeit ganz geplant nicht tut. Hierin liegt die wahre Kunst: Wer nicht weiß, wofür er steht, ist zur Sicherheit überall dabei. Hauptsache auffallen, um fast jeden Preis. Dabei gilt die eherne Journalistenregel nur noch bedingt, dass auch schlechte Nachrichten gute Nachrichten sind und vor allem besser als gar keine. In einer Zeit, in der es von allem alles gibt und davon zu viel, zählt mehr noch eine ganz andere Weisheit: »Willst du was gelten, komme selten.« Sorgsam ausgewähltes Tun sorgt erst dafür, dass das Image keinen Schaden nimmt und die Bekanntheit lange erhalten bleibt, die substantieller ist als kurzlebige Effekthascherei. Nimmt die Dröhnung überhand, werden die Fans der menschlichen Marke irgendwann überdrüssig. Ein Effekt, den viele weniger professionell aufgestellte Selbstdarsteller oft ignorieren – und dafür mit kurzlebiger Berühmtheit bestraft werden. Star zu werden ist heute nicht mehr schwer, Star zu bleiben dagegen sehr.

Jeder will ein Star sein. Es fängt klein an: Panini-Bilder gab es schon immer, aber es ist neu, dass der junge Sammler auf mypanini.com das Bildchen mit dem schönsten Foto von sich selbst gestalten kann. Im Sammelalbum klebt er es dorthin, wo mit einem schönen Rahmen alles vorbereitet ist für ihn: genau zwischen die ganz großen Stars. Das schürt das »Me-too-Gefühl« (»Ich bin auch dabei!«) und motiviert die Kleinen ganz besonders dazu, das ganze Album zu füllen und dafür bis zu 500 Euro auszugeben. All das nur, um auf dem Pausenhof mitreden zu können und von den anderen akzeptiert zu werden. Coca-Cola und Nutella bedienen denselben Trend mit personalisierten Flaschen und Gläsern.

Bei der Personalisierung geht es um die Zuordnung menschlicher Eigenschaften und Vorlieben zu einem Objekt, hier des

Vornamens. Sie sorgt für die besondere Identifikation mit dem bekannten Produkt, das auf einmal so heißt wie man selbst. Das macht stolz, und das rationale Wissen darum, dass es sich bei dem Produkt um nicht viel mehr handelt als um Palmfett und Zucker, wird ausgeblendet. Coca-Cola feierte mit der Share-a-Coke-Kampagne enorme Erfolge. Die Idee: Fans schickten ihren Freunden eine Flasche mit einem von 150 möglichen, im Internet zur Wahl stehenden Vornamen. Allein in Australien brachte das 7 Prozent Zuwachs in der angepeilten Zielgruppe, 5 Prozent mehr Kunden insgesamt, 3 Prozent mehr verkaufte Ware, 4 Prozent mehr Umsatz, 870 Prozent mehr Aktivitäten auf Facebook und über 12 Millionen »Media Impressions«, also Interaktionen mit Anzeigen, Flyern, Websites und Banner-Werbung.[23]

M&M's ging noch einen entscheidenden Schritt weiter: Hier genügte ein bloßer Name nicht, Peter und Stefanie heißen schließlich viele. Vielmehr geht es um Individualisierung: Mit der Lieblingsfarbe, dem schönsten Foto, dem prächtigsten Icon und dem liebevollsten Text gestaltet der Verbraucher Schokolinsen, die es so nur ein einziges Mal gibt. Das entspricht dem Trend zur Einzigartigkeit. Individualität bedeutet, die Freiheit zu wählen, selbstbestimmt entscheiden zu dürfen, wo und wie man lebt, was man arbeitet und wie man liebt. Nie war die Bedeutung, die Menschen dem Wert der Individualität beimessen, größer als heute. M&M's versteht es meisterhaft, damit umzugehen – und berechnet für zehn dünne Röhrchen Schokolade ohne nähere Gewichtsangabe fast 70 Euro.

Mit solch aufmerksamkeitsstarken Aktionen Resonanz zu generieren und innerhalb kürzester Zeit berühmt zu werden, gelingt immer wieder. Dabei kommt es auf die richtige Idee zur richtigen Zeit an, zuweilen auf den richtigen Zufall. Wie es gehen kann, verdeutlicht die Filmfigur Riggan Thomson in der Oscar-prämierten Komödie »Birdman oder (Die unverhoffte Macht der Ahnungslosigkeit)«. Die Hauptfigur, ein ehemaliger Hollywood-Star, kommt nach langer Erfolglosigkeit doch noch zu neuer

Publicity: Kurz vor der Premiere seines neuen Stücks verlässt er, nur mit einem Morgenmantel bekleidet, das Theater für eine Rauchpause auf der Straße. Die Tür fällt ins Schloss und klemmt den Mantel ein. In seiner Not lässt er ihn zurück und läuft in Unterhosen zum Haupteingang. Die dort wartende Meute erkennt ihn, und alle filmen los. Thomson wird über Nacht zur Internet-Sensation mit sechsstelligen Klickraten. Zwar lacht das ganze Land über ihn, doch das Stück, in das er sein letztes Geld investiert hat, ist rasend schnell ausverkauft. All seine vorherigen Bestrebungen, die Theaterkritiker mit qualitativen Argumenten für sich und das Stück einzunehmen, werden ad absurdum geführt. Was es gebraucht hat, ist das Missgeschick. Es macht den Star plötzlich so menschlich und so nahbar und öffnet damit seine so unerreichbar ferne Welt für die Fans. Viele Stars setzen – auch im realen Hollywood-Leben – mit inszenierten Pannen und Ereignissen auf genau diesen Effekt, um ihre Popularität aufrechtzuerhalten.

WER SICH FÜR NICHTS ZU SCHADE IST, KANN AM LEICHTESTEN BERÜHMT WERDEN.

MIT DER HERDE UNTERWEGS

Weil wir mithalten wollen und uns Zustimmung erhoffen, folgen wir so gerne blindlings anderen – dem Mainstream –, um ein Stück vom Kuchen abzubekommen. Deshalb gibt es in den sozialen Medien nicht enden wollende Debatten über die Flüchtlingspolitik, den Brexit und das Verbot der Pelztierzucht. Anstatt unsere Gefühle mit uns auszumachen, nehmen wir teil an einer Bewegung – aus dem Gefühl heraus, dass »man das jetzt tut«. Dabei spielt keine Rolle, ob es sich um den Abgasskandal bei Volkswagen handelt oder um die Initiative »Je suis Charlie!« nach dem Anschlag auf das Pariser Satiremagazin *Charlie Hebdo* im Januar 2015, bei der Millionen ihre Solidarität mit einer Zeitschrift ausdrückten, von der wohl die meisten zuvor nie gehört hatten.

Was nach Terroranschlägen komplex psychologisch motiviert ist, auch um einen Platz für das eigene Entsetzen zu finden, ist bei anderen Gelegenheiten schlicht aufmerksamkeitsheischend. Die Sau, die ständig neu durchs Dorf getrieben wird, gibt es auch digital; ebenso das Dorf. Es geht um die - »Places-to-be«, die neuen Clubs, Ausstellungen und Restaurants. Und, live aus Cannes und Venedig über das iPhone, um die »Releases« neuer Filme, in die man in der ersten Vorführwoche unbedingt reinmuss. In ist, wer drin ist: Wer überall dranbleibt, auch wenn es neben Alltag & Co. schwerfällt, der gehört dazu.

Welche Macht die Masse Gleichgesinnter hat, machte 1951 das Konformitätsexperiment von Solomon Asch im Rahmen einer Studie über Gruppenzwang deutlich.[24] Der amerikanische Sozialpsychologe gaukelte dem jeweiligen Probanden aus seiner Studentenschaft vor, an einem Test zur visuellen Wahrnehmung teilzunehmen. Er fragte ihn, welche der Linien links gleich lang sei wie die rechte. Die anderen Anwesenden waren Aschs Verbündete und eingeweihte Schauspieler. Solange die Testperson frei und unbeeinflusst antworten konnte, gab sie so gut wie immer die richtige Antwort. Dann, in weiteren Durchläufen, waren die Schauspieler gehalten, gezielt falsche Antworten zu geben. Hinzu kamen ihre vorwurfsvollen Blicke, sobald die Testperson

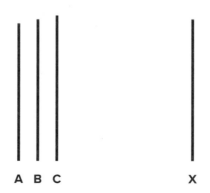

Im Grunde ganz einfach: Welche Linie links ist gleich lang wie die rechte?

zunächst bei ihrer an sich richtigen Antwort blieb. Die Folge war, dass sich in etwa einem Drittel der manipulierten Durchläufe der jeweilige Kandidat schließlich doch der – falschen – Mehrheitsmeinung anschloss. Zwar konnte Solomon Asch nicht klären, ob die Testperson wider besseres Wissen falsch votiert oder ob die angespannte Situation ihre Wahrnehmung verstellt hatte. Auch gab es im Nachhinein kritische Stimmen, dass die Studenten schlicht desinteressiert oder genervt gewesen sein könnten und möglichst schnell den Raum wieder hätten verlassen wollen. Jedoch vermittelte Asch der Forschung und der interessierten Fachöffentlichkeit auf plakative Art und so einfach wie wirkungsvoll eine Vorstellung davon, was Gruppendruck auszulösen vermag.

Soziale Wesen wollen zumeist Anerkennung finden und keine Unruhestifter sein. Selbst wenn sie den Gruppenmitgliedern nicht glauben, schließen sie sich ihnen doch an. Diesen Konformitätsdruck hat das Militär zu allen Zeiten dafür genutzt, seine

JE GRÖSSER DIE UNSICHERHEIT, DESTO STÄRKER DER KONFORMITÄTSDRUCK.

Soldaten zu motivieren. Nirgendwo ist dieses Instrument stärker als im Krieg, in dem alle gemeinsam einer ungewissen Zukunft entgegensehen.

SCHLECHTE GRUPPE, GUTE GRUPPE Jahre später wiederholte der Psychiater und Neurologe Gregory Berns von der Emory University in Atlanta das Experiment. Er nutzte dafür die funktionelle Magnetresonanztomographie, eine Technik, die aktivierte Hirnareale bildhaft darstellt und die es zu Solomon Aschs Zeiten noch nicht gab. Damit machte Berns sichtbar, was in dem Moment im Gehirn des Probanden passierte, in dem er sich auf die – ihm als falsch aufgefallene – Meinung der anderen einließ. Der Forscher fand heraus, dass dann die Hirnstrukturen besonders aktiv waren, die für die Verarbeitung von Wahrnehmungen verantwortlich sind. Damit bestätigte er, dass

Informationen, die man von anderen erhält, die Wahrnehmung beeinflussen können.[25]

Am Gehirnscan der Probanden, die entgegen der Gruppenmeinung ihre – richtige – Meinung beibehielten, zeigte sich, dass sie starken Emotionen ausgesetzt waren, als sie an ihrem Votum festhielten. Das liegt daran, dass das Bedürfnis nach Verbundenheit und Zugehörigkeit so tief im Menschen verankert ist, dass sein Gehirn einen akuten Mangel daran (etwa wenn die anderen Testpersonen vorwurfsvoll schauen und sich abwenden) wie körperlichen Schmerz interpretiert und als Reaktion darauf die kognitiven Fähigkeiten stark einschränkt. Weit angenehmer ist der Zustand der Verbundenheit. Dann wird das Bindungshormon Oxytocin in der Amygdala ausgeschüttet und wirkt beruhigend. Als Teil des limbischen Systems ist dieser Mandelkernkomplex vor allem für negative Emotionen und Gefühle wie Furcht, Angst und Wut zuständig.

WIR GLAUBEN NICHT, WAS WIR SEHEN, SONDERN WAS ANDERE UNS GLAUBEN MACHEN.

Deshalb fällt es so schwer, sich gegen die Herde und das System zu stemmen und seinen Standpunkt zu vertreten. Mit der eigenen Meinung exponiert man sich nicht nur und macht sich gegenüber der Gruppe angreifbar, man muss auch noch gegen schmerzhafte Gefühle ankämpfen. Hierin erklärt sich die Harmoniesucht des Menschen zumindest teilweise. Außerdem wird deutlich, weshalb es so viel leichter und bequemer ist, sich der Meinung und dem Tun der anderen anzuschließen, und warum so viele Alphatiere dem Paradigma der Selbstdarstellung nachgeben. Sie können nicht anders – jedenfalls nicht ohne gezielte Selbstreflexion und Überwindung.

Verstärkend wirken bei diesem Phänomen gesellschaftliche Glaubenssätze. Sie werden innerhalb einer Kultur über Generationen weitergegeben und regieren die Mitglieder unbewusst im Sinne der Gemeinschaft. Mit solchen Regeln gelang es, der stetig steigenden Zahl an Menschen Stabilität und Sicherheit zu geben. Auserwählte Mitglieder der Gesellschaft stellten sie auf. Es galt, sie einzuhalten; Verstöße wurden geahndet. In anderen Systemen wie der Partnerschaft, der Familie und dem Unternehmen gibt es ebenfalls solche Muster. Auch hier beherrschen gewachsene Kulturen und Glaubenssätze das Denken und Handeln. Die verbreitetsten und zugleich meistgehassten sind »Mach's allen recht!« und »Das tut man nicht!« sowie »Das haben wir schon immer so gemacht!« und »Das haben wir noch nie so gemacht!«.

Bei Zusammenkünften größerer Gruppen von Menschen werden regelmäßig steinzeitliche Hackordnungen erkennbar. Etwa wenn in der Besprechung während der ersten Viertelstunde der Claim der Macht abgesteckt wird, indem alle der Führungsfigur recht geben und sich ihr damit unterordnen. Anschließend verteilt der Leader die saftigen Fleischstücke nach Gutdünken an wenige, ihm besonders Wohlgesonnene und lässt für die anderen die Knochen zum Abnagen übrig. Heutzutage sind die fetten Brocken tolle Projekte, Lob, Verantwortung und Status. Gespräche und Meinungsäußerungen auf Facebook, einer virtuellen Zusammenkunft am elektronischen Lagerfeuer, funktionieren ebenfalls nach diesem Prinzip: Unbewusst wird die Meinung derer gepriesen und verbreitet, die der Community und damit dem einzelnen User besonders wichtig sind. Er verhält sich wie ein Herdentier und passt seine eigenen Posts den nachahmenswerten Postulaten des Leittiers an. Aus diesem Grund müssen in Unternehmen Neuheiten wie veränderte Strukturen und Prozesse »von oben« kommuniziert und eingeführt sowie vorbildhaft gelebt werden: von denen, die sich qua ihrer Funktion einen Wandel wünschen oder ihn wegen veränderter wirtschaftlicher Rahmenbedingungen in ihrer Organisation schlicht durchsetzen müssen.

Ein solches Gefüge verändert sich nur langsam. Der Wandel geht einher mit zeitgemäßen Führungsstilen, die von Forschern und Visionären erdacht werden. Durch deren Beiträge auf Kongressen und Symposien sowie in Publikationen sickern sie langsam nach unten durch, zur breiten Masse aller Macher. Die »Holokratie« ist ein nennenswerter neuartiger Ansatz in diesem Bereich. Das ist eine Organisationsform in Unternehmen, die eine transparente Entscheidungsfindung unter Gleichen und unter Beteiligung aller ermöglicht. Das griechische »Holon« bedeutet »das Ganze«, »Kratia« steht für »Herrschaft«. Hier wird der Mitarbeiter als Individuum und nicht lediglich als Teil der »Belegschaft« oder, antiquierter noch, des »Humankapitals« angesehen. Die Gründer holokratischer Unternehmen sind ernsthaft daran interessiert, über jeden Einzelnen und das Erkennen und Befriedigen seiner Bedürfnisse Verbundenheit und ein wirkliches »Wir« aufzubauen. Das soll gelingen, indem alle Mitarbeiter einander zuhören und sich wertschätzen. Die holokratische Unternehmensführung soll außerdem dafür sorgen, dass die Organisation anpassungs- und wandlungsfähig bleibt und im Rahmen ihrer gesellschaftlichen Verantwortung ökosozial und ethisch korrekt wirtschaftet. Oftmals sind in dementsprechend kollaborierend agierenden Unternehmen sogar die Kunden als eine Art Mitarbeiter integriert. Die engere Bindung auch an diese Gruppe, die schließlich die Nachfrager repräsentiert, und der verbesserte Zugang zu deren Meinungen können ebenfalls ein probates Vorgehen dabei sein, sich die verlorengegangene Fähigkeit des Zuhörens wieder anzueignen – und sie wirtschaftlich zu nutzen.

NEUE ORGANISATIONSFORMEN SCHENKEN DEM EINZELNEN WIEDER GEHÖR.

Eine Community auf Augenhöhe funktioniert über gemeinsam gelebte Werte und Ideen. Je besser das gelingt, desto mehr werden Differenzen zwischen möglichen Einstellungen des Arbeiters oder Angestellten seiner Tätigkeit gegenüber deutlich: auf der einen Seite »das Berufliche«, mit dem er mit mehr oder weniger Dienst nach Vorschrift seine Brötchen verdient; auf der anderen Seite »die Berufung« – das, woran er sich von Herzen gern beteiligt und wofür er bereit ist, »die Extrameile« zu gehen. Gelingt es, diese Dimensionen in Einklang zu bringen, werden Mitarbeiter zu ganzheitlichen Repräsentanten ihres Unternehmens. Solche »Markenbotschafter«, wie sie oft genannt werden, berichten auch im Privatleben begeistert von dem großen Ganzen, an dem sie mitbauen. Sie sind nicht nur abhängig Angestellte, sie sind Fans.

Der Werkzeughersteller Hilti etwa schafft vorbildhaft die Voraussetzungen dafür: Auf einer sinnbildlichen Reise durch die Markenkultur des Unternehmens werden alle Mitarbeiter regelmäßig über die Positionierung sowie die Markenvision und -mission informiert. Anschließend werden sie daran gemessen, ob sie die hochgesteckten Ziele mitverfolgen, das heißt die Marke leben und dadurch für andere erlebbar machen. Wer das nicht ausreichend tut, muss mit Konsequenzen rechnen, die bis zur Kündigung reichen. So weit kommt es jedoch selten, weil die Mitarbeiter sich in der Regel entweder voll und ganz zu Hilti bekennen oder aber von sich aus kündigen. »Love it or leave it« ist das einfache Erfolgsrezept. Und es funktioniert: Hilti schafft es, dass der Bauarbeiter den Polier nicht nach einem Bohrhammer, sondern nach »der Hilti« fragt, wenn es um ein großes Loch in der Wand geht. Der Markenname ist zum Synonym für die Produktkategorie geworden. Bekommt er sie und darf vielleicht sogar nur er sie bedienen, gilt das auf dem Bau als große Wertschätzung mit der Wirkung einer Gehaltserhöhung.

Eine durchaus fragwürdige Leistung. Das Arbeitsverhältnis mit einem Hersteller von Bohrmaschinen und Meißeln wird zu einer Art Glaubensbekenntnis, das Unternehmen zu einer Art Sekte hochgejubelt. Wer hier dabei sein will, muss im Sinne der Marke funktionieren – letztlich auch eine Form von Konformitätsdruck. Es gibt mehr als genug Menschen, die es freiwillig tun, als Mitarbeiter genauso wie als Kunden und Anwender. Ein weiterer Beweis dafür, wie attraktiv die Anerkennung ist, die Menschen als Folge von Zugehörigkeit winkt.

Besonders wichtig für das Gelingen der gemeinsamen Arbeit einer Gruppe ist, dass ihre Mitglieder sich kennen und jedes Mitglied darüber Bescheid weiß, was die anderen dazu beitragen. In diesem Zusammenhang ist vielfach vom notwendigen Aufbrechen des weiterhin vorherrschenden Schubladen- oder Silodenkens die Rede. Es soll nicht länger in Abteilungen und Berufsfeldern nebeneinanderher an Teilaufgaben gearbeitet werden. Stattdessen geht es darum, das große Ganze als Ziel zu sehen und miteinander daran zu arbeiten. Kennen sich die Menschen, handeln sie, auch im Sinne der Ziele des Unternehmens, proaktiver und produktiver. Darüber hinaus trägt die verstärkt praktizierte Wir-Kultur dazu bei, dass sich »gute Gruppen« bilden. Diese kommen nicht nur ohne das klassische Alphatier aus, sondern schlagen auch eher neue Wege ein. Sie hören einander zu und behandeln sich fair.

Das »Ultimatumspiel« macht eindrücklich deutlich, wozu wertgeschätzte und beteiligte Menschen fähig sind: Ein Spieler erhält 100 Euro mit der Auflage, sie nach eigenem Ermessen mit einem anderen Spieler zu teilen. Lehnt der andere den Handel ab,

WERTGESCHÄTZTE UND BETEILIGTE MITARBEITER SIND TREUER UND ENGAGIERTER.

gehen beide leer aus. Akzeptiert er, dürfen beide ihren Anteil behalten. Bei einer empirischen Untersuchung der Ergebnisse hat sich herausgestellt, dass Spieler in Industrieländern meist 40 oder 50 Prozent der Summe anbieten und Mitspieler ein Angebot von weniger als 30 Prozent zumeist ablehnen. Die Trendstudie »Die neue Wir-Kultur« des Frankfurter Zukunftsinstituts kommt zu dem Schluss: »Menschen orientieren sich auch am Gewinn anderer und fühlen sich schlecht, wenn diese nichts bekommen. Der Vergleich mit anderen ist uns also wichtig, und unsere relative Position spielt eine wichtige Rolle.«[26]

Kein Wunder also, dass immer mehr Unternehmen auf die Macht der Anerkennung innerhalb des Teams setzen und viel dafür tun, das Wir-Gefühl zu stärken. Aufmerksamkeit für den Einzelnen steigert den Erfolg der Gruppe.

WIR ÜBERHOLEN UNS SELBST Die digitale Ich-Inflation kurbelt eine Umtriebigkeit an, die dem Sein ganz nach dem Motto »Ich eile, also bin ich« neuen Sinn zu geben scheint. Wir sind hip, setzen uns in Szene, versuchen, überall ganz vorne mit dabei zu sein. Zu Hause ist, wo WLAN ist. Im Internet kursieren neue Versionen der »Bedürfnispyramide«, die der Ur-Pyramide des amerikanischen Psychologen Abraham Maslow nachempfunden sind: Ganz unten, wo üblicherweise die physischen Bedürfnisse wie Essen, Wasser, Obdach und Wärme angeführt sind, steht nun das WLAN als neues fundamentales Grundbedürfnis. In der Offline-Welt wechseln Modestile und Produktzyklen immer schneller, die Taktung im Büro wird immer rasanter, und Multichanneling ist ganz normal – auf allen Kanälen immer »on« sein.

Es ist das Jahrhundert des Multitaskings und des »Konfetti-Denkens«. Diesen Begriff führte die amerikanische Journalistin Brigid Schulte ein. In ihrem Buch »Overwhelmed« (»Überwältigt«) schreibt sie, ihr Leben fühle sich an wie Konfetti, »ein großer, chaotischer Ausbruch von explodierenden Papierschnipseln«. Besonders seit sie Kinder habe, verlebe sie keinen ruhigen Tag mehr und sei zerstreut, fragmentiert und erschöpft. »Ich tue immer mehrere Dinge auf einmal und habe das Gefühl, ich tue nichts wirklich richtig. Ich hinke immer hinterher, bin immer zu spät, weil ich, ehe ich das Haus verlasse, noch schnell das und das und das erledigen will. Stunden um Stunden lösen sich in Luft auf, weil ich Dinge erledige, die getan werden müssen. Aber wenn es dann erledigt ist, kann ich gar nicht sagen, was ich eigentlich getan habe und warum es so wichtig war.«[27]

Das passiert, wenn man auf einer nach unten fahrenden Rolltreppe nach oben läuft. Sie verbildlicht das Dilemma des eskalierenden, kapitalistisch orientierten Lebens. Zugleich wird die

Welt um uns herum immer noch lauter, reißerischer, provokanter. Das Leben als getanzte Selbstdarstellung auf dem Vulkan, der immer neue inszenierte Halb- und Pseudowahrheiten medialer Inszenierung ausspuckt.

Das Hirn einzuschalten und nachzudenken ist anstrengend und kostet Zeit. Stattdessen werden Nachrichten ungeprüft als wahr abgespeichert und auf dieser Basis bewertet und geteilt.

MITLAUFEN IST LEICHTER ALS HINTERFRAGEN.

Absender und Quelle sind egal, immer seltener wird abwägend Bezug genommen und die Relevanz von Quellen und Nachrichten eingeschätzt.

MECKERN, LÄSTERN, PROVOZIEREN

Dass er die Provokationen seiner Noch-Ehefrau Amber Heart satthat, sagte Hollywood-Star Johnny Depp ihr mit der Nadel: Kurzerhand ließ er das Tattoo mit ihrem Kosenamen »Slim« (schlank) zu »Scum« (Abschaum) umtätowieren. Die Medien waren mehr oder minder live dabei, Klatschreporter jubelten, einschlägige Foren verzeichneten sensationelle Klickzahlen. Tagelang zerriss sich die Internet-Community die Mäuler über die beiden Rosenkrieger. Privatsphäre und Diskretion waren weder beabsichtigt noch gegeben.

Aus Empfängern von Botschaften von ARD, ZDF, *Hörzu* und Lokalblatt ist ein Volk von Sendern geworden. Vor dem Senden genau hinsehen und hinhören will ein nicht unerheblicher Teil der neuen Sendungsbewussten eher ungern. Lieber wird gleich drauflosgedroschen. Andere mit Unflätigkeiten und Kraftausdrücken verbal zu beschmutzen ist ganz normales Alltagsgebaren geworden. Wer sich nicht gehört fühlt oder im Leben nicht recht weiterweiß, wird erst immer lauter, schaltet dann in den Meckermodus und schließlich um auf Krawall.

Was online begonnen hat, setzt sich offline fort. Nicht wenige sehr schnelle Radfahrer auf sehr schmalen Radwegen gehören zu den Lauten. Fußgänger laufen hier gefährlich. Wer in der Bank nach Wechselgeld für die Gemeinschaftswaschmaschine zu Hause fragt, kriegt zuerst ein »Haben Sie bei uns überhaupt ein Konto?« zurück. Dass ein zaghaft bittstellender Inhaber eines Kontos bei der Konkurrenz ob einer wohlwollenden Behandlung im nächsten Schritt vielleicht lieber hier eines haben würde – geschenkt. Diese Chance – der potentielle Neukunde steht direkt vor mir! – hat diese Markenbotschafterin dieser Bank unwiederbringlich vertan. Und im Lokal wird schon beim abwinkenden »Wir sind voll!« gleich hinter der Eingangstür klar, dass es sich hier um ein Wirtshaus handelt und nicht um ein Gasthaus. Wer derart angegangen wird, nimmt es häufiger denn je persönlich und pfeffert zurück. Aus narzisstischer Sensibilität heraus, und weil ständiger Druck den Menschen dünnhäutiger macht. Wenn jede blöde Meinung in ein verletzendes Gefühl oder gar in das Vorstadium eines Traumas münde, würden Mücken zu Elefanten aufgeblasen, mokiert sich der Journalist Sebastian Herrmann in seinem Essay mit dem bezeichnenden Titel »Leben auf der Erbse«[28].

Als das Internet Fahrt aufnahm, machten die Online-Portale und -Newsseiten einen kapitalen Fehler: Sie ließen anonyme Kommentierungen unter Aliasnamen zu. Und werden nun die Geister, die sie riefen, nicht mehr los. Die Möglichkeit der anonymen Prügel für alles und jeden ruft wildgewordene Horden auf den Dauerplan, die verbal marodierend und brandschatzend durchs Netz ziehen und alles und jeden gegen die Wand bashen. Ein schlecht geputzter Badezimmerspiegel im Hotel genügt für zehn Zeilen Hass auf Tripadvisor, der schiefe Blick des Zahnarztes für ebenso viele auf dem Bewertungsportal jameda.de. *Spiegel Online* schreibt immer öfter unter Artikel über Flüchtlinge, Homosexuelle oder einfach nur Parteipolitik, dass man mit dem Löschen der vielen Hass-Kommentare nicht hinterherkommt und die Kommentierung des Beitrags deshalb schließen musste.

Der Mecker-User und inzwischen auch der Populist ist daran gewöhnt, überall aus der perfekten Tarnung heraus sein digitales Sekret verspritzen zu können. Je verwerflicher, desto mehr wird er gehört.

Die Anbieter wissen um diese Problematik. Allerdings muss, wer Kommentare auf einmal nur noch unter belegbarem Klarnamen zulässt, mit weniger Traffic auf seiner Seite und mit weniger Klicks rechnen. Die sind maßgeblich für die Attraktivität bei Werbekunden und die Abrechnung von Bannerschaltungen. Kein Anbieter wird hier den Anfang machen. Es geht nur, indem alle relevanten Seiten in einer konzertierten Aktion gleichzeitig umstellen. Dass das geschieht, ist unwahrscheinlich. Lieber redigieren spezialisierte Mitarbeiter bei sueddeutsche.de (*Süddeutsche Zeitung*), faz.net (*Frankfurter Allgemeine Zeitung*) oder spiegel.de den Tausenden anonym Kommentierenden hinterher und sortieren, so gut es geht, Verwerfliches aus. Und die Verantwortlichen beschädigen mit dieser Notlösung aus egoistischem Interesse das Vertrauen in ihre jahrzehntelang in der Offline-Welt aufgebauten Marken.

DIE ANONYMITÄT IST DER TOTENGRÄBER DES DIALOGS.

NACKTER, SCHOCKIERENDER, BRUTALER Verbale Grobheiten, Lautstärke und gebrochene Tabus werden zunehmend weniger als grob, laut und tabulos empfunden. Sie sind vielmehr inzwischen normal, an der Tagesordnung. Der immer geöffnete Jahrmarkt der Eitelkeiten adelt den Tabubruch als ganz besonderes Stilmittel schlagkräftiger Kommunikation. Oliver Pocher wurde dadurch bekannt, die Brachialkomiker Joko & Klaas noch bekannter, und bei der Dating-Show »Adam sucht Eva – Promis im Paradies« sind alle Teilnehmer dauernackt – vor einem Millionenpublikum. Wir leben in einer Zeit, in der man während des Oktoberfests im Münchner Nachtclub »Paradiso« am Rand der Tanzfläche kopuliert. Der geilste Likör unter Nachtschwärmern ist aus der Jostabeere, kommt von der EFAG GmbH & Co. KG in 88471 Laupheim und heißt »Ficken«. Ganz einfach weil, besagt die Website, »der Ansatz, um einen Schnaps ein Comedy-Format zu basteln, mit einem provokanten Namen aus der Masse herauszustechen und statt der üblichen Werbehäschen die von Rock'n'Roll gezeichneten Chefs als Werbefiguren zu missbrauchen«[29] gut ankomme. Da wird man sich eines Tages nicht wundern dürfen, dass Leute auf dem Heimweg in der Straßenbahn das tun, was so heißt wie der Alkohol, den sie den Abend über konsumiert haben.

Neu ist das Muster nicht, neu ist die Frequenz und die Abstumpfung, die sie verursacht. Diktatoren nutzen – und nutzten schon immer – Provokation, Schockieren und Tabubruch, um ihre Skrupellosigkeit zu untermauern. Nach dem Tod seines Vaters gab der nordkoreanische Diktator Kim Jong-un bekannt: »Wir erklären feierlich und voller Stolz den dummen politischen Verantwortlichen in der Welt, darunter der Marionettenregierung in Südkorea, dass sie von uns nicht die geringste Änderung erwarten dürfen.«[30] Was folgte, war eine Reihe von Atomraketentests.

Für einen Aufschrei in der damals noch wohlsortierten Kunstszene sorgte der Wiener Aktionskünstler Hermann Nitsch, als er in den Sechzigerjahren mit seinem »Orgien-Mysterien-Theater« Totenmessen mit Blut und Tierkadavern zelebrierte. Sie sollten zum Nachdenken über häufig verdrängte Alltagsthemen wie Blut und Tod anregen. Der medienwirksame Dauervorwurf der Blasphemie war ihm sicher. Und weil, wer auffallen will, immer noch eins draufsetzen muss, ließ sich die spanische Künstlerin Moon Ribas einen Sensor implantieren. Er vibriert immer dann, wenn irgendwo auf der Welt die Erde bebt, und gibt ihr das Signal zu tanzen. Sie tanzt rhythmisch zu den Erdstößen, und eine Roboterstimme verkündet dazu Ort und Stärke des Bebens. Damit ist sie auf den Spuren ihres Kollegen Piero Manzoni. Der füllte 1961 jeweils 30 Gramm seines Stuhlgangs in 90 Dosen, verschloss sie geruchssicher und beschriftete sie mit »Merda d'Artista« – Künstlerscheiße. Er verkaufte sie zum damals gültigen Goldpreis, etwa 37 Dollar die Dose. 2008 erzielte ein Exemplar auf der Auktion bei Sotheby's 97.250 Britische Pfund.

Im Sinne seiner ursprünglichen künstlerischen Funktion eingesetzt, kann das Stilmittel des Schockierens durchaus etwas bewirken. Die Schülerin Elona Kastrati (bereits ihr Name dürfte im Netz für Erheiterung und Schlimmeres sorgen) machte mit beschrifteten Damenbinden Stimmung gegen Sexismus. Ihre Aktion lief in Karlsruhe an Straßenlaternen, Bushaltestellen und Mauern, außerdem als »Pads Against Sexism«-Kampagne in sozialen Netzwerken. Die Botschaften: »Nenn mich nicht Schatz!«; »My pussy, my choice«; »Stell dir vor, Männer wären genauso angeekelt von Vergewaltigungen wie von der Periode!« Leute aus Indien, Frankreich, England, Slowenien, dem Kosovo und den USA fragten an, ob sie die Aktion übernehmen dürften. Indische Männer posteten auf Twitter Fotos, auf denen sie die bedruckten Binden hochhalten. Die Aktivistin zu dem Hype: »Ich wollte keine Aufmerksamkeit auf mich lenken, sondern nur provozieren. Ich will, dass alle darüber reden.« Darüber, dass Sexismus immer noch sehr verbreitet sei, Frauen schlechter bezahlt würden und Männer als schwächlich gebrandmarkt würden, wenn sie Gefühle zeigten. Neben weltweiter Zustimmung gab es im Netz einen Shitstorm: Sie solle selbst vergewaltigt werden, sei eine sexistische Hure.[31] Abseits dessen zeigt diese Aktion, dass das radikale öffentliche Thematisieren tabuisierter Sachverhalte wie der weiblichen Periode, angesiedelt zwischen Aktivismus und Kunst, dazu beitragen kann, wirksame Wertbeiträge zum gesellschaftlichen Diskurs zu leisten. Die neuen Medien bieten dafür die große Bühne – tragen durch die hochfrequente Nutzung des Stilmittels aber auch zu seinem Wirkverlust bei.

THUNFISCHTANGO Im Kampf um die Aufmerksamkeit geht es um drei Dinge: Klicks, Klicks, Klicks. Daher lassen sich sogar die sogenannten Leitmedien in ihren Online-Ausgaben zu boulevardesken Inhalten und reißerischen Mogelheadlines hinreißen. »Clickbaiting« (»Klickköder«) heißt die Lock-Methode, die möglichst viele Nutzer hellhörig machen soll. Ein Clickbait hinterlässt mit der Überschrift eine Aufmerksamkeitslücke, die erst nach dem Klick geschlossen wird, wenn der ganze Artikel angezeigt wird. Der hält oft nichts von dem, was die Überschrift an sensationell Neuem verspricht. Im schlechten Sinne gut gemacht sind Köder wie »In den 90ern war sie einer der großen Kinder-Serienstars, dann landete sie beim Porno«, »11 erschreckende Fakten übers Nägelkauen, die du kennen solltest« und »Der 19-Jährige schießt sich in den Kopf, doch genau das rettet sein Leben«. Wer klickt, landet schnell auf einer Seite, die die Geschichte mehr schlecht als recht auflöst und von der es weitergeht zu bezahlten Inhalten und Abonnements zweifelhafter Angebote.

Je grotesker, desto besser. Die nackte, an Magersucht erkrankte Frau, die schmerzvoll in die Kamera blickt und die neue Kollektion eines Modelabels bewirbt, zieht besser als die austauschbare Idealmaß-Schönheit. Wenn es von allem zu viel gibt und Stars und Sternchen deshalb ganz neue Geschütze auffahren, um aufzufallen, werden die Bacchanalien blutiger, grenzgängerischer, schockierender. Provokation ist die neue Waffe der Werbeindustrie, mit der Tabuthemen der Gesellschaft seziert und präsentiert werden. Wenn sie strategisch zur Gewinnung von Aufmerksamkeit eingesetzt wird, verläuft die Grenze immer dort, wo es droht strafbar zu werden. Auch weil nackte Haut allein nicht mehr genügt, um Aufsehen zu erregen: Die britische Schauspielerin Helena Bonham Carter posierte nicht nur ohne alles, sondern mit einem mannsgroßen Thunfisch zwischen den Beinen. Und das mit 48 Jahren. Darf die das? Sie muss es wohl, auch sich dazu überwinden, um dabeizubleiben: »Eigentlich habe ich eine Fischphobie, aber dieser ist toll, er wird mein Valentinstags-Date!«[32] Damit schaffte sie es sogar in die *Bild-Zeitung*.

ZUM MITNEHMEN

× Der Mensch will verstanden werden, weil sich erst dadurch eine Beziehung zu einem anderen Menschen aufbauen kann.

× Die Kakophonie, in der alle allen zu allem alles zu sagen haben, erschwert den Aufbau einer inhaltsgeladenen Beziehung oder verhindert ihn sogar.

× Die zunehmende Komplexität und die nie gekannte Beschleunigung des Alltags sind Antreiber auf der ständigen Suche nach Neuem. Das Gehirn schüttet dabei das Glückshormon Dopamin aus, und wir werden unwillkürlich zum Spielball der Eskalationstendenzen.

× Weil wir gesehen werden und uns mit den anderen verbunden fühlen wollen, frönen wir in den sozialen Medien einem nie gekannten Narzissmus.

× Die wenigsten erkennen die Gefahr der Entfremdung von sich selbst. Mit der Masse zu gehen und zu lamentieren erhöht den Kuschelfaktor und die Identifikation: Was alle machen, kann nicht falsch sein.

× Wer sich gegen den Mainstream stemmt, braucht Nerven. Er muss sich dafür anstrengen und macht sich angreifbar, muss außerdem Schmerz ertragen können.

× Weil die Konkurrenz um Themen, Trends und Neuigkeiten immer größer wird, wenden viele Medien unlautere Methoden an und provozieren, was das Zeug hält.

× Das Ausleben übertriebener Eitelkeit sprengt alle Grenzen des Anstands und führt Normen und Werte ad absurdum.

DIE HÄRTESTE WÄHRUNG
DER WELT

Aufmerksamkeit ist eine der wertvollsten menschlichen Ressourcen überhaupt. Die Fähigkeit zur uneingeschränkten Wachsamkeit und Konzentration ist jedoch nicht allen Menschen gleichermaßen gegeben. Diejenigen mit einem erblich bedingten Aufmerksamkeits-Defizit-Syndrom (ADS) oder der hyperaktiven Ausprägung ADHS können sich wesentlich schlechter konzentrieren als andere. Die Folgen können Erschöpfung, Burn-out und Depression sein, verbunden mit Schwierigkeiten am Arbeitsplatz und im Privat- und Alltagsleben, außerdem mit Suchtgefahren und einem erhöhten Unfallrisiko.

Bei einem Aufmerksamkeits-Defizit-Syndrom sind die für Aufmerksamkeit, Impulskontrolle und Motorik zuständigen Hirnregionen anders ausgeprägt und funktionieren auch anders als gewöhnlich. Hier lässt das Vorderhirn, das für die Informationsverarbeitung all der Millionen Reize, die jede Sekunde auf die Sinnesorgane einprasseln, zuständig ist und sie normalerweise nach Priorität sortiert, viel mehr Informationen auf einmal durch als bei anderen Menschen. Das verursacht eine Art »Datencrash«: Betroffene haben das Gefühl, keinen klaren Gedanken fassen zu können. Alles scheint gleich wichtig zu sein. Menschen mit einer solchen genetischen Veranlagung können sich nur mühsam länger konzentrieren und sind leicht abzulenken. Sie vergessen mehr als andere, verlegen Dinge wie Schlüssel oder Geldbörse und müssen sich besonders anstrengen, um ihren Alltag zu strukturieren. Wenn sie etwas nicht ernsthaft interessiert, langweilen sie sich rasch und springen zum nächsten Thema.

Da die Taktung in der digitalen Welt ähnlich häppchenweise, sprunghaft und schnelllebig erscheint wie die Lebensweise eines Betroffenen, entsteht oft der Eindruck, die hyperaktive Form von ADS sei eine Modekrankheit, die mit dem Wandel im Kommunikationsverhalten einhergeht. Dabei hat es Menschen mit ADHS schon immer gegeben; sie fielen nur nicht besonders auf. Manche Forscher behaupten sogar, dass sie in der Frühzeit der Menschheitsgeschichte die besseren Jäger und Sammler waren, denn: Ist ein Betroffener an einem Thema ganz besonders interessiert, kann er sich regelrecht daran festbeißen und alles andere ausblenden. Man spricht dann von einer Hyper-Fokussierung. Für einen steinzeitlichen Jäger, der hochgradig motiviert und fokussiert einem Tier hinterherspürt, egal ob es regnet, schneit oder stürmt, war diese Disposition eine herausragende Ausgangsposition. In einer extrem beschleunigten und von Multitasking geprägten Welt wie der heutigen, in der der Mensch ständig und von allen Seiten mit immer neuen Reizen förmlich bombardiert wird, haben es Menschen mit dieser Veranlagung dagegen schwer. Hier wirken extreme Fokussierung und mangelnde Adaptionsfähigkeit wie aus der Zeit gefallen. Denn nie war die Fähigkeit, sich zu fokussieren, wichtiger als heute.

> DER VERZICHT AUF MULTITASKING HILFT DEN BLICK FÜRS WESENTLICHE ZU SCHÄRFEN.

Auch Menschen ohne diagnostiziertes angeborenes Defizit haben jeder für sich ihre ganz eigenen Wahrnehmungsmängel, die weder als »Krankheit« empfunden noch als solche bezeichnet werden. Notorische Ignoranz gehört dazu genauso wie Alltagsphänomene, wie überlautes Telefonieren in der Bahn (»Ich bin jetzt grad' im Zug!«), die fortwährende Inszenierung online (»XY war gerade live«) und das Gesprächsgrabschen. Wenn ADHS-Diagnostizierte dauersendend, unreflektiert und mit Scheuklappen umherlaufen, können sie nichts dafür und dürfen Rücksichtnahme erwarten. Alle anderen dürfen damit nicht rechnen. Wer nicht zuhört und sich ungeniert in den Mittelpunkt drängt, kann nicht erwarten, dass sein Gegenüber dazu motiviert ist, ihn ernst zu nehmen und wertschätzend auf ihn einzugehen. Denn: Nur wer bewusst ist und zuhört, signalisiert überhaupt die Bereitschaft zur Auseinandersetzung und zu einer Beziehung. Das gilt für alle gesellschaftlichen Bereiche und zwischen den Kulturen.

Deswegen ist Zuhören und damit die gelebte, entgegengebrachte Aufmerksamkeit die härteste Währung, die es gibt – und gleichzeitig die Voraussetzung dafür, Aufmerksamkeit geschenkt zu bekommen. Gegen die Aufmerksamkeit sind Euro und Dollar vergängliche Tausch- und Zahlungsmittel, die fortwährend Risiken und Schwankungen unterliegen. Aus dieser Warte betrachtet, ist sie nicht nur das härteste, sondern auch das stabilste Zahlungsmittel, und zwar nicht nur im zwischenmenschlichen Bereich, sondern auch aus wirtschaftlicher Sicht: immer willkommen, immer anerkannt, immer gut für ein Tauschgeschäft: Es gibt dafür

- Aufmerksamkeit zurück
- Interesse und Begehrlichkeit
- Erwiderung von Avancen im Zwischenmenschlichen
- Beachtung von Unternehmen, Produkten und Dienstleistungen durch den Kunden und
- sogar Geld und Erfolg.

Unabdingbare Grundlage für all dies ist der tiefgründige Dialog. Er beruht auf dem konstruktiven Austausch, begründet auf echter Rede und Gegenrede, die beide Seiten bereichert und in ihrem Denken, Fühlen und Handeln weiterbringt. Das bereichernde Leben besteht zu einem Großteil aus kleinen und großen Geschichten und Anliegen, die wir weitergeben und erzählt bekommen möchten. Sie ermöglichen, unsere Beobachtungen und Meinungen zu kommunizieren und dabei unsere Gefühle auszudrücken. Vor allem auch, weil wir geteilte Ansichten und Erlebnisse intensiver wahrnehmen und uns daran mehr erfreuen können. Schenken wir dem anderen unser Ohr und bauen auf dem Gehörten auf, knüpfen wir die Bande, die echten Austausch ermöglichen und darüber immer fester werden. Nachhaken, Perspektivenwechsel und andere Blickrichtungen sorgen für fruchtbare Wendungen, Überraschendes und Verblüffendes – und das Gefühl von Glück. Denn wer im Dialog steht, steht in einer Beziehung. Ein echter Dialog hinterlässt ein Gefühl der Zufriedenheit und Bereicherung. Er lebt von der Wechselwirkung aus Gesagtem und Verarbeitetem, neu Gesagtem und erneut Verarbeitetem. Und darauf beruht maßgeblich die menschliche Natur. Handeln wir ihr zuwider, indem wir den Dialog durch egomanische Verhaltensweisen ersetzen, leben wir auf Sparflamme, beschnitten in der Interaktion und im Erleben, Erkennen, Deuten und Wissen.[33]

Der Effekt eines echten Dialogs ist mit Geld nicht zu kaufen. Für Geld gibt es Essen, Kleidung und Möbel, eine Flugreise und ein Hotelzimmer. Diese materiellen Dinge sind zweifellos erstrebenswert, sie können jedoch keine Gefühlszustände wie Akzeptanz, Verbundenheit, Zuneigung und Liebe auslösen. Der Mensch, der versteht, dass materielle Zufriedenheit nur ein Mosaikstein in seinem Erfüllungskonstrukt ist, versteht auch, dass Geldliches nicht den lang andauernden Zustand des Erfülltseins herstellt; sondern vielmehr ein Mittel zum Zweck ist, dorthin zu gelangen. Wohnliche Voraussetzungen für die Begegnung von Menschen zu schaffen etwa bietet nur den Raum für erfüllende Gespräche. Reisen ist eine Vorkehrung für erfüllende Begegnungen mit geschenkter wie erhaltener Aufmerksamkeit. Die geldliche Währung macht die Währung Aufmerksamkeit bestenfalls noch härter. Diese ist frei von Inflation und, wichtiger noch: Sie wird mehr, wenn man sie teilt.

Doch um Aufmerksamkeit schenken zu können, müssen wir fokussiert sein.

FOKUSSIERUNG: WER ZUHÖRT, WIRD VORN SEIN

Fokussiert sein bedeutet zum einen, sich selbst und seiner Umwelt (wieder) bewusst zu werden; zum anderen, seinen Gesprächspartner anzusehen, sich ihm zuzuwenden, auf ihn einzugehen. Es klingt einfach, doch oftmals ist man mit ganz anderen Dingen beschäftigt. Die gerade empfangene Whatsapp-Nachricht kommt dann zuerst, obwohl sie sehr wahrscheinlich weder dringend noch wichtig ist. Sie könnte es ja sein.

Verkäufer sagen roboterhaft »Kassenzettel?« und »Schönen Abend!« und schauen dabei dem Kunden, dessen Geld sie gerade vereinnahmen, nicht einmal ins Gesicht. Wer mag es ihnen verübeln? Sie sind im Zweifel nah am Mindestlohn und frustriert davon, wie Kunden sich benehmen, indem sie während des gesamten Bezahlvorgangs mit stierem Blick und rundem Rücken am Handy sind und weder »Guten Tag!« noch »Danke!« kennen. In vielen Berufen, die Anerkennung und Aufmerksamkeit verdienen, werden Menschen heute beider beraubt, weil wir andere Interaktionen für wichtiger erachten als die, die wir gerade physisch ausüben.

WIR SIND IN PHYSISCHEN INTERAKTIONEN NICHT MEHR PRÄSENT, WEIL WIR GLEICHZEITIG ONLINE SIND.

Online reichen sehr kurze Worte und Sätze sowie niedliche Bildchen für die Basiskommunikation. Das soll dann offline auch genügen. Mehr und mehr Kunden reden an der Kasse gar nichts mehr. Die Kassiererin bei Rewe in München sagt, darauf angesprochen: »Seit zehn Jahren verändert sich das. Was glauben Sie, was ich hier alles erlebe? Das kommt vom Internet, da muss keiner mehr etwas sagen und freundlich sein, da funktioniert Kommunikation ohne Worte.« Es führt auch dazu, dass die Leute sich im Treppenhaus und auf der Straße nicht mehr grüßen und sich in der Bahn wortlos dazusetzen. Früher hieß das: »Guten Tag, entschuldigen Sie bitte, ist hier noch frei?« Und weil dieses Verhalten immer häufiger wird, wird es auch immer normaler. Psychotherapeuten raten vom Alltag verwunderten und überforderten Patienten zweierlei: wegsehen und weghören. Selbstschutz sei die beste Form des Umgangs mit all dem. Ändern könnten sie es sowieso nicht, und schlimmstenfalls würden sie daran verzweifeln.

Und wie reagieren diejenigen darauf, die auf die Aufmerksamkeit der Menschen angewiesen sind, weil sie ihnen etwas verkaufen wollen? Einkaufserlebnisse – die versprechen alle und wollen alle in einer erlebnishungrigen Welt – können nur realisiert werden, wenn Anbieter und Nachfrager wieder aufeinander eingehen. Auch die Wirtschaft beruht letztlich auf dem Dialog. Die einfache und bewährte Formel: Gibst du mir, geb' ich dir. Jeder Verkäufer ist in seiner Freizeit Käufer, jeder Unternehmer ist auch Kunde. Es lohnt sich, seine Kunden so zu behandeln, wie man behandelt werden möchte, wenn man selbst Kunde ist. Unternehmen, die diese Perspektive bewusst zum Ausgangspunkt ihrer Kundenbetreuung machen, sind erfolgreicher.

Anbieter, die sich allein über den Preis (mehr für weniger, schnell und unbegrenzt verfügbar) und nicht vor allem über ihre Begehrlichkeit (weniger für mehr, ausgewählt und persönlich, begrenzt verfügbar) positionieren, brauchen weder zu fokussieren noch zuzuhören. Sie werden immer ihre Kundschaft haben. Doch im Sinne einer langfristigen Kundenbindung kommen Anbieter nicht umhin, ihre potentiellen Kunden genauer anzuschauen und ihnen wirklich zuzuhören. Und dabei auch den Markt und die Konkurrenz sehr genau im Auge zu haben. Viele Unternehmen fokussieren sich bereits mit Erfolg auf die Kundenbedürfnisse. Andere versuchen es und scheitern daran – weil sie Fokussierung versprechen, aber nicht durchziehen.

NUR DURCH FOKUSSIERUNG WERDEN INTERESSENTEN ZU KUNDEN UND KUNDEN ZU STAMMKUNDEN.

2011 suchte Henkel ein neues Design und einen neuen Slogan für die markante Flasche des Geschirrspülmittels Pril.

Das Unternehmen schrieb einen Wettbewerb in den sozialen Netzwerken aus und versprach, das Design mit den meisten Stimmen aus den Reihen der Crowd würde umgesetzt und in den Handel kommen. An sich ein guter Ansatz für neues Zuhören. Mehr als 30.000 User machten mit. Der Entwurf mit einem hingekrakelten gerösteten Etwas und dem Spruch »Schmeckt lecker nach Hähnchen« gewann mit über 3.500 Stimmen. »Ich hatte mich darüber geärgert, das Stempeln von Blümchen zur Crowdsourcing-Aktion zu erheben«, schrieb der Urheber der Aktion, der Hamburger Werbetexter Peter Breuer, auf Facebook. Eine Protestaktion gegen Henkel oder die Marke Pril sei das allerdings nicht: »Was wir alle hatten, war ein Riesenspaß.«

Da setzte Henkel plötzlich eine Jury ein. Sie selektierte die Vorschläge und gab nur noch die vorgefilterten Kandidaten zur Abstimmung in der Crowd frei. Das bot erstes Futter für einen veritablen Shitstorm im Netz.

Als sich dann noch herausstellte, dass für den ursprünglich zweitplatzierten Vorschlag »mit leckerem Brezelduft« weniger als die abgegebenen Stimmen registriert waren, war der PR-Gau perfekt. Der damalige Marketingdirektor bei Henkel, Eckhard von Eysmondt, dazu: »Grundsätzlich begrüßen wir auch humorvolle Designs.« Eine Variante mit Hinweis auf Hähnchen-Geschmack allerdings »hat nicht die besten Voraussetzungen, später zum Sortiment eines Spülmittels zu gehören.[34]« Das Design solle schließlich zur Marke passen. Zu wenig, zu spät: Im wertschätzenden Umgang mit der so hochsensiblen wie kritischen Community hat man nur einen Schuss, und der muss sitzen. Spaßorientierte User sind bei solchen Wettbewerben zwar gern dabei. Die Kunst liegt allerdings darin, vorherzusagen, wie sie agieren und reagieren, und ungewollte Ausreißer von vornherein zu verhindern. Gegen eine Jury hat niemand etwas. Sie muss lediglich von Anfang an dabei sein und ihr Tun transparent kom-

DIE COMMUNITY VERGISST UND VERZEIHT NIEMALS.

munizieren. Wer allerdings vor dem Fragen festlegt, was er hören will, dann aber erst im Nachhinein dafür sorgt, dass er es auch hören wird, macht sich der Intransparenz verdächtig. So läuft das mit dem wertschätzenden Zuhören gerade nicht: Reaktionen zu antizipieren ist ein Teil des wertschätzenden Dialogs.

HÖR! MIR! ZU! Der bindungswillige Konsument sucht keine »deaf brand«, keine taube Marke, sondern eine, die ihm zuhört und ihn wertschätzt. Die PR-Agentur Edelman befragte 15.000 Konsumenten in zwölf Ländern zu ihren Beziehungen zu 199 bekannten Unternehmen – was sie von Marken erwarteten, wie sie einbezogen werden wollten und welchen Einfluss eine Einbindung auf die Kaufbereitschaft habe. 90 Prozent der Konsumenten wünschten sich eine wertschätzende Beziehung mit Unternehmen. Doch nur jeder Zehnte gab an, eine solche Beziehung mit einer Marke zu haben. 80 Prozent der Befragten wollten, dass Unternehmen ihnen zuhören, und nur 13 Prozent fanden, dass sie das auch tun. Jeder vierte Befragte sagte, dass sie sich nur aus egoistischen Gründen für ihn interessieren. Edelman fand heraus, dass die Erfüllung von Konsumentenbedürfnissen ein zentraler Schlüssel zu wirtschaftlichem Erfolg ist. Anbieter, die das schafften, würden signifikant mehr empfohlen, gekauft und auch verteidigt. Fazit: Marken, die Konsumenten und ihre Wünsche erhören, werden mit höherer Kaufbereitschaft und Weiterempfehlung belohnt. Voraussetzung dafür ist allerdings, Bedürfnisse nicht nur zu erfragen, sondern vor allem das Handeln auf die Ergebnisse abzustimmen.

Außerdem besonders interessant an den Studienergebnissen: Vier von fünf Konsumenten wünschten sich, dass Unternehmen schnell auf Fragen und Beschwerden reagieren; nur 13 Prozent sagten, das sei schon Realität. Fast 60 Prozent der Befragten wünschten sich vielfältige Möglichkeiten zum Fragenstellen und zur Meinungsäußerung, aber nur 15 Prozent sagten, beides gäbe es bereits in ausreichendem Maße.[35] Angesichts dieser ernüchternden Ergebnisse stellt sich die Frage, weshalb Unternehmen dermaßen viel Wert auf teure Marktforschung legen und es anscheinend nur wenigen gelingt, mit ihren Angeboten wenigstens die naheliegenden Bedürfnisse ihrer Wunschkunden zu erfüllen. Viel hilft eben nicht viel.

> STATISCH MOTIVIERTE FORSCHUNG IST NUR SO GUT WIE DIE UMSETZUNG DER ERGEBNISSE.

Konsumenten sind mündig geworden, verbünden sich und begehren auf. Sie wollen ernst genommen und gehört werden. Eine Handvoll anerkannter amerikanischer Wissenschaftler sah bereits 1999, zur Blütezeit der New Economy, voraus, was kommen wird: In Anlehnung an Luthers 95 Thesen veröffentlichten sie das »Cluetrain Manifest« mit »95 Thesen für die neue Unternehmenskultur im digitalen Zeitalter«. Die zentrale Aussage der 11. These (für mehr Vernetzung) lautet: »Die Menschen in den vernetzten Märkten haben herausgefunden, dass sie voneinander wesentlich bessere Informationen und mehr Unterstützung erhalten als von den Händlern und Verkäufern.« In der 15. These (gegen gleichförmiges Business-Blabla und gedrucktes Papier) heißt es: »Bereits in wenigen Jahren wird die heute homogenisierte ›Stimme‹ des Geschäftslebens ... so künstlich und aufgesetzt klingen wie die Sprache am französischen Hof im 18. Jahrhundert.« In These 95 (pro Social Web) steht: »Wir wachen auf und verbinden uns miteinander. Wir beobachten. Aber wir werden nicht warten.« Und These 78 bringt auf den Punkt, was diejenigen wollen, die mit »Wir« gemeint sind: »Ihr möchtet, dass wir bezahlen? Dann solltet ihr uns eure Aufmerksamkeit schenken.«[36]

Jeder Kontakt mit dem Kunden ist eine einmalige Chance, ihm das Gefühl zu geben, dieser Moment sei nur dazu da, seine Fragezeichen in ein Ausrufezeichen zu verwandeln: »Wow! Die haben verstanden!« Marketingexperten bezeichnen ihn als den »Moment of Truth«, den Moment der Wahrheit: Gelingt es genau jetzt, den Interessenten zum Kunden zu machen, den Kunden zum Stammkunden, den Stammkunden zum Empfehler? »Touchpoints« (Kontaktpunkte mit dem Kunden) finden sich überall. Es sind so naheliegende wie das Beratungsgespräch und das Telefonat, die Website und die Mail, der Katalog und die Anzeige. Und es ist das Gespräch im privaten Kreis – darüber, wie begeistert oder eben enttäuscht man ist von einem Produkt oder einer Dienstleistung. Die Gesamtheit aller Erlebnisse an allen Kontaktpunkten ergibt das ganze Bild des Kunden. Erst das gibt den Ausschlag dafür, ob er wieder kauft.

»Diese erweiterte Betrachtung der vielfältigen Touchpoints bietet die Grundlage, eine noch nie da gewesene Dimension von Kundenbeziehungen zu entwickeln, zu gestalten und zu leben«,[37] besagt die Studie »Die Zukunft des Konsums« des Zukunftsinstituts. Kundenbeziehungen zu leben hieße, den vielfältigen Bedürfnissen heutiger Konsumenten mit viel menschlichem Tun und Geschick und keinesfalls mit anonymer Automatisierung zu entsprechen. Die Versuche, einen besseren Kontakt zu Kunden aufzubauen, schienen bislang jedoch nicht wirklich zu fruchten. Seien bei der bisherigen Vermarktung von Artikeln der Massenproduktion die sogenannten 4 Ps ausschlaggebend gewesen (Product, Price, Place, Promotion), außerdem die 3 Ps im Dienstleistungsbereich (People, Process, Physical Evidence), gälten heute andere Regeln.[38]

IM ZEITALTER DES AUFMERKSAMKEITSDEFIZITS GEWINNT, WER DEN KUNDEN ÜBERRASCHT.

»Der Kunde« ist nicht länger eine Masse, der man – eingeteilt nach Alter, Einkommen und Geschlecht sowie Vorlieben und Hobbys in Kernzielgruppen und erweiterte Zielgruppen – unterschiedliche Produkte anbietet. Er ist vielmehr ein einzigartiger Partner auf Augenhöhe, der ganz eigene Ansprüche an eine gemeinsame Begegnung hat. Unternehmen versuchen deswegen verstärkt, seinen tatsächlichen Bedürfnissen auf die

Spur zu kommen; mit bisher mäßigem Erfolg. Es gibt dafür Screenings und Kundenbefragungen, Customer Relationship Management und One-to-One-Marketing. Das Problem ist, dass diese Methoden weiterhin standardisiert arbeiten. Auf diese Art lassen sich nicht länger Ergebnisse erwarten, die Anbieter und Konsument näher zusammenbringen. Vielmehr muss auf die lange gelebte Standardisierung jetzt die Individualisierung folgen: Der »Kunde« ist keine Masse, sondern immer ein einzelner Mensch mit genau seinen Interessen, Vorlieben und Handlungsweisen. Genau ihn gilt es zu begeistern. Denn »den Kunden« gibt es nicht mehr.

EINBLICKE IN DIE KUNDENSEELE Unternehmen gehen mit qualitativen Untersuchungen dazu über, ihre Wunschkunden idealtypisch zu definieren und sich ihre Lebenswirklichkeit zu erschließen. Dazu gehören die Analyse ihrer Einstellungen und Überzeugungen sowie Normen und Werte, der Arbeitsauffassungen und des Freizeitverhaltens sowie der Konsumbedürfnisse und -vorbehalte. Auf dieser Basis definieren sie die sogenannte Persona, eine möglichst detaillierte Charakteristik ihres Kunden als »in der Öffentlichkeit zur Schau getragenes, selbst inszeniertes Bild der eigenen Persönlichkeit«[39]. Diese Form der Persönlichkeitsbeschreibung beruht auf der Grundlagenarbeit des Schweizer Psychologen C. G. Jung Anfang des 20. Jahrhunderts und seinen »psychologischen Typen«. Eine solche Annäherung an den idealen Kunden mit einer sehr plastischen und narrativen, wirklichkeitsnahen Beschreibung soll die Information und Sensibilisierung der Mitarbeiter vereinfachen. Sie müssen in ihrer täglichen Arbeit ein konkret formuliertes Nutzenversprechen für ein Produkt oder eine Dienstleistung so überzeugend vermitteln, dass es als solches erkannt wird und Begehrlichkeit und Nachfrage auslöst. Das setzen sie um, indem sie eine möglichst klare und genaue Vorstellung von den Personae in ihren jeweiligen Lebenswelten bekommen und sich mit ihnen identifizieren. Der »Zielkunde« löst die »Zielgruppe« ab, und der formulierte »Customer Insight« – der Einblick in die Bedürfnis- und Vorbehaltswelt genau dieses Kunden – gibt wichtige Hinweise für die optimale Formulierung eines Angebots. Es steht nicht länger das Produkt selbst im Vordergrund, sondern nun das Bemühen, es unter besonderer Betrachtung der Lebensweise, der Ansichten und des Verhaltens seiner Nutzer laufend zu optimieren.

Unsere komplexen Bedürfnisse lösen den Massenansatz in einer immer komplexer werdenden Welt mehr und mehr auf. Es gibt nicht länger das eine Produkt für alle, sondern für jeden das eine Produkt. Eine Strategie, die diesem Bedürfnis lange Zeit erfolgreich entsprach, ist die von Starbucks: 6.000 mögliche Kaffeekombinationen. Über Jahrzehnte war das ein wichtiger Grund dafür, ausgerechnet hier eine Oase der Ruhe und Entspannung zu suchen anstatt irgendwo, wo man nur die Wahl hat zwischen schwarz, mit Milch oder Zucker oder mit beidem. Die wirksame Botschaft: »Hier geht man auf meine Wünsche ein, man macht genau den Kaffee, den ich mir vorstelle und den kein anderer hat. Außerdem kennt und schätzt man mich, schließlich schreiben sie meinen Vornamen auf den Pappbecher.« Inzwischen jedoch durchschauen die Konsumenten das Prinzip. Da artet die Kaffeepause vor lauter Überforderung in noch mehr Stress aus, weil der Kunde im Moment der Kaufentscheidung vor lauter Angebot und Rückfragen (»Short, Tall, Grande oder Venti? Vollmilch, fettarme Milch, Soja- oder laktosefreie Milch? Einen Sirup dazu, oder lieber einen Arabian Mocca Java?«) nicht mehr weiß, was er will. Dabei zahlt er hier für ein Getränk und einen Moment der Ruhe den Preis eines ganzen Menüs bei Ikea. Im Vordergrund soll das positive Erlebnis stehen – loungige Szenerie, chillige Musik, nette Leute, Barista-Gehabe. Da wirkt Entscheidungsdruck am Tresen kontraproduktiv. Der Kunde spürt die Schlange wartender Starbucks-Jünger im Rücken und bestellt irgendetwas, vielleicht sogar den Caramel Macchiato Venti für richtig viel Geld. Die Frustrationsschwelle sinkt, weil er auf diese Weise gerade das nicht bekommt und erlebt, wonach er sucht und was er erleben möchte: ein Ort der Individualität, in deren Mittelpunkt er steht.

Unternehmen bewahren und steigern ihren Wert nur, wenn sie fortwährend einlösen, was sie versprechen. Dafür müssen sie mit der Zeit gehen und sich veränderten Einstellungen und Konsumgewohnheiten anpassen. Starbucks verspricht Erholung, das macht die Marke wertvoll. Wenn sie dieses Versprechen in den Augen der Kunden nicht länger einlöst, verliert sie an Beachtung. Die hauptsächlichen Erkenntnisse: Viel hilft nicht länger viel. Und den Kunden wirklich zu kennen (was dieser von seinen Lieblingsmarken inzwischen erwartet) erschöpft sich nicht länger in der Abfrage des Namens und darin, ihn wenig später durch den Laden zu rufen. Lange war es erstrebenswert, daraufhin vor den Augen der Peergroup zum Tresen zu laufen und die Trophäe abzuholen. Inzwischen ist dieses Ritual als Masche durchschaut und wird als eher unangenehm empfunden.

> ZWISCHEN »INDIVIDUALISIERUNG« UND »MASCHE« VERLÄUFT EIN SCHMALER GRAT.

DER ZWEIFELHAFTE UMGANG MIT DER WAHRHEIT Sachlichen Aussagen über Produkte und Leistungsversprechen allein schenken Menschen immer seltener ihr Gehör und ihre Gunst. Stattdessen wenden sie sich verstärkt ihren Gefühlen zu. Dadurch bekommt der Begriff der »postfaktischen Gesellschaft«, einer Art Nachwahrheits-Ära, immer mehr Gewicht. Der Schweizer Physiker und Philosoph Eduard Kaeser spricht von einer heutigen »Nichtwissenwollengesellschaft«, die auch davor kapituliere, dass immer mehr vermeintliche Annahmen, Interpretationen und Informationen aus zweiter Hand als Fakten und damit als wahr verkauft würden: »In der digitalen Welt wird es schwieriger, zu überprüfen, was wahr ist und was nicht.«[40] Früher, in einer Zeit der wenigen Sender und der vielen Empfänger, konnte man als Rezipient davon ausgehen, dass gelernte Journalisten ihren Beruf als »Gatekeeper« verantwortungsvoll ausüben. Der Begriff bringt ihre Funktion als Pförtner und damit als Entscheider darüber auf den Punkt, welche Neuigkeit den Weg in Radio, Fernsehen und Presse findet und welche nicht. Journalisten sahen ihren Beruf als »dienende Freiheit« an und gingen in der Regel höchst umsichtig und verantwortungsvoll mit dieser Freiheit um – und auch mit dem Wert der Wahrheit, dem sie diente. Einmal ganz abgesehen davon, dass es die reine Wahrheit niemals gab und Fakten immer schon in einen mehr oder minder tendenziösen und damit mehr oder minder »wahren« Sinnzusammenhang gestellt wurden.

Heute hat der Berufsstand des Journalisten an Ansehen verloren. Jeder darf sich als potentieller Verbreiter von Informationen und damit nicht mehr nur als Sender, sondern eben auch als Journalist verstehen. Was immer der Einzelne darunter versteht – die Berufsbezeichnung ist rechtlich nicht geschützt. Bei einer Vereinigung in Ingolstadt, die sich »Deutscher Verband der Pressejournalisten« nennt, können nicht nur Medienprofis Mitglied werden, »sondern auch Newcomer, die sich aktiv in der Presseszene engagieren.⁴¹« Also im Grunde jeder, weil »Presseszene« und »Engagement« sehr dehnbare Begriffe sind. Das sehen die Anbieter ähnlich: »Der DVPJ unterstützt Journalisten, die ihre Tätigkeit nebenberuflich oder in Teilzeit ausüben.« Besonders begehrt ist das Angebot, für etwa 50 Euro einen »Presseausweis« zu bekommen. Das begehrte Dokument legt Status nahe und verspricht Vergünstigungen. Die Zugangshürde liegt dabei auf Bodenhöhe.

DER JOURNALISMUS HAT SICH IN DEN VERDACHT DES BLOSSEN CONTENT-HANDELS GEBRACHT.

Solche zweifelhaften Ansichten und Angebote verstärken die Entwicklung, dass Mediennutzer sich nicht nur immer weiter von der Wahrheit entfernen, sondern sich auch immer weniger Mühe geben, sie zu erfahren. Sie werden zusehends unkritisch und neigen dazu, das Abbild einer vermeintlichen Wirklichkeit gerade in den sozialen Medien für bare Münze zu nehmen. Ihr Bild von der Welt formen sie aus dem, was ihnen vorgesetzt wird. Was das ist, bestimmen die Diensteanbieter mit geheimnisvollen Algorithmen: Wer vorzugsweise Informationen über die multikulturelle Gesellschaft und die positiven Auswirkungen der Zuwanderung konsumiert, bekommt in der Folge tendenziell Angebote mit ähnlichem Inhalt. Wer allerdings – aus welchem Grund auch immer – überdurchschnittlich viele kritische Artikel über die Asylpolitik und angebliche negative Auswirkungen von verstärktem Ausländerzuzug liest, wird häufiger mit weiteren Nachrichten und Meinungen aus dieser Perspektive versorgt. Die Maschine hat die Funktion des Gatekeepers übernommen und öffnet die Schleusen nach eigenen Regeln, die mit der journalistischen Ethik nichts zu tun haben. Es entsteht das, was der amerikanische Internetaktivist Eli Pariser die »Filterblase« nennt: die fortschreitende Isolation des Users von Informationen, die seinem Standpunkt, ob tatsächlich oder nur vermeintlich, nicht entsprechen. Gepaart mit der zunehmend fehlenden Bereitschaft, Informationen zu hinterfragen, zementiert die Wirkungsweise dieser Medien eine einseitige Sicht der Dinge beim Informationskonsumenten. Andere Ansichten, die dazu geeignet wären, sie aufzuweichen oder zu korrigieren, fehlen, weil sie buchstäblich »ausgeblendet« werden.

Es geschieht ständig, dass ein in Wirklichkeit gelenktes, inszeniertes Ereignis mit künstlich erzeugtem Neuigkeitswert zweifelhafter Güte als Nachricht im klassischen Sinne verkauft wird. Da berichteten die Medien unisono, eine Schneeraupe habe aus Versehen den Weg nach Seefeld in Schleswig-Holstein statt nach Seefeld in Tirol gefunden. Das Echo war groß, bis der Tourismusverband im »richtigen« Seefeld »Wir waren's!« rief und erneut Berichterstattung bekam; diesmal darüber, wie es gelungen sei, die Medien genauso wie die Öffentlichkeit zu narren, um rechtzeitig zur Skisaison auf sich aufmerksam zu machen. Sehr charmant und gekonnt durchaus: »Aufwendige Kampagnen mit erfundenen Geschichten rechnen sich alleine deshalb, weil ein Produkt beworben wird. Nur die journalistische Glaubwürdigkeit zerbröselt wie eine Sandburg in der Sonne.«[42]

Ganze Stäbe an Inhaltsschaffenden kümmern sich inzwischen um das, was sich »Content Marketing« nennt – die Medien mit immer wieder neuen unterhaltsamen Inhalten zu versorgen. Dafür wechseln altgediente und hochdekorierte Edelfedern etablierter Verlage, die zu Zeiten wenig mehr scheuten, als mit PR-Agenturen in einen Topf geworfen zu werden, ganz selbstverständlich zu ebendiesen. Wer mag es ihnen verdenken, nachdem der klassische Journalismus, was Attraktivität und Bezahlung angeht, lange Jahre schon im freien Fall ist. Immerhin braucht die andere Seite, die mit den gelenkten Nachrichten zum Zweck von Klicks und Abverkauf, unendlich viel Stoff und zahlt gutes Geld dafür. Der angesehene Wirtschaftsjournalist Dirk Benninghoff ging nach 20 Jahren Journalistenkarriere bei *Berliner Morgenpost, Financial Times Deutschland, Stern* und bild.de als Chefredakteur zur PR-Agentur Fischer Appelt. Die nennt sich lieber »Creative Content Group«. Der Vorstand Frank Behrendt in seiner Hausmitteilung dazu: »Wir freuen uns, mit Dirk Benninghoff einen versierten News-Profi für uns gewinnen zu können, der weiß, wie man relevanten Gesprächsstoff in einer digitalen Welt produziert und erfolgreich distribuiert.«[43] Genau darum geht es jetzt.

Eduard Kaeser nennt die neue Art, zu recherchieren und Neuigkeiten zu verbreiten, »Googeln statt Wissen«. Er führt an, wie selbst ein Multimilliarden-Dollar-Unternehmer und potentieller Staatenlenker wie Donald Trump während des Wahlkampfs die Faktenlage – ohne jeden Versuch der Tarnung, stattdessen sogar ganz offen – beiseitewischt, um an sein Ziel zu kommen: »Mit demonstrativer Schamlosigkeit produziert er Unwahrheiten und Widersprüche und schert sich einen Dreck um die Folgen. Paradoxerweise macht ihn diese Unglaubwürdigkeit umso glaubwürdiger, weil er sich im ›Bullshit‹ geradezu suhlt. Er tritt auf mit dem Habitus: Seht doch, ich bin der, als den ihr Politiker schon immer sehen wolltet – ein Behaupter, Wortverdreher, Lügner! Ich bin nur ehrlich – ehrlich unehrlich!«[44]

GELENKTE GEFÜHLE STATT LEISTUNGSVERSPRECHEN Das gelenkte Gefühl zählt mehr als die ausgewogene Information. Die Leistungskraft eines Unternehmens – verdeutlicht zum Beispiel durch die Anzahl der Mitarbeiter, Flugzeuge und Lieferfahrzeuge und der sortierten Sendungen pro Stunde und zugestellten Sendungen pro Tag – tritt in den Hintergrund. Der global operierende amerikanische Paketdienst UPS, die Abkürzung steht ursprünglich für »United Parcel Service«, verpasste sich einen neuen Slogan, der die drei Buchstaben neu und gefühlig interpretiert: »UPS – United Problem Solvers« (»Vereinte Problemlöser«). Damit setzt man an den »Painpoints«, den Schmerzpunkten der Sender und Empfänger von Dokumenten und Waren an: »Wem vertraue ich?«; »Wer schafft es pünktlich?«; »Wer sorgt dafür, dass die Sendung wirklich den richtigen Adressaten erreicht?« »United Problem Solvers« geht weg vom Kopf, voll ins Herz. Wer möchte nicht seine Probleme gelöst bekommen? So erhält der Paketdienstleister mit der nüchternen braunen Farbe und den kantigen Lieferautos eine Seele.

Der Outdoor-Bekleidungs-Hersteller Schöffel reagiert auf ähnliche Art auf veränderte Einstellungen und Vorstellungen: weg vom Faktisch-Rationalen wie Laminaten, Wassersäulen und Schweißnähten, hin zu einer zentralen Aussage, die für den Wanderer extrem relevant ist: Jacken, winddicht und wasserabweisend und dabei »so leicht wie ein Apfel«. Diese Information stammt aus der Erlebniswelt des Nutzers und nicht aus der des Entwicklers von Sportbekleidung. Sie differenziert eindeutig von anderen Anbietern. Sofort entsteht das gewünschte Bild im Kopf des Kunden: so viel Leistung bei so wenig Gewicht! Auch hier setzt die Kommunikation am Haupt-Schmerzpunkt an. In diesem Fall dem Bedürfnis nach optimalem Schutz vor Wind und Wetter durch eine Ausrüstung, die so leicht wie möglich ist.

Das von Schöffel und UPS so zeitgemäß angewandte Prinzip des »Storytelling«, des Geschichtenerzählens, ist uralt. Bereits Harun-al-Raschid, der Kalif von Bagdad, setzte es im 8. Jahrhundert mit Wonne ein: Nachts schlich er sich, verkleidet als gewöhnlicher Bürger, aus dem Palast und ging auf die Nachtmärkte. Er setzte sich zu den Menschen und spitzte die Ohren, hörte ihnen zu, wie sie Geschichten aus ihrem Leben genauso wie über ihn, ihren Kalifen, erzählten.

FAKTEN INFORMIEREN DEN KOPF.
GESCHICHTEN BEGEISTERN DAS HERZ.

Das sagte ihm derart viel über die Stimmung im Land und das, was seine Untertanen bewegte, wie es heute die komplizierteste Meinungsforschung nicht vermag. Er hörte pure, ungefilterte und uninterpretierte Geschichten aus den berufensten Mündern – denen der Betroffenen. Er lernte daraus, richtete seine Worte und Taten danach aus und nährte so seinen Ruf als weiser Richter. Und er fand so viel Freude an den Geschichten, dass er sie sammelte und weitererzählte. In einigen gab er sich selbst eine tragende Rolle. Mit der Zeit entstand die Sammlung der »Geschichten aus 1001 Nacht«, die auf ihrem Weg in die heutige Zeit mit allerlei Ausschmückungen bedacht wurden. Im Grunde sind und bleiben sie wahr.

Die Menschen schenken starken Geschichten ihre Beachtung. Sie sind kraftvoll, wenn sie die Bedürfnisse des Zuhörers aufgreifen und gekonnt erzählt sind. Dann hört man ihnen mit weiten Augen und offenem Mund zu. Man spürt förmlich, was sich da gerade zuträgt. Man hat den Duft von Gewürzen und Früchten auf den Nachtmärkten von Bagdad in der Nase, während sich der Kalif auf den Weg zu seinem Volk macht. Und man stellt sich vor, wie man die so leichte funktionale Jacke aus dem Rucksack holt, wenn das Wetter umschlägt.

Es sind die Menschen in den Unternehmen, die erst ihre Wunschkunden definieren müssen, um dann hinzuhören, was sie bewegt und was sie wollen. Menschen für Menschen statt Daten über Menschen. Schließlich können sie das Angebot formulieren, das dem rational nur »richtigen« Produkt die gefühlige Aura des Problemverhinderers und -lösers verleiht und – gekauft wird.

WE-Q STATT IHR UND WIR Den Kunden zu begreifen ist zu wenig. Es geht darum, ihn zu verstehen. Dafür genügt es nicht länger, Hotlines einzurichten und von Computerstimmen Antworten auf Tastendruck einfordern zu lassen. Auch sorgen die neuen Kommunikationsformen dafür, dass Verbraucher niemals so aufgeklärt und kritisch waren wie heute. Überkommene Verkaufstechniken werden schnell als solche erkannt und mit ihnen das Angebot in Gänze abgelehnt. Die Intention der »Ja-Straße« – mehrere gesprächseinleitende, geschlossene Fragen von der Sorte: »Sie wollen doch auch, dass es Ihrer Familie gutgeht?«, um dann auf die entscheidende Frage, ob das Angebot gewünscht ist, ebenfalls ein Ja zu erhalten – wurde lange nur von Verkaufsprofis durchschaut. Heute wirkt sie auf den Durchschnittskonsumenten so antiquiert wie abstoßend. Nun geht es darum, den Kunden wirklich zu verstehen: Was denkt er, sagt er, tut er, und was können wir daraus schließen, um besser auf ihn einzugehen? Entsprechend ändert sich der Kanon der Fragen, die dafür notwendig sind, den Kunden im Dialog kennenzulernen:

× »Was kann ich für Sie tun?«
× »Was brauchen Sie von mir?«
× »Wie kann ich Ihnen helfen / Sie unterstützen?«

Um Interesse zu zeigen und sinnhaft fragen zu können, brauchen Unternehmen »ein modifiziertes Selbstverständnis mit partizipativen Grundwerten: partnerschaftlich, mit einem höchstmöglichen Maß an Konsumentenansprache und -integration«[45]. Fachkreise sprechen dabei vom Bedarf an sogenannter We-Q, der Wir-Intelligenz. Sie kommt dann zustande, wenn Anbieter und Nachfrager in fortwährendem Austausch stehen. Gemeinsam können sie besonders gut Produkte und Dienstleistungen entwickeln, die das Leben tatsächlich leichter, erfüllter und besser machen und deshalb nachgefragt werden. Aus diesen Gedanken heraus sind auch all die Sharing-Angebote entstanden, die es heute gibt, und ebenso die Angebote an Arbeitnehmer für teamorientiertes Arbeiten, die stärker dem Gemeinwohl dienen. Sie passen in eine Zeit, in der das Streben nach Wachstum allein immer weniger Platz findet.

Die Zeit der großartigen Anbieter ist vorbei, die der großartigen Nachfrager gekommen. Gemeinsam können beide dafür sorgen, dass veränderte Angebote in einer Art und Weise auf veränderte Angebote stoßen, dass sie dem Miteinander in der kapitalistisch orientierten Gesellschaft neuen Sinn geben. Fachleute sprechen davon, dass institutionalisiert gelebte Wir-Qualitäten das Zeug dazu haben, die Informationstechnologie als nächsten Kondratjew-Zyklus abzulösen.[46] (Die Kondratjew-Zyklen sind lange Wellen in der Wirtschaftsentwicklung, die jeweils über einen längeren Zeitraum das wirtschaftliche Geschehen in einer Gesellschaft charakterisieren.)

DAS INTERNET UNTERSTÜTZT DIE HINWENDUNG ZU MEHR GEMEINSINN AUCH IN DER OFFLINE-WELT.

So weit muss es nicht kommen, damit der Kraft der vielen die Bedeutung zukommt, die sie verdient. Zunächst ist es wichtig, sie weiter zu vergesellschaften. Dazu gehört, verlorengegangene Wertschätzung neu zu lernen und zu leben. Nach der ersten Gewöhnung an die digitalen Medien ist es an der Zeit, bewährte Werte neu aufzuladen und zu leben. Dazu gehört wieder mehr Miteinander, das nährt und Wachstum für alle verspricht. Die Wow-Phase des Internets ist vorbei. Man hat sich an die neuen Möglichkeiten gewöhnt und nimmt sie als selbstverständlich wahr. Dafür nimmt das persönliche Gespräch, im beruflichen genauso wie im Privatleben, wieder an Bedeutung zu. Die Ursache dafür liegt auch darin, dass ihm, abseits konkreter Kauf- und Verkaufsabsichten, eine immer stärkere psychosoziale Funktion zukommt. Das liegt auch in demographischen Faktoren wie der steigenden Zahl an Ein-Personen-Haushalten mit den damit einhergehenden verstärkten Vereinsamungstendenzen begründet.

Die von Zuwendung, Wertschätzung und Interesse geprägte Konversation muss wieder das Zeichen dafür sein, im schönsten Sinne des Wortes »on« zu sein und zu sagen: »Du bist mir wichtig. Deshalb schenke ich dir meine Zeit, mein Ohr, mein Hirn, mein Herz. Und damit meine Aufmerksamkeit.«

AUFMERKSAMKEIT GEZIELT SCHENKEN

Abseits dessen, dass Multitasking weder effektiver noch effizienter ist als die Fokussierung auf eine Tätigkeit, die Einlassung auf einen Gesprächspartner und eine einzige Interaktion, zerfleddert es unsere Konzentration, wie der Stanford-Professor Clifford Nass herausfand.[47] Es ist der Feind des Gehirns, das darauf optimiert ist, sich auf eine Sache zu konzentrieren. Jede Verlagerung der Aufmerksamkeit kostet Zeit und Energie. Die fehlt dann für das eigentlich Wesentliche. David Levy erforscht an der University of Washington, wie man Ablenkungen vermeidet und deren negative Konsequenzen minimiert. Er rät dazu, damit aufzuhören, wie man bisher Aufgaben erledigte und Projekte anging, und sich stattdessen zu beobachten. Wir sollten überprüfen, was wir in unserem Körper, in unseren Gedanken und Gefühlen erleben, wenn wir etwas tun. Dann würden wir schnell entdecken, wann und wodurch wir den Faden verlieren. Mit gezielter Aufmerksamkeit gegenüber uns selbst, unserer Haltung und unseren Gedanken und Gefühlen würden wir uns wieder stärker bewusst werden. Die Erkenntnis, dass wir oftmals im Autopiloten-Modus durchs Leben rasen, sei der Anfang von neuem Verständnis und neuem Handeln.[48]

Aufschlussreich in diesem Zusammenhang ist auch die Forschung des Psychologen und Wirtschafts-Nobelpreisträgers Daniel Kahneman: Er fand heraus, dass es zwei Formen von Denken gibt – das »schnelle« und das »langsame«. Wenn wir schnell denken, reagieren wir impulshaft auf Ereignisse. Dieses Programm, bewährt schon in der Steinzeit, hilft uns in Gefahrensituationen, sofort das Richtige zu tun. Sind wir allerdings fortwährend in diesem Habachtmodus, sind wir viel zu lange automatisiert unterwegs. Darüber vergessen wir, dass wir über ein weiteres Denksystem verfügen: Das langsame Denken überprüft, was wirklich wichtig ist. Erst damit können wir uns selbst genauso wie die mündliche und schriftliche Kommunikation kontrollieren und bewusst handeln.

Ist Fokussierung also eine Frage des Bewusstseins und Denkens und des darauf abgestimmten Handelns? Durchaus, wobei es anspruchsvoll genug ist, fokussiertes Empfangen mit fokussiertem Senden und dann auch noch einem fokussierten Handeln in Einklang zu bringen. Das Bamberger Musikhaus Thomann, mit dem Thomann Cyberstore der größte Musikalienhändler weltweit, lebt diesen Anspruch. Damit verzeichnet es jährlich zweistellige Umsatzzuwächse. »Willkommen zu Hause« steht auf der Homepage. Selbst wenn 60 Prozent des Umsatzes von ausländischen Kunden stammen, läuft die Betreuung bei Thomann nicht über ein indisches Callcenter. Am Telefon sitzen Muttersprachler. Es gibt keine Warteschleife, dafür direkte Durchwahlen zu den Produktexperten. Die Website bietet Klangproben der Instrumente, Fotos und Videos, 3-D-Ansichten, ein Glossar für Fachbegriffe. Außerdem gibt es ein Tool, das die unterschiedlichen Instrumente eines Typs nach den vom Kunden definierten und gewichteten Kriterien übersichtlich vergleicht. So geht Kundennähe digital.

Mit diesen und vielen weiteren Vorteilen punktete das Familienunternehmen Thomann 2014 in der Studie »Erfolgsfaktoren im E-Commerce« sogar gegen den Universal-Giganten Amazon. Dabei befragte das E-Commerce Center (ECC) am Kölner Institut für Handelsforschung Online-Kunden zu ihren Erfahrungen mit mehr als 100 verschiedenen Shops. Dimensionen waren Faktoren wie Website-Design, Service, Bedienung, Preis-Leistungs-Verhältnis, Sortiment, Bezahlung und Check-out sowie Versand und Lieferung. Anders als im Jahr zuvor war Amazon dabei nicht einmal mehr unter den Top 10 zu finden. Amazon wäre nicht schlechter geworden, meinten die Initiatoren der Studie. Vielmehr hätten sich die Wettbewerber deutlich verbessert. Gerade bei den besonderen Amazon-Stärken Schnelligkeit und Service habe die Konkurrenz aufgeholt. Gleichzeitig würde das Angebot des Handelsgiganten durch seine schiere Größe zusehends - unübersichtlich.[49] Zu viele Informationen und Angebote überfordern den User und halten ihn vom Einkauf ab. Vor allem auch aus diesem Grund – - neben zum Beispiel mehr Vertrauen in Know-how und Kompetenz spezialisierter Anbieter – haben der fokussierte Online-Fachhandel sowie »Curated Shopping« (»Kuratiertes Einkaufen«) Hochkonjunktur: Es kombiniert den elektronischen Handel mit den Vorzügen der persönlichen Beratung im Fachhandel.

DER INTERNETHANDEL SPORNT DEN KLASSISCHEN HANDEL ZU MEHR KUNDENNÄHE AN.

Mit der Fachberatung im Netz stößt der E-Commerce in die Domäne des stationären Handels vor. Vorreiter sind Herrenausstatter wie outfittery.com und modomoto.com. Man füllt online einen Fragebogen aus, der Vorlieben und Stil ermittelt. Die Wünsche werden in einem Telefonat detailliert. Einige Tage später kommt ein Paket mit mehreren kompletten Outfits nach Hause. Was nicht gefällt, geht zurück. Der Service ist in der Regel kostenfrei, und die Margen entsprechen denen des Einzelhandels. Der Handelsforscher Gerrit Heinemann von der Hochschule Niederrhein erkennt hier ein altbewährtes, zeitgemäß adaptiertes Konzept: »Früher hat es der Fachhandel übernommen, für den Kunden das passende Outfit individuell zu empfehlen.« Das Internet erfinde die Methode neu und profitiere dabei von den bereitwillig preisgegebenen Daten der Kunden: »Das ist ein Riesenvorteil. Der Verkäufer, beispielsweise in einem Kaufhaus, kennt den Kunden, der vor ihm steht, im Grunde nicht wirklich.«[50] Dieses Konzept dient allen: Der Händler bekommt Beachtung und Umsatz, weil er den Nerv der Zeit trifft. Er füttert mit den Profilen seine Algorithmen. Die sind mit der Zeit so fein ausgesteuert, dass sie Teile der menschlichen Beratung übernehmen können. Der Kunde wiederum, hier der Einkaufsmuffel Mann, ist maximal angetan. Er darf ein Outfit erwarten, mit dem er sich gut gekleidet fühlt. Außerdem bekommt er etwas, das angesichts der zunehmenden Komplexität in seinem Leben noch viel wertvoller ist: geistige Entlastung. Zu guter Letzt sind die Erlebnisse mit den schicken Online-Stores adäquate Gesprächsthemen für den gepflegten Small Talk. Alles voll am Schmerzpunkt des kultivierten urbanen Mittvierzigers.

Unternehmen dürfen nicht länger nur auf ihren Profit schauen und sich darum kümmern, mit welchen schrägen, schrillen Aktionen sie zum Objekt der Begierde werden und ihren Zielen näher kommen. Vielmehr rücken andere Fragestellungen in den Vordergrund, mit denen sie neue, veränderte Ziele verfolgen: Wer bin ich? Wofür stehe ich? Was tue ich und warum?

Die heute ganz selbstverständlich geforderte Sinnstiftung eines Unternehmens geht über den reinen Produktmehrwert hinaus. Musste ein Waschmittel früher als hinlänglichen Nutzen weiß waschen und gut duften, wird das inzwischen als selbstverständlich angesehen. Die Verbraucher wollen ganz neue, andere Antworten: Ist das Produkt biologisch abbaubar? Wie geht der Anbieter mit der Welt und den Menschen um? Beutet er sie aus, oder ist er glaubhaft an einer enkelfähigen Zukunft interessiert? Damit einher gehen klare Forderungen der Konsumenten, was die hohe Transparenz bezüglich der Herkunft eines Produkts, die Arbeitsstandards und die Positionen des Herstellers bezüglich ethischer und moralischer Standards angeht. 69 Prozent der im Rahmen der Brandshare-Studie von Edelman Befragten gaben an, es sei ihnen ein Anliegen, offen über Ressourcen und Herstellungsverfahren informiert zu werden. Das bedeutet in den Augen von knapp 60 Prozent der Studienteilnehmer auch, dass das Unternehmen eine eindeutige Mission haben und danach handeln muss. Nur bei 18 Prozent der Unternehmen sahen sie dies bestätigt.[51]

KUNDENVERSTEHER BEKOMMEN MEHR LIKES Gerade das Zusammenspiel aus der Erfüllung emotionaler (umweltschonend waschen, faire Arbeitsbedingungen) und rationaler (weiß waschen, gut duften) Bedürfnisse vermittelt das Empfinden von Sinn. Sinnstiftend leben heißt: Der Konsument weiß, welche Werte er verfolgt. Er überprüft laufend, ob sie sich mit den empfundenen Werten eines Unternehmens decken, er also mit ihm und seinen Produkten auf einer Wellenlänge ist. Das fördert die Bereitschaft, Markeninhalte und persönliche Informationen zu teilen, die Marke weiterzuempfehlen und sie zu schützen und – sie zu kaufen. Ethische Werte schaffen also wirtschaftliche Werte. Dafür, dass es so ist, geht es um Glaubwürdigkeit, Fairness und emotionalen Mehrwert. Es geht um Marken, hinter denen der Konsument mit dem Brustton seiner Überzeugung steht. Es sind solche, die er – als Königsdisziplin in der Hersteller-Kunde-Beziehung – im Notfall sogar verteidigt.

Bei zukunftsfesten Unternehmen sollten die Mitarbeiter- und Kundenbedürfnisse und der zu jeder Zeit intern wie extern gelebte Respekt im Vordergrund stehen. In diesem Sinne bekommen Organisationsformen neuen Stellenwert, die die Bottom-up- (von der Basis nach oben) statt der Top-down-Kommunikation (von der Führungsetage nach unten) begünstigen. Teamplayer sind gefordert. Der Professor für Führung und Organisation an der Universität Witten-Herdecke Fritz Simon formuliert in diesem Zusammenhang den laufenden »revolutionären Perspektivenwandel«: »Viele in der gängigen Management-Literatur verbreitete Vorstellungen von Führung oder Change-Management müssen ... über Bord geworfen werden.« Wir seien im kollaborativen Zeitalter angekommen, erklärt Simon weiter, in dem die »Community«, die Gemeinschaft, zum zentralen Thema werde.[52] Die wahre Gemeinschaft lebt vom Teilen.

NUR WENN DIE MITARBEITER IHR UNTERNEHMEN VERSTEHEN, FÜHLEN SICH AUCH DIE KUNDEN VERSTANDEN.

Dadurch, dass das Internet Angebot und Nachfrage über einen Mausklick zusammenführen konnte, entstanden in den Nullerjahren erste Sharingportale wie couchsurfing.com und airbnb.com. Die Ideen verbreiteten sich schnell und fanden zahlreiche Nachahmer. Wohnungen, Büros, Kleider und Werkzeuge werden inzwischen ganz selbstverständlich geteilt, getauscht und verschenkt. Zusätzlich stricken die Anbieter informativen und unterhaltsamen Content um ihre Kernthemen herum. Im Zusammenspiel mit neuzeitlichen Kundenbindungsinstrumenten wie Fanclubs für Gleichgesinnte, die sich offline wie online vernetzen und auf unterschiedlichsten Wegen miteinander kommunizieren, entstehen neue ganzheitliche Erlebniswelten.

Die Wir-Orientierung findet hier nicht nur aus kosten- und ressourcenschonenden Beweggründen statt, sondern auch aus ökopolitischer Überzeugung. Abseits dessen zeichnet sich ein grundsätzliches Hin zum Wir ab. Teenager laden bei der Anprobe im Geschäft ihre Follower per Smartphone zum Bestaunen und Liken des neuen Outfits ein. Und über Online-Spiele entstehen Freundschaften über Tausende Kilometer hinweg. Vielen macht es Spaß, den guten Zweck zu fördern und zu verfolgen, wie aus gebraucht neu wird. Das in Berlin ansässige tadschikisch-japanische Designerduo Eugenie Schmidt und Mariko Takahashi sammelt Kleiderspenden. Die »Upcycler« recyceln Aussortiertes und geben ihm neuen Wert. Sie zeigen nicht nur alle Kleiderspenden durchnummeriert auf der Website, sondern bedanken sich bei den Gebern auch mit einem Blick auf die fertige Neuware auf der Website.

SSP SCHLÄGT USP Der Alleinstellungsanspruch für ein Produkt oder eine Dienstleistung mittels eines formulierten »Unique Selling Points« (USP) hat sich überlebt. Er ist ein klassischer Teil der Positionierung eines Unternehmens. Doch nicht nur wird es immer schwieriger, für einen relevanten USP einzigartige Eigenschaften überhaupt festzustellen, mit denen die Konkurrenz nicht ebenfalls antritt oder antreten könnte. Vor allem geht es nur noch nachrangig um das bloße Verkaufen, wie wir es kennen. Es ist immer noch Ziel und Zweck des Handels, aber nicht mehr der einzige. Zusehends sind Prozesse und Aktivitäten vorgeschaltet, die es in einem nachgelagerten Schritt erst ermöglichen. Diese sind im gesellschaftlich-sozialen Bereich angesiedelt. Schnödes Verkaufen mag noch dafür ausreichen, den einen oder anderen Käufer zu finden; Fans gewinnt man damit jedoch sicher nicht.

Unternehmen, die das erkennen und sich darauf einstellen, formulieren statt eines USP den SSP – den Social Selling Point. Dieser ist Teil einer Positionierung, die sie zukunftsfest macht. Damit machen sie deutlich, dass auch aus ihrer Sicht der »Tipping Point« näher kommt. Er bezeichnet den Moment, in dem die lange Zeit geradlinig verlaufene Entwicklung – immer mehr Ware für mehr Umsatz und Gewinn verkaufen – kippt. Je mehr Unternehmen dieser Ansicht sind, desto mehr Kollegen und Konkurrenten bewegen sie dazu, ebenso zu denken und zu handeln. Daraus wird eine Bewegung, die die Käufer als neue Hinwendung zum »König Kunde« goutieren und honorieren werden.

PRODUKTE VERMITTELN NICHT MEHR NUR EINEN NUTZEN, SONDERN EINE GEISTIGE HEIMAT.

In einer Zeit fortschreitender physischer wie psychischer Entwurzelung suchen die Kunden nach Angeboten in der Konsumwelt, die ihnen ein Stück der verlorengegangenen Heimat zurückgeben. Um diesem neuen Anspruch zu entsprechen, muss ein Produkt Kunden zu einer Community vereinen, Kommunikation ermöglichen, für relevanten Inhalt und für Werte stehen. Die zukunftsweisende Marke vereint diese primären Ziele und vermarktet etwas, das von der Öffentlichkeit als sinngebend wahrgenommen wird – und sich eben nicht auf das Produkt beschränkt. Das übergeordnete Ziel ist eine Wertegemeinschaft unter dem Dach der Marke, die dem Kunden Geborgenheit schenkt und ihn so ganz nebenbei zu ihrem Botschafter macht: Er ist berührt. Demnach geht es mehr denn je darum, nicht marktschreierisch seine Vorzüge anzupreisen – toller, billiger, schneller als alle anderen sein zu wollen. Vielmehr ist das Ziel, echte, nachvollziehbare, relevante Werte zu bieten. Sie müssen, neben allem berechtigten und notwendigen Gewinnstreben, der Gemeinschaft dienen.

Der SSP hat nicht nur das Zeug dazu, den überkommenen USP zu ersetzen. Sondern auch, den ebenfalls als Teil einer Positionierung formulierungswürdigen »Gesellschaftsbeitrag« (Was tut das Unternehmen mit all seinem Handeln dafür, dass es der Gesellschaft besser geht?) zu ergänzen und damit noch griffiger zu machen.

Beim SSP geht das Musikhaus Thomann ebenfalls mit gutem Beispiel voran: Man bezieht Ware nicht auf Kommission, um das eigene Risiko gering zu halten. Stattdessen wird jedes Instrument eingekauft und eingehend auf seine Qualität geprüft. Folglich gibt es auch keine sogenannten Streckengeschäfte – die bloße Bestellverwaltung durch den Händler bei Belieferung direkt durch den Hersteller, ohne dass der Händler auch nur mit der Ware in Berührung kommt. Damit die Beratung fundiert und nachhaltig ist, sind bei Thomann außerdem Provisionen tabu und alle 250 Fachverkäufer fest angestellt. Das bewirkt genauso wie die Übungsräume in der Zentrale für 80 Bands, dass sich die Kunden gerade bei einem so sensiblen, emotional aufgeladenen Thema wie Musik gut betreut fühlen.[53] Diese Herangehensweise kommuniziert eine Haltung und zeigt, dass die Musiker genauso wie die Mitarbeiter Teil der Thomann-Gemeinschaft sind und einen Spirit verspüren, wie es ihn so nur einmal gibt. Und das führt zu stabilen Umsätzen und Profiten.

KICKBACK FÜR DIE GEMEINSCHAFT Die spürbare Haltung eines Unternehmens steht für eine Wertewelt, der sich der Absender verpflichtet fühlt. Sie muss klar erkennbar und glaubwürdig vermittelt werden. So kann sie zuerst die Allgemeinheit bereichern und dann denjenigen, der sie geschaffen hat. Ein solcher Kickback, die Rückvergütung an alle, ist der Beitrag zur Gesellschaft: Inwiefern leistet der Einzelne genauso wie das Unternehmen mit seinem Tun einen Wertbeitrag dazu, dass es den Menschen etwas besser geht? Noch wichtiger: Was tun sie dafür, dass das gelingt, ganz bewusst nicht? Hier sind aktives Zuhören und Verstehen das eine, und die Übersetzung mitsamt allen Konsequenzen für das Handeln ist das andere.

Der Outdoor-Ausstatter Jack Wolfskin bekommt durch genau diese Denkweise ein Gesicht in der Menge der Konkurrenten. Die Mitarbeiter fahren mit der Bahn zum Kunden und halten Videokonferenzen ab. Das spart Flugreisen und reduziert den CO_2-Fußabdruck des Unternehmens. Bei der Einrichtung der Geschäfte legt man auf langlebige Naturmaterialien Wert. Alle Läden in Deutschland, Österreich und der Schweiz werden mit Ökostrom versorgt. Zwei Drittel der Bekleidungsstoffe werden nach allerhöchsten Standards bezüglich effektivem Ressourceneinsatz, Wasser- und Luftemissionen, Arbeitssicherheit und Verbraucherschutz hergestellt. Außerdem will der Ausstatter dabei mittelfristig ganz auf die Verwendung polyfluorierter Chemikalien (PFC) verzichten. Das sind nicht in der Natur vorkommende chemische Verbindungen, die Wasser und Schmutz von der Bekleidung abperlen lassen. Sie werden so gut wie nicht abgebaut und stehen im Verdacht, Schäden an Mensch und Natur zu verursachen. Aus Produktsicht ist es eine einfache Lösung, sie dennoch zu verwenden, um die gewünschten Eigenschaften der Kleidung zu erzielen. Doch es entspricht nicht dem Gesellschaftsbeitrag des Unternehmens, und deshalb werden sie ersetzt. Unter dem Strich ist diese Haltung nah an der Lebenswirklichkeit der naturbegeisterten Kunden und damit hochrelevant für die Marke. Sie unterstützt den Hersteller auch in der aktuellen Zeit der wirtschaftlichen Schieflage dabei, schneller wieder auf die Beine zu kommen.

DER GESELLSCHAFTSBEITRAG IST NUR GLAUBWÜRDIG, WENN ER BEDINGUNGSLOS IST.

Jack Wolfskin gibt auf seiner Website Einblick in die Lieferantenkette und die vorgelagerten Stufen sowie die Arbeitsbedingungen in den Fertigungsbetrieben. Dort ist auch der Verhaltenskodex nachzulesen, der unter anderem null Toleranz bei Kinderarbeit, die Versammlungsfreiheit der Mitarbeiter und sichere und gesundheitsverträgliche Arbeitsbedingungen festschreibt. Den Mitarbeitern bietet das Unternehmen umfangreiche Aktivitäten wie Orientierungsläufe, Mountainbiken und Kletter-, Ski-, Wander- und Yogawochenenden. Außerdem unterstützt man ein Wolfsschutzprogramm in Transsylvanien sowie soziale Hilfsprojekte.[54] All dies sollte für einen Outdoor-Bekleidungshersteller, der mit der Zeit geht, selbstverständlich sein; vor allem auch aus dem Grund, dass er seinen Geschäften nur dann weiter nachgehen kann, wenn die Natur intakt ist. Weil sie das schon jetzt nicht mehr ist, schreibt er es sich nicht nur auf die Fahne, sondern kommuniziert alle Aktivitäten, die auf den Gesellschaftsbeitrag einzahlen, auch minutiös auf der Website.

Wer derart klare Ansprüche formuliert, verpflichtet sich seiner Verantwortung und einer neuen Form der Transparenz: Er muss sich jederzeit an jedem Detail messen lassen. Der Crowd entgeht nichts. Sie versteht hier:

× Die hören zu!
× Die meinen es ernst!
× Die tun was für mich!

Solange diese Schlüsse nicht, aber auch gar nicht in Frage gestellt oder sogar enttäuscht werden, belohnt die Gemeinschaft der Fans diese Haltung mit Loyalität, Umsatz und Empfehlungen.

Soziale Verantwortung und Sinnstiftung sind mehr und mehr Ausdruck der Überzeugung von Unternehmensmachern, die sich davon auch gelenkte Aufmerksamkeit versprechen. Vielen Konsumenten gilt es nicht länger als schick, möglichst viele Güter anzuhäufen. Stattdessen zählt die Devise: Reich ist, wer sagt: »Jetzt reicht's!« Besitz ist out, geistige Entlastung ist in. Was man nicht hat, kann nicht kaputtgehen und braucht keinen Service. Zudem haben die Menschen neue Ansprüche an ein wertvolles Miteinander und Aktivitäten mit Gleichgesinnten. Sie treffen sich zum Leihen, Tauschen und Reparieren. Auch wächst in allen Altersgruppen die Erkenntnis, dass es nicht um den Besitz einer Bohrmaschine geht, sondern von Zeit zu Zeit um ein Loch in der Wand. Der Zweck steht im Vordergrund, nicht die Mittel.

> REICH IST, WER SAGT: »JETZT REICHT'S!«

Relevanz für eine Gesellschaft neuen Typs versteht meinespielzeugkiste.de als Basis ihres Geschäftsmodells: Weil Spielzeug rasend schnell an Attraktivität einbüßt, wenn Kinder auch ein paar Monate älter sind, verkauft das Berliner Start-up Spielzeug-Abos ab 14,99 Euro im Monat. Die bekannten Marken sind alle dabei. Wenn etwas kaputt- oder verlorengeht, muss der Abonnent es nicht bezahlen. Einfacher geht's nicht. Das Angebot hat die Chance, dort ins Gespräch zu kommen, wo es begrenzten Raum für Empfehlung gibt und nur die heißesten Angebote weitergesagt werden – in der Kita, auf dem Spielplatz, beim Elternabend. Wer es hier schafft, mit seiner Botschaft durch den allgemeinen Lärm der Gespräche über Ernährungsgewohnheiten und weiterführende Schulen hindurchzuschneiden, bekommt etwas von dem Gold des aktuellen Jahrhunderts: Aufmerksamkeit.

Wer um die Ecke denkt und handelt und damit anders ist als alle anderen, hebt sich ab. Er muss weniger Werbung machen, die ohnehin immer weniger beachtet wird. Stattdessen berichten die Medien über ihn. Sie sind zu nimmersatten Inhaltsbedürftigen geworden und stehen für eine groteske Wahrheit, die sich mit der Professionalisierung des Internets herausbildete: Content is King. Auf dem Informationsmarkt geht es um mitteilungswürdige Inhalte, Inhalte und nochmals Inhalte. Die Kunst liegt darin, den

Nerv der Zeit zu treffen und emotional verpackte Informationen anzubieten, die spannend und echt daherkommen und den Absender nebenbei in ein gutes Licht rücken. Das tun sie, wenn sie zu den mit ihm verbundenen Werten passen.

Dem Schweizer Reiseveranstalter Kuoni gelingt das: Die Mitarbeiter bekommen einen Arbeitstag pro Jahr für wohltätiges Engagement. In Zusammenarbeit mit Partnern wie der Stiftung Pan Eco, dem Verein Grünwerk und dem Projekt Bergwald organisiert er Einsätze mit Freiwilligen aus den eigenen Reihen und gliedert sie in seine Umweltstrategie ein. Die Mitmacher pflanzen Bäume, pflegen Alpweiden und bekämpfen gebietsfremde Pflanzen, um der Verringerung von einheimischen Arten vorzubeugen. Ein Schwerpunkt liegt dabei auf dem Bergwald als besonderem Ausdruck der Schweizer Identität. Reisenden und Einheimischen dient er als wertvoller Erholungsraum, er schützt Siedlungen und Verkehrswege vor Naturgefahren wie Steinschlag und Lawinen und ist oft selbst auf Schutz angewiesen. Hier liegt der stimmige Gesellschaftsbeitrag in der schlüssigen Art, wie die Aktivität mit dem Unternehmenszweck verknüpft ist: Reisen und damit das Geschäft von Kuoni wird nur möglich sein, wenn die Reiseziele intakt und einen Besuch wert sind.

DAS UNTERNEHMEN SIND SEINE MENSCHEN Elementar bei diesen Entwicklungen ist, dass hinter einem positiv auffälligen Unternehmen, von dem man gerne erzählt und bei dem man gerne kauft, ebensolche Menschen stecken. Die Führungs-Persönlichkeiten bestimmen mit ihrer Richtlinienkompetenz, wohin die Reise geht. Um einen zeitgemäßen Gesellschaftsbeitrag des Unternehmens definieren zu können, sollten sie zuerst ihren eigenen auf den Punkt bringen. Er ist wichtiger Baustein der profilierten Identität besonders desjenigen, der sich aus seiner exponierten Stellung als Führungskraft heraus mehr denn je behaupten muss – als Vorausgeher und damit als Mutmacher und

Erlaubnisgeber. Zur Identität einer solchen Marken-Persönlichkeit gehört

- seine Vision: der anzustrebende Idealzustand in der Zukunft

- seine Mission: das Programm dafür, diesen Zustand geplant zu erreichen

- seine Herausstellung: Sie hebt ihn vor dem Hintergrund seines Berufs- genauso wie seines Privatlebens von der Menge der anderen Menschen ab

- sein Gesellschaftsbeitrag: das, was andere von ihm haben.

Diese Module formen zusammen mit der Wertewelt des Menschen (wofür steht er und tritt er ein?) seine Human Brand. Mit den Techniken der Markenbildung schafft er sich so die Grundlage dafür, seinen Zielen näher zu kommen und in den Augen seiner Mitarbeiter und Kunden geplant Relevanz zu erzeugen. Erst dadurch, und indem er andere überzeugt und mitzieht, werden nun auch neue Haltungen und Versprechungen des Unternehmens sichtbar, das er lenkt. Dafür muss er laufend so markenadäquat und motivierend wie langfristig konsequent handeln.

Prominente verbessern durch ihren Beitrag zur Gemeinschaft ihr zuweilen unvorteilhaftes Image. Damit das gelingt, müssen sie wissen, wofür sie stehen und eintreten. Michael Jackson war ein begnadeter Selbstinszenierer und das Vorbild vieler Personen des öffentlichen Lebens auf dem Weg zur Marke. Seine Fans gewann er vor allem auch dadurch, dass er sich für die Dritte Welt und den Naturschutz einsetzte. Er spendete zeitlebens etwa 600 Millionen Dollar an gemeinnützige Organisationen. Auch der portugiesische Fußballstar Cristiano Ronaldo zieht positive Aufmerksamkeit abseits des angestammten Terrains auf sich: Er, der immer wieder auffällig wird in einem Gespinst aus Gefallsucht und Selbstzentriertheit, macht abseits lukrativer Werbeverträge Punkte. Er spendet regelmäßig seine Siegprämie, engagiert sich für die Mangrovenwälder auf Bali und als Botschafter der Kinderrechtsorganisation »Save the Children«. Zudem unterstützt er Blutspende-Kampagnen.

Inwiefern solche Aktivitäten dazu geeignet sind, nicht nur als wertiger Gesellschaftsbeitrag wahrgenommen zu werden, sondern auch das Image des Protagonisten zu verbessern, entscheidet immer nur einer: der Rezipient. Er formiert gemeinsam mit allen anderen Beobachtern die Öffentlichkeit. Die Meinung jedes Einzelnen trägt dazu bei, dass sich in der Öffentlichkeit ein überwiegend positives oder eben negatives Bild ergibt. Sie entscheidet über die Qualitäten von Aktivitäten, die als Gesellschaftsbeitrag verstanden werden und Aufmerksamkeit erregen sollen.

Um zu verhindern, dass ihr »Gutmenschentum« lediglich als kluger Schachzug verstanden oder gar verunglimpft wird, engagieren große Stiftungen wie die von Bill Gates und Superreiche wie Warren Buffett, Airbnb-Gründer Nathan Blecharczyk und Virgin-Gründer Richard Branson Berater. Die unterstützen sie dabei, ihren Selbstverpflichtungen als Großspender für soziale und ökologische Projekte glaubwürdig nachzukommen. Die BMW-Erbin Susanne Klatten spendete 100 Millionen Euro und ließ sich bei den Investments von der gemeinnützigen Agentur Phineo beraten. Die Stanford-Dozentin Laura Arrillaga-Andreessen, Ehefrau des Netscape-Gründers und Risikokapitalgebers Marc Andreessen, gründete an der Eliteuniversität im Silicon Valley gleich ein Philanthropie-Center. Hier soll erforscht und gelehrt werden, wie wirkungsvolles Geben am besten funktioniert. Spezialisierte Berater bei Agenturen mit Namen wie »Foundation Strategy Group« oder »New Philanthropy Capital« visieren Ziele für das Moralkapital an und schätzen die Erfolgsaussichten von Projekten ein. Sie verkaufen reichen Gebern Sinnstiftung und helfen ihnen dabei, nicht nur irgendwelche oder immer dieselben

Projekte zu unterstützen. »Das gilt den Vordenkern als Gebot angewandter Ethik«, resümiert ein hochkarätiges Autorenquartett in der *Zeit*. Es ist der Ansicht, die Entwicklung auf diesem Sektor sei so radikal, dass unter NGOs und Experten die Furcht kursiere, dass bald nicht mehr demokratisch gewählte Politiker, sondern Milliardäre wie Bill Gates und Susanne Klatten darüber entscheiden könnten, welche sozialen Probleme auf der Welt gelöst werden und welche nicht.[55]

DEN KAMPF UM BEACHTUNG GEWINNEN, OHNE ZU KÄMPFEN

Wer es schafft, beachtet zu werden, profitiert in vielerlei Hinsicht: Er wird wahrgenommen, bekommt Gehör, fühlt sich wertgeschätzt, ist gefragt. Beachtetwerden wirft Profit in vielerlei Hinsicht ab: emotional für die Sinne und das Wohlbefinden, rational bei Umsatz und Gewinn. All das zu planen und für die Unternehmenszwecke zu nutzen ist anspruchsvoll; nicht jeder Vorstoß gelingt. Wichtige Voraussetzungen dafür, dass es klappt, sind auf der einen Seite echtes und ehrliches Verständnis für die Anliegen anderer. Auf der anderen Seite ist das darauf abgestimmte sinnstiftende Handeln notwendig. Erst die Kombination erzeugt einen Sog, und erst der sorgt dafür, dass man weniger tun muss, um mehr zu erreichen. Marketingexperten sprechen vom »Pull-Effekt«, einer gewissen Anziehungskraft profilierter Menschen genauso wie profilierter Unternehmen und Produkte. Wer sie hat, wird begehrt und muss nicht ständig »Beachte mich!« und »Kauf mich!« brüllen, im Gegensatz zur gegenteiligen Strategie – dem »Push-Effekt«. So ist es wirklich smart: Die besondere Kombination aus dem nachvollziehbaren Nutzwert (Was habe ich davon?), dem Erscheinungsbild (Wie kommt es rüber?) und einer gewissen Gewitztheit (Inwiefern bereichert es mich?) sorgt für mehr und hochwertigere Aufmerksamkeit als die Volldröhnung der üblichen Werbebotschaften. Und sie sorgt für Kundenbindung und mehr Umsatz und Gewinn.

Allem voran will der Mensch Beachtung finden, wenn er eine Rede hält. In dem Moment, in dem er auf der Familienfeier aufsteht oder die große Bühne betritt, richten sich alle Blicke auf ihn. Jetzt will er die Herzen der anderen für sich gewinnen. Wenn er anhebt zu sprechen, sollen sich die Gedanken und Gefühle der Anwesenden nur um das drehen, was sie hören und sehen. Die ersten Sekunden sind die entscheidenden: was er sagt, sein Gesichtsausdruck, wie er dasteht, was er mit seinen Händen macht ... Auch, wie er gekleidet und frisiert ist. In diesem kurzen Moment ist der Redner am angespanntesten, das Lampenfieber am größten, gelegentlich Verkrampftheit spürbar. Schafft er es, die Menschen zu erreichen und sie mit seinen Botschaften zu bewegen? Gibt er ihnen etwas Bleibendes, Bereicherndes? Er spürt sehr schnell, ob ihm all das gelingen wird. Die Anspannung lässt dann nach und weicht einer gewissen Lockerheit und Souveränität. Er fühlt sich gelöst und reitet auf einer Woge des Glücks. Auf einmal geht es wie von alleine. Der Zuhörer bekommt den Eindruck von einem »gewinnenden Wesen« des Redners. Damit ist ziemlich genau auch der Effekt umschrieben, den Unternehmen mit der Kommunikation ihres Gesellschaftsbeitrags anstreben: Aufmerksamkeit gewinnen durch Werte, die bleiben.

AUFMERKSAMKEIT GEWINNT MAN DURCH WERTE, DIE BLEIBEN.

Es gibt zahlreiche Strategien, die unternehmerische wie menschliche Marken zu diesem Zweck einsetzen können. Die folgenden Faktoren stimmen Zuhörer und Kunden positiv ein:

1. **Umschmeicheln**
Um positiv auf ihre Worte einzustimmen, wandten bereits die alten griechischen Politiker und Philosophen einen Trick an. Sie nannten ihn »captatio benevolentiae«, was so viel heißt wie »Wohlwollen erheischen«. Dafür begannen sie ihre Reden mit Schmeicheleien und Lob – äußerst wirksamen Werkzeugen, die auch heutige Politiker gerne nutzen. Barack Obama schürte im

April 2016 vor allem mit dem Titel seiner Rede »An die Menschen in Europa« die Spannung. Dann sprach er in der Art und Weise, die ihn auch als Redner berühmt gemacht hat: Zu Beginn die Captatio Benevolentiae (»Ich muss gestehen, das deutsche Volk hat in meinem Herzen einen ganz besonderen Platz«), zwischendrin »charismatisch und charmant, schelmisch und pathetisch – er zieht alle Register«[56] und gegen Ende die eindeutige »conclusio«, die Schlussfolgerung, die viele betrifft und sie betroffen macht: »Denn ein vereintes Europa, früher der Traum einiger weniger, ist jetzt die Hoffnung der vielen und eine Notwendigkeit für uns alle.« Die Menge blieb erstaunt und konstruktiv aufgewiegelt zurück.

> *KLEINE SCHMEICHELEIEN ÖFFNEN DIE OHREN FÜR DIE BOTSCHAFT.*

Solche rhetorischen Kniffe sind alles andere als neu. Schon beim Minnesang im 12. und 13. Jahrhundert wandte der Ritter sie an, der einer hochgestellten verheirateten Dame des Adels seine Aufwartung machte. Zur Laute besang er »min edle vrouwe« (»meine edle Frau«). Allerdings basierte diese Lyrik nicht auf wahren Gefühlen, sondern war vielmehr ein ritterlich-ethisches Sprach- und Gesangsritual zum Beispiel auf Turnieren. Wie im Kampf konnte man im anbetenden Gesang Meriten sammeln. Das Verhalten des Minnesängers ist vergleichbar mit dem des heutigen Teenagers beim Anhimmeln seines Lieblingsstars.

Zeitlos schmeichelhaft ist es auch, im Gespräch immer wieder mit Namen angesprochen zu werden: Der hat sich gemerkt, wie ich heiße, ich bin ihm aufgefallen, ich bedeute ihm etwas. Diesen wirkungsvollen Kniff nutzen Ärzte, Rechtsanwälte und Berater, weil er gute Manieren und Respekt zeigt und schnell Vertrauen aufbaut. All das sind Voraussetzung dafür, ohne viel Aufhebens zum Kern des Anliegens kommen zu können. Als einer der ersten virtuellen Händler versuchte Amazon, mit der persönlichen Ansprache die Online-Anonymität zu durchbrechen und so für mehr Verbundenheit zu sorgen (»Hallo, Jon«). Soft-drink-Konzerne und Süßwarenhersteller nutzen die Schmeicheltaktik ebenfalls, und der amerikanische Popstar Justin Timberlake blendet in seinem Video zu »Can't Stop the Feeling« die Vornamen der Alltagspersönlichkeiten ein, die darin für ihn tanzen: die Passantin auf der Straße, der Tankwart, die hüftschwingende Kellnerin im Restaurant. Nicht der Interpret steht im Mittelpunkt, sondern Vertreter seiner Zielgruppe. Sie verkörpern das Lebensgefühl in seinem Song und werden so zu Berühmtheiten der Stunde. Die Schmeichelei hebt sie auf eine Augenhöhe mit dem Star genauso wie mit all den anderen Alltagspersönlichkeiten, für die der Song gemacht ist und die ihn kaufen sollen.

AUFMERKSAMKEIT VERMEHRT SICH, INDEM SIE GETEILT WIRD.

Auch die gehobene Gastronomie will am »Gastkontaktpunkt« gleich zu Beginn eines besonderen Mahls mit einer genussvollen Ouvertüre punkten, wenn sie den »Gruß aus der Küche« serviert. Sie kommentiert das mit »eine kleine Aufmerksamkeit unseres Chefkochs«. Dieses feine Mäulchen voll, sie nennen es Amuse-Gueule, ist gratis. Es soll den Appetit anregen und stimmt auf das ein, was folgt: das Erlebnis in einem Restaurant, das einem mit dem Bereiten einer exquisiten Zeit in bester Erinnerung bleiben und vor allem eines will: weiterempfohlen werden.

Menschen zu überraschen und zu umschmeicheln, sie zu begeistern und so zu Fans zu machen ist verhältnismäßig leicht. Die Kosten für die Zutaten zu den Grüßen aus der Küche sind vernachlässigbar. Ausschlaggebend ist vielmehr, dass das Personal weiß, worum es geht. Es muss wirklich mit Hingabe begeistern wollen und in der Lage sein, situationsgerecht so zu entscheiden und zu handeln, wie es sich für ein Haus dieser Klasse gehört. Dafür braucht es keine duracellhasenhaften Roboter, sondern wahre Persönlichkeiten. Erst die intuitiv richtige Kombination aus all diesen Fähigkeiten schafft nämlich den bleibenden Eindruck.

2. Geschenke machen

Nicht viele Menschen verstehen sich wirklich darauf, mit kleinen Gesten die Freundschaft zu erhalten. Es ist schwierig in einer Zeit, in der jeder gefühlt alles hat und nichts mehr braucht; vor allem keine Plastik-Kugelschreiber zum Mitnehmen und Gummibärchentütchen auf dem Kopfkissen im Hotel. Die Riesenauswahl an Werbeartikeln ersetzt das Wesentliche jedoch nicht – Empathie, Einfühlungsvermögen, Hirnschmalz. Wer mit seiner kleinen Gabe noch echte Aufmerksamkeit erregen will, muss sich zum einen Gedanken darüber machen, was Ausdruck seiner selbst ist. Zum anderen sollte es dem Beschenkten ein Lächeln entlocken, ein schönes Gefühl machen, ihn einen guten Gedanken fassen lassen. Susanne Ruoff, die Konzernleiterin der Schweizerischen Post, schafft alles auf einmal mit einem Handgriff. Sie überreicht neuen Kontakten ein Klappkärtchen. Vorn drauf steht »innovativ« auf postgelbem Grund. Innen ist rechts die Visitenkarte, und links klemmen zwei Briefmarken. Dieses Geschenk hat die Qualitäten, die eine gelungene kleine Überraschung mit großer Wirkung haben sollte. Sie ist ein wohlüberlegtes Präsent mit hohem Nutzwert. Es animiert dazu, einem lieben Menschen mit Füller auf Papier zu schreiben und den Brief mit einer besonders schönen Marke von Frau Ruoff zu frankieren.

Wer einfühlsam schenkt, gewinnt Sympathie. Besonders derjenige, der andere in einem Moment des Missgeschicks und der Schwäche auf andere Gedanken bringt und dafür sorgt, dass sie wieder lachen. Den Marketingleuten beim britischen Blumenbestelldienst Interflora ist das gelungen. Auf Twitter recherchierten sie Menschen, denen etwas Blödes passiert war und die das öffentlich gepostet hatten – Termin verschusselt, Bahn verpasst, etwas kaputtgegangen. Sie wandten sich an den Pechvogel mit der Frage, ob sie einen Blumengruß schicken dürften. Bestätigte er, ging der Strauß auf die Reise, kommunikativ begleitet über Social Media. Die Aktion war so einfach wie clever wie wirkungsvoll: nah am Produkt und am Alltagsleben der Beschenkten in einer Situation emotionaler Grenzerfahrung. An diesem Schmerzpunkt wirkt, einfühlsam bemerkt, beobachtet und begleitet, das am besten, was die Kernkompetenz von Interflora ausmacht: Tränen trocknen und machen, dass die Sonne im Herzen wieder scheint. Der materielle Wert ist nicht entscheidend. Es geht um den emotionalen Mehrwert in dem Moment, in dem sich der Follower auf Twitter erwischt fühlt: »Das ist mir auch schon passiert. Wie schön, wie sie diesen Menschen wieder glücklich machen!«

Das schaffen auch die vermeintlich altbackenen Sparkassen, die in einer Zeit der Unsicherheit und der Finanzkrisen wieder enormen Zulauf haben. Sie stehen für Substanz, Erdverbundenheit und Seriosität. Aber auch sie müssen Filialen schließen, vor allem auf dem Land. Darunter leidet vor allem die besonders treue ältere Kundschaft, die nicht mehr Auto fährt, aber immer noch Bargeld braucht. Um sich öffentlichkeitswirksam hilfsbereit und damit im Sinne des vor langer Zeit definierten Gesellschaftsbeitrags zu betätigen, reaktivieren einige der Institute das gute alte Geldmobil und fahren wieder über die Dörfer. Der rollende Geldautomat mit der persönlichen Ansprache durch den Fahrer trägt die Aufschrift »Mobile Sparkasse. Für Sie. Vor Ort«. Die Macher erreichen damit, dass sich ihre Kunden nicht nur wieder gut mit Geld versorgt, sondern auch persönlich angesprochen und damit beschenkt fühlen. So üben die Sparkassen eine wichtige soziale Funktion aus und grenzen sich weiter von der Konkurrenz, den eher anonymen und suspekten Großbanken, ab.[57]

3. Bedürfnissen voraus sein

Nicht nur clevere Aktionen, auch ganze Geschäftsideen setzen auf menschliche Nähe. Damit das gelingt, müssen die neuen Anbieter zuerst einmal genau wissen, für wen sie ihr Angebot formulieren. Dann müssen sie sich anschauen, wie diese Menschen leben, was sie wollen und, vor allem, wie ihre geheimen Wünsche und Bedürfnisse aussehen. Das amerikanische Start-up dollarshaveclub.com hat das geschafft. Die Macher knöpften sich den Marktführer Gillette mit all seinen unterschiedlichen Rasierhobeln und den ganzen Varianten und Aufsätzen vor:

5-Klingen-Technologie, Präzisionstrimmer, Lubrastrip mit Indikator, Komfortschutz mit Mikrolamellen, ergonomischer Griff. Allein vom Modell Fusion gibt es die Varianten Power, Proglide, Proglide Power, Proshield, Proshield Chill – und noch einige mit dem »Flexball«. Wie bei Tintenstrahldruckern sind die Geräte erstaunlich günstig. Dafür liegen die Klingen, die hier die Tinte sind, für den Fusion bei um die 23 Euro für acht Stück und für den Fusion Power bei etwa 25 Euro. Die Verwirrung ist groß, die Preise sind gesalzen. Vielleicht lieber etwas von dem ewig zweitplatzierten Konkurrenten Wilkinson: Der »Hydro 5 Groomer« trimmt, rasiert, schneidet die Konturen und erhält dank Gel-Reservoir statt konventioneller Gleitstreifen den Feuchtigkeitsgehalt der Haut. Das liegt an den fünf Ultraglide-Klingen mit den Skin Guards. Acht solcher Klingenaufsätze gibt es für unter 20 Euro. Günstig ist immer noch anders.

Der Dollar Shave Club grätscht deshalb mit einem Rasierklingen-Abonnement und dem Slogan »Shave Time. Shave Money.« in den Markt. Den ersten Rasierer mitsamt Klinge gibt es ab einem Dollar, weitere Klingen regelmäßig für ein paar Dollar mehr nach Hause geschickt. Für den Mann, der sich dem Hipster-Trend Vollbart verweigert und täglich rasieren muss, ist das hochgradig relevant. Das Angebot sorgt für geistige Entlastung. Es beschränkt die Auswahl auf drei Rasierhobel und die jeweils passende Klinge. Die Ersatzklingen werden zugeschickt – keine Unsicherheit und Verwirrung mehr vor dem Regal in der Drogerie. Es gibt keine Mindestlaufzeit für das Abo, und die Frequenz der Nachlieferungen kann jederzeit angepasst werden. Das Angebot ist günstig und cool – der Underdog gegen die Großen!

WOHL DEM, DER DAS SCHÖNSTE NICHTS IM ANGEBOT HAT.

Unternehmen, die erfolgreich sein wollen, müssen Bedürfnisse, für die ihre Produkte gedacht sind, plastisch und begreifbar machen. Das ist durchaus schwierig, wenn sie zum Beispiel in Ländern mit gemäßigtem Klima Expeditionsausrüstung verkaufen: Wie soll der Kunde wissen, ob die Produkte halten, was sie versprechen, wenn es minus 25 Grad hat und Umtausch dann keine Option mehr ist? Wer hier ganz vorne und besonders glaubwürdig sein will, muss seinen Kunden das Erlebnis vor dem Erlebnis bieten. Der Abenteurerausrüster Globetrotter hat das verstanden und bietet in der Münchner Filiale eine Kältekammer für extreme Erfahrungen vor der Abreise. Sie kühlt auf arktische Temperaturen herunter und ist, kombiniert mit einer Wärmebildkamera, dafür geeignet, Schlafsäcke und Bekleidung auf Wärmebrücken zu prüfen. Hier werden auch Höhen bis zu 6.000 Meter simuliert, so dass sich der Ausrüstungskäufer unter Anleitung auf besondere Belastungen vorbereiten kann. Außerdem gibt es einen gläsernen Klettertunnel, eine Regenkammer mit Windmaschine und ein Wasserbecken mit Gegenstromanlage fürs Ausprobieren von Faltbooten, Kanus und Kajaks. Wer sich so umhegt und umgarnt fühlt, verweilt länger im Geschäft. Er fachsimpelt mit den Verkäufern und anderen Kunden, kauft mehr und kommt gerne wieder. Besonders gut geht das mit einem Personal-Shopping-Termin mit Expertenberatung, den man einfach über die Website vereinbart.

Diese Angebote mögen für das unmittelbare Produktportfolio sekundär sein und keinen zusätzlichen Umsatz generieren. Doch für den Kunden sind sie direkt relevant – und deshalb auch ein klares Kriterium bei der Kaufentscheidung: Die wissen, was ich brauche – hier bin ich richtig!

4. Grenzgängerisch erstaunen
Normal sein und handeln kann jeder. Dabei stellt sich zunächst die Frage, was »normal« überhaupt ist. Die einfachste Erklärung: Normal ist das, was niemanden überrascht. Wer so ist, kann vielleicht gut existieren. Er darf aber nicht darauf bauen, dass er gesteigerte Aufmerksamkeit erhält. Dabei ist die Ansicht alles andere als neu, dass es die radikale Herangehensweise braucht, um aufzufallen.

Der österreichische Schuhhändler Humanic beherzigte das bereits in den frühen Siebzigerjahren. Er machte Werbung, die vor allem eines war: gaga. Damit hatte er großen Erfolg. Die Ware wurde nicht mit den üblichen schönen Schuhen an den schönen Beinen schöner Frauen angepriesen, sondern – unter dem Titel »Geburt von Franz« – mit riesigen bunten Würfeln und einer noch riesigeren, noch bunteren Sprengung. Währenddessen riefen Stimmen aus dem Off »Franz! Franz!«, und der Sprecher konstatierte schließlich: »Humanic. Passt immer.« Der Betrachter wähnte sich eher auf der Kunstausstellung documenta in Kassel als bei einem Schuhgeschäft. Die dortigen Aktionen kamen damals ähnlich verstörend daher. 20 Jahre später blies demselben Franz in einem anderen Spot Ventilatorluft ins Gesicht, während die Frauenstimme davon sprach, ihn zu vierteln, zu drücken und zu halbieren und dass »immer die Franzen« flögen, wenn Humanic sich von seinen Liebsten trenne. Die Texte für diesen schönen Quatsch, der sich so gut verkaufte, kamen von radikal anders und ihrer Zeit voraus denkenden und schreibenden österreichischen Werbeautoren.

Das passende Wort für diese Reklame gibt es nicht. Am ehesten ist sie avantgardistisch oder modern-poetisch. Heute würde der Begriff »disruptiv« (unterbrechend, störend) passen. Humanic kommt inzwischen langweilig und konventionell wie alle anderen daher. In den Spots geht es um Mann und Frau, Multikulti und Lifestyle – und um Schuhe. Die Verantwortlichen machen es genau umgekehrt wie viele ihrer Konkurrenten: Die trauen sich heute viel mehr als früher. Sie müssen es auch, um überhaupt noch aufzufallen.

Wenn als konservativ wahrgenommene Unternehmen ihre Sache auf einmal ganz anders machen, wollen sie sich verjüngen und mit der Zeit gehen. Am kraftvollsten ist immer ein Wandel, den man den Akteuren nicht zugetraut hätte.

»DISRUPTIV« MUSS MAN SEIN, NICHT SAGEN.

Der kanadische Musiker Dave Carroll musste auf einem Flug mit United Airlines zusehen, wie Gepäckarbeiter auf dem Vorfeld seine teure Profigitarre beschädigten. Als die Fluglinie sich weigerte, für den Schaden aufzukommen, schrieb der Ungehörte mit seiner Band *Songs of Maxwell* einen Song: »United Breaks Guitars«. Das als Theaterstück inszenierte Video wurde ein viraler Hit, und die Airline geriet ziemlich unter Druck. Schließlich tat der Geschäftsführer des Kundenservices Rob Bradford das einzig Richtige, indem er klug reagierte: Er rief Carroll an und fragte ihn, ob er das Video für das Training seiner Mitarbeiter verwenden dürfe. Man wolle, so seine wertschätzende wie lobende Begründung, aus dem Vorfall lernen. Die Regeln für den Kundenservice habe man bereits entsprechend geändert. Zusätzlich versprach er 3.000 Dollar Entschädigung. Carroll lehnte ab und bat darum, das Geld für einen guten Zweck zu spenden, was United dann auch tat. Auch Bob Taylor, der Inhaber der Gitarrenmarke Taylor Guitars, hatte gut zugehört und witterte seine Chance. Er bot dem Künstler zwei Gitarren an. All dies und seinen Dank an die Öffentlichkeit für die breite Unterstützung verarbeitete Carroll in weiteren Videos. Darin erklärte er auch, dass nicht alle Mitarbeiter von United »bad apples«, also »schwarze Schafe« seien. Weil der Fall für so viel Aufhebens sorgte, berichtete sogar die Tagesschau darüber.

Menschen und damit auch Unternehmen machen Fehler. Das gibt es immer und wird es immer geben. Problematisch wird es erst, wenn Fehler zwar als solche erkannt, aber nicht sofort und unumwunden zugegeben werden. Früher mag das durchgegangen sein. Kunden waren bis vor etwa 20 Jahren lediglich Empfänger von Botschaften. Sie hatten nur wenige Möglichkeiten dazu, sich öffentlichkeitswirksam zu beschweren und Unternehmen unter Druck zu setzen. Das hat sich derart radikal gewandelt, dass es bei fehlerhaftem Verhalten heute nur einen Weg gibt: sofort alles kompromisslos zugeben. Wenn es darüber hinaus gelingt, die imageschädigende Anteilnahme ins Gegenteil zu verkehren, dreht sich der negative Effekt in einen doppelt und dreifach positiven um. Und der sorgt nicht nur für Aufmerksamkeit, sondern auch für einen Gewinn in der zweithärtesten Währung unserer Zeit: Vertrauen.

ZUM MITNEHMEN

- Wer zuhört, dem wird zugehört.

- Zuhören schafft großen Mehrwert: Der andere fühlt sich gesehen. Er spürt das Interesse an seiner Person und seinen Geschichten, seinen Bedürfnissen und seiner Meinung. Er fühlt sich akzeptiert, gemocht und geliebt.

- Nur durch Fokussieren gelingt es, wirklich zuzuhören. Es bedeutet vor allem hinsehen, wahrnehmen und offen sein.

- Zuhören allein ist zu wenig. Erst im Zusammenspiel mit Sinnstiftung und einem relevanten Gesellschaftsbeitrag entsteht eine aufmerksamkeitsstarke Positionierung.

- Der USP hat ausgedient. An seine Stelle tritt der SSP, der Social Selling Point. Er begegnet dem steigenden Bedürfnis der Menschen nach Sinn und Erfüllung, vor allem in Bezug auf immaterielle Werte.

- An die Stelle des marktschreierischen Gebarens tritt bei menschlichen wie unternehmerischen Marken das feinfühlige Umwerben. Ähnlich wie der Flirt dient es dem Zweck, den anderen auf smarte Art für sich zu gewinnen, ihn für sich einzunehmen. Ist er erst einmal positiv eingestimmt, ist er empfänglich für die Gesamtbotschaft.

- Beachtung bekommt, wer aufrichtig umschmeichelt, sinnvolle Geschenke macht, Bedürfnissen proaktiv entspricht und immer wieder neu erstaunt.

× Disruptiv ist nur das, was von anderen als so empfunden wird. Es bloß zu sein, genügt zudem nicht; vielmehr muss es immer einen neuen Mehrwert bieten.

WIE AUFMERKSAMKEIT SCHENKEN UND BEKOMMEN GELINGT

Das große Wort Empathie wird schnell gebraucht. Es kommt aus dem Griechischen und bedeutet so viel wie Einfühlungsvermögen. Damit ist die Fähigkeit und auch die Bereitschaft dazu gemeint, sich in die Gedanken, Bedürfnisse und Emotionen des Gegenübers hineinzuversetzen und Situationen aus seiner Perspektive verstehen zu können und zu wollen. Gelingt das, ist sie maßgeblich dafür, Mitgefühl zu zeigen und angemessen zu reagieren. Empathie gehört zu den wichtigsten Äußerungen emotionaler Intelligenz. Wir alle besitzen diese Fähigkeit, auch der Schweiger, der Schüchterne, der rhetorisch weniger Versierte und der passionierte Selbstdarsteller. Sie ist bei manchem nur verschüttet und muss dann neu aus dem Repertoire hervorgeholt, verinnerlicht und angewandt werden. Dafür, dass sie ihre Kraft entfaltet, muss sie zudem verantwortungsvoll, wertschätzend und ehrlich entgegengebracht werden: »Empathie ist eines der ältesten, mächtigsten Gefühle der Menschheit. Sie ist bedeutsam für den Zusammenhalt der Gemeinschaft – und zugleich so leicht auszunutzen. Sich in andere hineinzuversetzen, ist eine wunderbare Fähigkeit. Sie kann Menschen motivieren, Gutes zu tun. Doch Empathie kann auch blenden. Das macht sie zu einem nützlichen Werkzeug für Politiker und Propagandisten.«[58]

Empathie zu zeigen ist in Mode. In den sozialen Medien färben Nutzer nach Terroranschlägen ihre Profilbilder in den Nationalfarben des betroffenen Landes, teilen digitale Kerzen und zeigen ihre Verbundenheit mit #prayforparis, #iamaleppo oder #blessberlin. Die *Zeit* fand nach dem Anschlag auf den

EIN HASHTAG ÄUSSERT KEINE EMPATHIE.

Weihnachtsmarkt in Berlin im Dezember 2016 eine treffende Überschrift für den Artikel über das Phänomen allgegenwärtiger Anteilnahme: »Ein Hashtag allein ist kein Zeichen für Mitgefühl.«[59] Auch weil solche Symbole schnell wieder verschwinden und die Community dann bereit ist für neuen Content, der sich aus - neuen – in der Regel schrecklichen – Ereignissen speist.

EMPATHISCH SEIN UND KOLLABORIEREND ZUHÖREN

Um sich in einen Menschen einzufühlen, muss man sich ihm zuwenden und seine Art zu fragen auf ihn und seine Befindlichkeit abstimmen. Der amerikanische Psychologe Carl Rogers gilt als Wegbereiter der fragenden Kommunikation. Er entwickelte Mitte des 20. Jahrhunderts mit der »personenzentrierten Gesprächstherapie« eine Technik, die den anderen unter Einbezug der emotionalen Ebene in den Mittelpunkt stellt. Gelingt es, seine Signale und Botschaften besser zu deuten und so seinen Befindlichkeiten und seiner subjektiv empfundenen Wahrheit sehr nahezukommen, ist die Basis für eine gemeinsame Lösung geschaffen. Dieses einfühlsame Verstehen beschreibt Rogers als den Moment des Gesprächs, in dem der Therapeut »genau die Gefühle und persönlichen Bedeutungen spürt, die der Klient erlebt, und er dieses Verstehen dem Klienten mitteilt. Unter optimalen Umständen ist der Therapeut gedanklich so tief in die private Welt des anderen eingedrungen, daß er nicht nur die Bedeutung von Aussagen klären kann, deren sich der Patient bewußt ist, sondern auch jene knapp unterhalb der Bewußtseinsschwelle.«[60]

Rogers begründete mit seiner Methode das »kollaborierende Zuhören«: den anderen erst genau zu hören und zu verstehen, um dann gemeinsam mit ihm an einer möglichen Lösung zu arbeiten. Und das – als eine weitere besondere Kunst dabei – ganz ohne zu werten.

Kollaboratives Zuhören führt fernab der therapeutischen Arbeit auch im Alltag dazu, dass ein Gesprächspartner sich verstanden fühlt. In solchen Momenten wird er als vollwertige Persönlichkeit und nicht nur als Momentaufnahme wahrgenommen. Ist er verärgert oder gestresst, besorgt oder problemschwer, darf er das in den Augen eines kollaborativen Zuhörers auch sein. Wer ihn ganzheitlich sieht, empfindet solche Um- und Zustände als menschlich und bringt Verständnis dafür auf. Unter diesen Voraussetzungen kann der andere leichter Wünsche und Bedürfnisse äußern, die dazu geeignet sind, seine Situation zu verbessern. Er darf jetzt damit rechnen, verstanden zu werden. So entsteht eine Kommunikation auf Augenhöhe, die Mitmenschlichkeit zulässt und mit Aufmerksamkeit und Feinfühligkeit die Voraussetzungen dafür schafft, in Beziehung zueinander zu treten. Wer dagegen lediglich die Situation wahrnimmt, wird immer dazu neigen, abwehrend oder wertend zu reagieren.

EIN SCHLÜSSEL ZUM WERTSCHÄTZENDEN UMGANG LIEGT IM WACHEN UND AKTIVEN MITEINANDER.

Für das kollaborierende Gespräch braucht es

- die offene, dem anderen zugewandte Körperhaltung und den Blick in die Augen
- die Akzeptanz des anderen und die positive Einstellung
- den Fokus auf das, was er sagt, verbunden mit einem hohen Maß an Konzentration.

KOLLABORIEREND KOMMUNIZIEREN In einem solchen Gespräch muss der andere sich gesehen und verstanden fühlen. Dafür ist es wichtig, sich immer wieder selbst daraufhin zu prüfen, ob ein solches Verständnis wirklich vorhanden ist. Die folgenden Techniken schaffen im Gespräch die Voraussetzungen für eine gelingende Verständigung und eine gemeinsame Lösungsfindung:

1. Zentrale Botschaften wiederholen

Dieser erste Schritt stellt sicher, dass nichts Falsches in die Worte des Gegenübers hineininterpretiert wird. Das passiert häufig dann, wenn wir das Gesagte mit standardisierten Denkmustern analysieren und deuten, die keinen Raum für andere Sichtweisen lassen. Verhindern lässt sich das, indem wir Gefühlszustände spiegeln und mit Ich- statt mit Du-Botschaften arbeiten; etwa: »Du machst den Anschein, dass du ziemlich gestresst bist« statt »Du bist ziemlich gestresst«. Auch geeignet sind Verständnisfragen wie »Verstehe ich dich richtig, dass du ...?« oder »Du willst damit sagen, dass ...?«. Solche Formulierungen sorgen zudem dafür, dem allgegenwärtigen Hang zum sofortigen und ständigen Bewerten wirkungsvoll zu begegnen.

> *Betroffene: »In letzter Zeit bin ich abends so müde. Der Stress im Job, die Ansprüche meiner Eltern, und momentan habe ich niemanden, der mir im Haushalt hilft. Da bin ich schnell genervt und pflaume jeden an, der mir querkommt. Oft muss ich mich gleich nach der Arbeit abends auf der Couch ausruhen.«*
> *Zuhörer: »Das klingt, als wärst du ziemlich erschöpft.«*
> *Betroffene: »Ja, sehr.«*

Durch die Spiegelung fühlt sich die Betroffene gut verstanden und dazu ermuntert, weiterzusprechen. Im Fall, dass der Zuhörer sie falsch verstanden hat, kann sie korrigieren. Das Spiegeln von Gesagtem mag als Strategie banal klingen. Doch an mangelnder Rückmeldung scheitern in der Alltagsrealität viele Gespräche. Stattdessen wird zuerst nur mit einem Ohr zugehört, das Gesagte dann gleich interpretiert, bewertet und missdeutet und schließlich falsch reagiert. Damit ist das Gespräch mit dem eigentlichen Zweck des sinnvollen, mehrwertstiftenden Gedankenaustauschs zerstört.

Ist der Zuhörer zum Beispiel der Ehemann der Betroffenen, könnte er ihre Worte als Kritik an sich auffassen. Dies indem er interpretiert, dass er sich nicht genügend einbringt und deshalb schuld ist an der Erschöpfung seiner Frau. Stattdessen kann er klärend fragen: »Denkst du, ich sollte dir mehr helfen?« Das gibt ihr die Gelegenheit, seine Interpretation zu bestätigen oder zu korrigieren. Insbesondere verdeutlicht es ihr, dass ihr Mann sich kritisiert fühlt. So kann wiederum sie darauf eingehen. Im ungünstigeren Fall behält der Ehemann seine Interpretation für sich und schlägt sofort zurück, indem er ihr sagt, welche Lasten er so alles zu tragen habe. Das würde seine Frau wiederum als Angriff deuten, und ein Streit wäre die Folge.

2. Wach und duldsam sein

Wer wertschätzend in ein Gespräch hineingeht, lässt andere ausreden. Dazu gehört auch, Redepausen auszuhalten. Sie sind Zeichen für Bedächtigkeit, Ratlosigkeit oder gar Angst. Der aufmerksame Zuhörer ermuntert hier, statt zu unterbrechen, mit einem wachen Blick und einem Nicken zum Weiterreden. Ganz in Ruhe. Auch ein »Hm!« oder »Verstehe ...« ist angebracht. Wer dermaßen geduldig zuhört, hört vieles, was andere nicht hören würden.

3. Meinungen zurückhaltend äußern

Meinungsäußerungen werden schnell als Kritik und Zurückweisung aufgefasst. Sie behindern den Dialog und beenden ihn sogar, wenn sich der Gesprächspartner verletzt fühlt und Streit entsteht. Besonders dosiert und klar sollten Meinungen in einer Kennenlernphase geäußert werden. Dann hat sich noch keine gewohnheitsmäßige Interpretation herausgebildet hinsichtlich dessen, was sich zwischen den Zeilen befindet. Zynismus und Ironie sind hier besonders gefährlich. Mehr hören und weniger sagen heißt allerdings nicht, alles gutheißen und unreflektiert zustimmen zu müssen. Vielmehr steht im Vordergrund, das Gesagte aufmerksam aufzunehmen und sich um ein waches Gespräch mit gegenseitigem Verständnis zu bemühen; dann auch durch punktuell eingebrachte Meinungsäußerungen im richtigen Moment.

4. Situativ smart eingreifen

Wer bemerkt, dass sich während seiner Rede die Stimmung des Gegenübers oder seine Körpersprache verändert, er genervt, aufgewühlt oder traurig wird, sollte das ansprechen: »Ich sehe, dass dir die Sache nahegeht.« Oder: »Ich habe den Eindruck, dass dich das nervt.« Das genügt schon. Jetzt ist zweierlei wichtig: zum einen zu spüren, wie sich die Reaktion des anderen dadurch verändert; zum anderen, besonders jetzt auf das eigene Gefühl zu achten. Es trägt zum besseren Verständnis der Situation bei und bereichert die Erwiderung: »Ich finde das gerade sehr heftig/anstrengend/hart.«

5. Kritik und Vorwürfe konstruktiv annehmen

Wer im Fall, dass er angegriffen wird, Ruhe bewahrt, schützt sich vor unüberlegten Reaktionen und das Gespräch vor einer Eskalation. Statt sofort zu antworten, ist die bewusst eingelegte Pause eine gute Wahl. Sie regt zur Besinnung auf das Gehörte an und gibt Gelegenheit dazu, sich der Inhalte bewusst zu werden. Dabei kommt man – frei nach Daniel Kahneman – in das langsame Denken:

× Bei der Pause im Gespräch hat der andere seine Aussage beendet. Jetzt lässt die Antwort auf sich warten. Das kann mehrere Sekunden dauern. Es handelt sich hierbei um eine Form des beredten Schweigens, bei der gerade der Umstand viel aussagt, dass nichts gesagt wird. Der »Rapport-Bruch« (franz. Rapport: Bericht, Beziehung) unterbricht den Gesprächsverlauf und damit den Kontakt zum Gesprächspartner. Einkäufer bei großen Unternehmen bedienen sich während der Verhandlung dieser Technik, um den Anbieter zu verunsichern. Man kennt das Gefühl, wenn Sekunden zu Stunden werden. Weiß man nicht damit umzugehen, wird man unruhig und fühlt sich zu Äußerungen verleitet, die man später bereut.

EINE KUNSTVOLL GESETZTE GESPRÄCHSPAUSE SAGT MEHR ALS TAUSEND WORTE.

× Bei der physikalischen Pause bietet das »drüber schlafen« Gelegenheit dazu, sich mit dem Erfahrenen zu verbinden. Wo eine derart lange Unterbrechung nicht möglich ist, hilft der angekündigte Gang zur Toilette. Diese Form der Kunstpause ist gesellschaftlich akzeptiert und stellt sicher, dass das eigene Gesicht gewahrt bleibt. Sie hilft dabei, sein Gemüt zu beruhigen.

Nachdem das Gehörte in Ruhe und unbeobachtet verarbeitet werden konnte, kommt es nicht nur auf den Inhalt der Antwort an. Vielmehr ist die Art und Weise, wie sie vermittelt wird, ausschlaggebend dafür, wie sie aufgefasst wird und welche Reaktion sie auslöst. Auch dabei unterstützt die Ich-Botschaft: »Ich sehe, dass du wütend bist.«; »Ich kann verstehen, dass …, allerdings …«

6. Sachverhalte abwägen

Zentral beim zusammenarbeitenden Zuhören ist der klare Fokus auf der gemeinsamen Lösung. Dafür ist es dienlich, die zugrunde liegenden Aussagen aller Beteiligten für sich zu betrachten und sie in Bezug zueinander zu setzen: Welcher Aspekt ist der wichtigste? Welche Aspekte können vernachlässigt werden? Welche Aussagen wurden von anderen entkräftet und sind deshalb abgehakt?

Ein konstruktiver Gesprächsbeitrag ist zum Beispiel: »War die Art, wie die Idee abgelehnt wurde, schlimmer als die Tatsache, dass sie abgelehnt wurde?« Auf die Klärung folgt sinnigerweise der konstruktive Anschluss: »Und jetzt?«; »Wie sollen wir weitermachen?«; »Was könnte für dich die Lösung sein?«

Oberstes Ziel der Kollaboration ist, neben dem gegenseitigen Verstehen, die gemeinsame Lösung. Auf dem Weg dorthin geht es nicht darum, alles daranzusetzen, den anderen vom eigenen Standpunkt zu überzeugen. Vielmehr muss seine Würde zu jeder Zeit gewahrt bleiben und ihm das Gefühl gelassen werden, dass seine Meinung wertvoll ist und zählt. Es gilt, aus allen Beiträgen etwas Neues zu schaffen, das für beide Seiten passt.

Die menschlichen Gaben, die es dazu brauche, seien rar, konstatierten Carl Rogers und der Sozialwissenschaftler Fritz Roethlisberger: »Die größte Barriere zwischen zwei Menschen entsteht durch die Unfähigkeit, einander zuzuhören. Dieser Mangel ist in der heutigen Zeit erschreckend weit verbreitet. Wir müssen daher mehr Anstrengung unternehmen, damit die Leute lernen, erfolgreich zu kommunizieren. Das heißt im Wesentlichen: Wir müssen ihnen beibringen, wie man zuhört.«[61] Die Wissenschaftler schrieben das schon 1952, und ihre Aussage hat an Aktualität nichts eingebüßt. Im Gegenteil. Wird kollaborierendes Zuhören zu einer gesellschaftlich breit akzeptierten und angewandten Praxis, kommen voneinander entfremdete Menschen sich näher, indem sie aufeinander zugehen und eingehen. Sie steigen von ihren hohen Rössern herab und begegnen sich wieder auf Augenhöhe. »Wir wissen aus Studien, dass ein solches Verhalten so wirksam sein kann, dass deutliche Veränderungen der Persönlichkeit eintreten.«[62]

EINE GEMEINSAM ERARBEITETE LÖSUNG IST DAS ERGEBNIS GETEILTER AUFMERKSAMKEIT.

Verbreitete Irrtümer, das Zuhören betreffend

× *Zuhören ist vor allem eine Sache der Intelligenz.*
Wissenschaftliche Untersuchungen konnten das nicht bestätigen. Allerdings wurde festgestellt, dass sehr aktive Menschen wegen ihrer intensiven Zielstrebigkeit häufig die schlechteren Zuhörer sind.

× *Zuhören ist eng mit dem Hörvermögen verbunden.*
Die Fähigkeit des Zuhörens wird nur bei erheblichem Verlust des Hörvermögens stark beeinträchtigt.

× *Tägliches Zuhören ersetzt das Üben.*
Obwohl das Zuhören für fast jeden Menschen normal ist, beträgt die durchschnittliche Zuhörleistung nur etwa 25 Prozent des körperlich Möglichen. Sie kann auch durch vermehrtes Zu-

hören nicht signifikant gesteigert werden, solange die dahinterstehenden Kommunikationsgewohnheiten nicht grundlegend geändert werden.

× *Da der gebildete Mensch in der schulischen Ausbildung bereits Aufmerken, Lesen und Schreiben gelernt habe, weiß er auch, wie man richtig zuhört.*
Diese Annahme führt dazu, dass die erlernbare Fähigkeit zum effektiven Zuhören von den Bildungssystemen vernachlässigt wird.

× *Lesen lernen ist wichtiger als Zuhören lernen.*
Der Mensch nimmt über das Gehör etwa dreimal so viel Informationen auf wie über das Lesen. Da der Hörapparat im Gegensatz zum Auge zudem in der Lage ist, ohne Ermüdung ununterbrochen Signale aufzunehmen und weiterzuleiten, überbetont die pädagogische Betonung des geschriebenen Wortes den falschen Kanal.

× *Gutes Zuhören ist nur eine Sache des Willens.*
Willenskraft ist für Empathie und Verständnis nicht elementar erforderlich. Die willentliche und bewusste Auseinandersetzung mit dem Gegenüber weist vielmehr einen starken Zusammenhang mit Freundlichkeit und innerer Zuwendung auf.

× *Zuhören ist passiv und erfordert weder Geschick noch Anstrengung.*
Das Gelingen einer guten Kommunikation hängt wissenschaftlichen Untersuchungen zufolge zu 51 Prozent vom Zuhörer ab. Wird unter Zuhören nicht nur die rein akustische Aufnahme der Botschaft verstanden, sondern auch das inhaltliche Erfassen, wird deutlich, dass das Zuhören ein ebenso aktiver Prozess ist wie der des Sprechens.[63]

EMPATHIE PFLEGEN UND VERSTÄNDNIS GEWINNEN Wer empathisch zuhört, bewahrt in Stress- und Krisensituationen Ruhe. Statt gleich aus der Haut zu fahren, kanalisiert er seine Gefühle. Ärgert er sich, macht er bewusst Pause und beantwortet eine als unverschämt empfundene Mail erst am Tag darauf. Er geht kurz raus, wenn es im Meeting hoch hergeht. In einem Wortgefecht denkt er »Pause« und ordnet seine Gedanken. All das nimmt das Empfundene weg von der inhaltlichen Ebene und lenkt es auf die Beziehungsebene. Besonders gut gelingt ihm das, wenn er seine Gefühle schildert: »Ich halte das für einen unfairen Vorschlag«; »Das erstaunt mich jetzt, dass ...«; »Ich kann nicht glauben, dass ...« Wer so handelt, wird klarer wahrgenommen. Es schafft Sympathie und ist sozial kompetent. Es fördert eine neue Beziehungskultur, die uns mitfühlender auftreten lässt, statt für noch mehr Differenzen zu sorgen. Und es macht uns auf Dauer sicherer.

Bemerkt der andere, dass seine Vorlieben und Wünsche genauso wie seine Probleme und Sorgen verstanden und berücksichtigt werden, bringt er uns bereitwilliger sein Wohlwollen entgegen. Er ist dann motivierter, zuzuhören und gemeinsam Lösungen zu finden. Empathie steigert die Effektivität und die Effizienz der Kommunikation von Grund auf. Sie schafft den Austausch auf Augenhöhe, der im Alltag viele Vorteile hat. Dort sind wir konfrontiert mit unterschiedlichsten Generationen, Nationalitäten und Menschentypen mit verschiedensten Befindlichkeiten und Wünschen; außerdem mit der ständig zunehmenden Komplexität in einer Zeit, in der die Welt sich scheinbar immer schneller dreht.

Beständiger Erfolg wird nicht länger von Einzelnen zu erzielen sein, genauso wenig wie eine erstrebenswerte Zukunft ohne die vielen gelingt. Im Gegenteil: Komplexität können wir nur mit Komplexität begegnen. Dafür brauchen wir die Schlagkraft und die Intelligenz vieler – in einem Team, einem Netzwerk, unter Zulieferern und Kunden, in der Gesellschaft. Und das jeden Tag aufs Neue. Beständig ist heute nur mehr der Wandel. Jeder

Einzelne von uns jongliert im Alltag mehr als je zuvor mit immer mehr Bällen. Eine garantierte lebenslange Anstellung gibt es nicht mehr. Selbst die finanzielle Absicherung im Alter hat Risse, und es tun sich unzählige Möglichkeiten für eine erfüllende Lebensgestaltung auf. Es geht immer darum, was will ich und was nicht: Wo und wie lebe ich? Welche Schule besuchen die Kinder? Wie bilde ich mich weiter? Wo und wie zeige ich Gesicht?

KOMPLEXITÄT KÖNNEN WIR NUR MIT KOMPLEXITÄT BEGEGNEN.

Das verlangt nach einer Strategie und fast schon nach unternehmerischem Denken auch in der kleinsten Einheit – dem Dasein als Individuum.

Empathie und kollaborierendes Zuhören und Arbeiten helfen gerade auch in interkulturellen Geschäftsbeziehungen. Wenn sie plötzlich und scheinbar ohne Grund merklich abkühlen oder gar abbrechen, liegen die Ursachen dafür häufig in unterschiedlichen Kommunikationsstilen. Insbesondere die Deutschen kommunizieren direkt und geradlinig. Wir sprechen Konflikte unumwunden an und halten das für offen und ehrlich. Im Gespräch mit Menschen aus anderen Ländern ecken wir damit jedoch an. Italiener und Spanier kommunizieren weit weniger direkt. Noch drastischer ist der Unterschied im Gespräch mit Japanern, Arabern, Chinesen und Mittel- und Südamerikanern. Sie sind ausgeprägte Kollektivgesellschaften. Bei ihnen geht es bei Treffen in erster Linie um die Pflege der Beziehung, dann erst um Verhandlung und Geschäftsabschluss. So kann es vorkommen, dass ein Deutscher zu wichtigen Abschlussgesprächen nach Kolumbien reist. Er wird in Bogotá sehr freundlich empfangen. Zunächst einmal zeigen ihm seine Gastgeber die Stadt und führen ihn in ein typisches, touristenfreies Lokal. Am nächsten Tag steht ein ausgiebiger Ausflug an. Die Verhandlungspartner sind immer dabei und die Gespräche über Land und Leute intensiv. Am dritten Tag naht die Abreise. Der Deutsche fragt, wann wohl das Verhandlungsgespräch stattfinden werde. Darauf sagt der Kolumbianer, es dauere schon seit zwei Tagen an. Man sei sich handelseinig, das Angebot des Deutschen akzeptiert. Sie haben die ganze Zeit gemeinsam an der Lösung gearbeitet, ohne über Vertragsdetails zu diskutieren ...

Wäre der Deutsche am ersten Tag mit der Tür ins Haus gefallen und hätte er darauf bestanden, die Fakten auf den Tisch zu legen, hätte er verloren. Stattdessen ist es wichtig zu erfahren, wie es der Familie und der Verwandtschaft geht, ob alle gut versorgt sind, wie man freie Tage verbringt und wie das Land in großen sportlichen Wettbewerben abschneidet. In Südamerika diskutieren die Menschen gefühlvoll. Harte und weiche Themen, Emotionen und Argumente gehören zusammen. Weil sie den anderen nicht vor den Kopf stoßen wollen, deuten sie Zusammenhänge intuitiv an und übermitteln Botschaften indirekt. Das geschieht mit vorsichtigen Andeutungen und Anregungen; auch indem eine Aussage, die für Person A bestimmt ist, an Person B gerichtet wird, während Person A in Hörweite ist. Es geschieht auch nonverbal: Wird eine Aussage als unpassend empfunden, vermeidet man den Blickkontakt. Widersprochen wird, wenn überhaupt, zögerlich und vorsichtig, gerne als Frage oder durch Nachfragen artikuliert. In solchen Kulturen geht es um das Bestärken und Zusprechen. Das habe, so der Pädagoge Hanns-Josef Ortheil in seinem Roman »Das Kind, das nicht fragte«, eine aufhellende und unterstützende Funktion und sei für den Gesprächsfluss »bekömmlich, ja es würde ihn sogar fördern«[64].

Angehörige von Kollektivgesellschaften empfinden ihr Gesprächsverhalten als besonders wertschätzend. Darüber hinaus sind sie der Ansicht, dass sie nur aufgrund dieser Form der Kommunikation überleben konnten: In Ländern mit erschwerten geographischen und klimatischen Bedingungen stehen die Menschen enger beisammen und unterstützen sich stärker, auch um Naturkatastrophen besser bewältigen zu können. Sie sind seit Tausenden von Jahren aufeinander angewiesen. Da sagt man nicht freiheraus, was man haben will. Schließlich ist man im nächsten

Moment mit einer höflich verklausuliert formulierten Bitte auf Unterstützung aus. Sonst ist die Gefahr groß, andere zu verletzen und lange gewachsene Beziehungen zu gefährden. Daher bildete sich eine zurückhaltende, indirekte Kommunikation heraus, die stärker die Gefühle des Gegenübers berücksichtigt.

AUFMERKSAMKEIT HEISST, AUCH INDIREKTE BOTSCHAFTEN LESEN ZU KÖNNEN.

In Ländern, in denen der Einzelne im Vordergrund steht (sogenannten Individualgesellschaften), wurden solche Aspekte lange vernachlässigt. Statt sich zunächst ausschweifend über das werte Befinden auszulassen, kommt man immer noch ohne Umschweife zum Thema. Hier sind zielführende Inhalte Trumpf, und Zeit ist Geld. Zahlen, Daten und Fakten zählen. Das Zwischenmenschliche ist vor allem analytisch geprägt. Besonders in den Neunziger- und Nullerjahren ging es um Leistung und Statussymbole. Auf den Aufbau und die Pflege nachhaltiger Beziehungen wurde wenig Wert gelegt. Diskussionen wurden ruhig und sachlich geführt und Gesprächspausen als peinlich und unprofessionell gewertet. Kamen in Besprechungen Gefühle ins Spiel, hieß es schnell »No Bullshit!« – keine Emotionen bitte! Diese rational geprägte Gesprächskultur hat inzwischen auch in den stark wachstumsorientierten Gesellschaften begonnen, sich zu wandeln.

Wie heterogen die Kommunikationsstile schon in Westeuropa sind, zeigt zum Beispiel, dass die Intensität der verbalen Interaktion im deutschsprachigen Teil der Schweiz deutlich niedriger ist als in Deutschland. Das liegt zum einen daran, dass die Menschen in dem verhältnismäßig kleinen Land mit vier unterschiedlichen Kulturen und vier Landessprachen (neben Deutsch und Französisch auch Italienisch und Rätoromanisch) seit jeher zurückhaltend miteinander kommunizieren. Sie tun das ganz ein-

NICHTS ZU SAGEN IST MANCHMAL AUFMERKSAMER ALS REDEN.

fach aus Vorsicht, weil Sprachbarrieren Raum für Unsicherheiten und Missverständnisse lassen. Zum anderen liegt es an der bergigen Landschaft, die dazu führte, dass die Schweizer bis in die jüngere Zeit weniger Gelegenheit dazu hatten, einander zu begegnen und aufeinander zuzugehen. »Gschwige isch am beschte gredet.« (»Schweigend redet es sich am besten.«) Hier pflegt man das längere Schweigen, und es gibt weniger Small Talk. Die Japaner kultivieren die Kraft der Pause am ausgiebigsten. Dementsprechend gehen sie davon aus, dass westliche »Langnasen« sich gerne selbst darstellen und nicht zuhören. Sicher nicht ganz zu Unrecht.

SMARTPHONES BESCHRÄNKEN DIE FÄHIGKEIT ZUR EMPATHIE Mit dem zunehmenden Gebrauch des Smartphones verlieren wir unsere ohnehin schon eingeschränkte Fähigkeit, empathisch zu handeln. Bei einer Erhebung amerikanischer Psychologen durfte eine Gruppe von Schulkindern während ihres fünftägigen Aufenthalts in einem Camp keine elektronischen Geräte benutzen. Die Vergleichsgruppe hatte uneingeschränkten Zugang dazu. Zu Beginn und am Ende der Studie wurde mittels Videos und Fotos untersucht, wie gut die Kinder die Emotionen anderer Menschen beurteilten. Das Ergebnis: Die Kinder, bei denen elektronische Geräte verboten gewesen waren, konnten Mimik und andere nonverbale Signale weit besser erkennen als die anderen.[65]

Die Studie bringt eine Gefahr der permanenten Erreichbarkeit und des ständigen »On-Seins« auf den Punkt: Das Smartphone ist schlecht für die Empathie. Laufend in eine virtuelle Welt abzutauchen trägt dazu bei, dass die Fähigkeit nachlässt, Äußerungen anderer wahrzunehmen und auf sie einzugehen. Wer in direkter Beziehung mit anderen Menschen steht und sich laufend mit ihnen austauscht, schärft dagegen seine emotionale Intelligenz. Nur im Dialog von Angesicht zu Angesicht lernen wir Empathie. Ein vehementer oder liebevoll-warmer Tonfall, ein vielsagender Blick genauso wie Ironie sind nur auf diesem Wege uneingeschränkt erfahrbar. Solche Faktoren unterstützen dabei, die Gefühle des anderen besser deuten und darauf eingehen zu können. Smileys sind nicht wirklich ein Ersatz für solche wichtigen Nebentöne.

Beziehungen brauchen die Empathie. Ohne regelmäßigen direkten Kontakt von Angesicht zu Angesicht verkümmern sie. Wie Pflanzen, die nicht gegossen werden, gehen sie mit der Zeit ein.

SICH SELBST WIEDER WAHRNEHMEN

Angelus Silesius lebte im 17. Jahrhundert und war Arzt, Priester und Dichter. Er schuf bedeutende Werke der Barockliteratur. Sehr früh im Laufe seines Schaffens postulierte er die Wichtigkeit des Gesprächs mit sich selbst: »Halt ein, wo eilst du hin. Der Himmel ist in dir. Suchst du ihn anderswo, du wirst ihn fehlen für und für!«

Natürlich gibt es Tausende Gründe und Gelegenheiten, das Selbstgespräch zu meiden. All diese Ausflüchte hindern uns daran, zu fragen, was wir wollen und welches Leben wir führen möchten, was uns bewegt und was wir bewegen wollen, sagt der britisch-schweizerische Philosoph und Bestsellerautor Alain de Botton: »Smartphones sind das brillanteste Ablenkungswerkzeug, das je erfunden wurde. Wir müssen nie wieder mit uns ins Gespräch kommen. Man ist nie allein mit sich selbst.«[66] Dabei war es schon vorher so leicht wie verführerisch, sich mit allem zu beschäftigen außer mit sich selbst. Die Technik macht es uns noch einfacher, und es wird immer schwerer zu widerstehen.

Nur indem ich mir selbst zuhöre, finde ich heraus, was ich will, und bin nicht länger abhängig von den Meinungen anderer. Ich weiß dann besser um meinen Wert, meine Bestrebungen und meine Grenzen – und tue, was ich wirklich will. Das Wissen darum ist ein starker innerer Anker. Er bewahrt davor, zu einem Spielball der Herde zu werden, immer auf der Suche danach, gesehen, geliebt und bewundert zu werden und schließlich ausgebrannt zurückzubleiben. Das gilt für jeden Einzelnen, doch was nach einer sehr persönlichen Reise klingt, ist auch relevant für Unternehmen. Auch sie müssen sich Gedanken über ihren Wesenskern machen. Er ist das, was sie ausmacht und auszeichnet. Wenn sie sich diesen Kern vergegenwärtigen, können sie ihre Mitarbeiter dafür begeistern, was sie jeden Tag tun. Diese leisten dann entschieden effektiver ihren Beitrag dazu, dass andere es auch spüren – die Kunden. Viel wichtiger noch: Alle gemeinsam lassen dann all das weg, was nicht zu diesem Unternehmen passt. Das sorgt für Klarheit und für ein erkennbares Gesicht in der Menge. Idealerweise polarisiert es auch. Echte Fans kann nur haben, wer auch echte Ablehner hat. Fans sind Menschen, die voll und ganz auf derselben Wellenlänge sind und sich bestens aufgehoben fühlen. Dann kaufen sie. Nicht umgekehrt.

Um herauszufinden, was genau in mir ist, brauche ich Ruhe und Zeit. Beides hilft mir, abseits der Hetze durch das alltägliche Leben Bewusstsein für mich selbst zu entwickeln. So nehme ich mich wahr und komme in den Dialog mit mir, ins Sehen, Spüren, Erkennen und Wissen. Diese Methode wird nicht mehr als bloß esoterisch abgetan, sondern ist inzwischen im Mainstream der Geschäftswelt angekommen. Unternehmenslenker nehmen Auszeiten im Kloster

SELBST AUF DEM WORLD ECONOMIC FORUM WIRD INZWISCHEN MEDITIERT.

und besuchen Kurse über geistiges Wachstum. Der Trend zeigt sich auch darin, dass man sogar auf dem World Economic Forum in Davos zu sich selbst finden soll. Bei dieser jährlichen Veranstaltung kommen führende Politiker und Vertreter von Wissenschaft, Wirtschaft, Nichtregierungsorganisationen, Religion und Medien zusammen. Sie diskutieren Fragen von globaler Bedeutung wie

Konflikte, Armut, Umweltprobleme und Handelshemmnisse. Seit einigen Jahren meditiert der Achtsamkeitsexperte und Molekularbiologe Jon Kabat-Zinn mit ihnen. Durch die Auszeit sollen die Teilnehmer aufmerksamer für die Worte der anderen werden. Und für ihre eigenen.

Beim Meditieren schalten die Gehirnwellen in einen anderen Modus, den sogenannten Alphazustand. Er wirkt auf den Körper wie eine Beruhigungstablette und regt den Geist und das Fühlen an. Damit ist er die ideale Ausgangsbasis für den Dialog mit sich selbst. In diesen Zustand kommen wir nicht nur beim Meditieren, sondern auch, wenn wir in der Natur spazieren gehen, beruhigende Musik hören und bewusst ein- und ausatmen. Das ist kurz vor dem Einschlafen der Fall, ebenso bei an sich monotonen Beschäftigungen wie Gemüseputzen und Abwaschen. Sie lassen uns für einen Moment aus dem Alltagskarussell aussteigen und von außen auf die Dinge schauen. Das fördert die Auseinandersetzung mit uns selbst, es macht klar und geistig rege. In solchen Momenten tritt das »Default Mode Network« in Aktion, das Ruhestands- oder auch Bewusstseinsnetzwerk. Es wird von einer Gruppe von Gehirnregionen gebildet, die beim aktiven Nichtstun aktiviert und beim Lösen von Aufgaben deaktiviert wird. Es schaltet sich an, wenn wir »chillen«, und unterstützt die nach innen gerichtete Aufmerksamkeit. In dieser vermeintlichen Leerlaufphase sortiert das Gehirn Altbekanntes und Unbewusstes. Es kodiert und verbindet es neu und lässt uns zu so erstaunlichen wie überraschenden Erkenntnissen kommen. Dabei können Erinnerungen und Bilder auftauchen, mit deren Hilfe sich Haltungen und Standpunkte überdenken und Probleme lösen lassen. Meditation kann diesen Modus des Gehirns positiv beeinflussen. Bei erfahrenen Meditierenden verändern sich Aktivität und Verknüpfungen der Nervenzellen dieses Netzwerks, so dass sie sich im Anschluss – wenn sie sich wieder bewusst einer Aufgabe zuwenden – besser konzentrieren können.

Mußevolles Gedanken-schweifen-Lassen ist wichtig für die Identitätsbildung und der beste Rahmen dafür, Antworten auf grundlegende Fragen zu finden. Dazu gehören:

- »Wer bin ich?«
- »Was bin ich?«
- »Wie stehe ich zu einer Sache?«
- »Wo liegen meine Potentiale?«
- »Was ist mir wichtig?«
- »Was sind meine Sehnsüchte, Wünsche, Träume?«

Sich diese Fragen zu stellen und damit die eigenen Wertvorstellungen auszuprägen, wird oftmals vernachlässigt. Stattdessen steht im Vordergrund, was andere von uns wollen; allen voran Eltern und Lehrer. Von Kindesbeinen an hören wir: »Das gehört sich nicht!«, »Leg die Hände auf den Tisch!« oder »Bleib sitzen!« In dieser Zeit will unser Ich erste Schritte machen. Es beginnt sich auszudrücken, wird aber sofort gebremst und muss sich zurücknehmen.

ALS KINDER LERNEN WIR, UNS ZU VERBIEGEN, UM GELIEBT ZU WERDEN.

Das liegt in unserer Kultur und Sozialisierung begründet: Wir wollen zu einer Gesellschaft, einer Familie gehören und von ihr akzeptiert werden. Da macht man »das« eben so, und anderes macht man nicht. Das größte Bedürfnis des Kindes ist es, geliebt zu werden und damit geborgen zu sein. Erst dann kommen die nach Nahrung und Sicherheit. Deshalb folgt es den Regeln für Akzeptanz – und diese werden zur Prägung.

Denjenigen, die die Erfahrung, geliebt zu werden, in ihrer Kindheit nicht ausreichend machen konnten, ist es wichtig, diese Liebe im Erwachsenenalter nachträglich zu bekommen. Das ist ein unbewusster Prozess. Wer besonders bedürftig und sehnsüchtig nach Liebe und Aufmerksamkeit ist, passt sich an. Er vernachlässigt das Hinterfragen und das Entwickeln seiner eigenen Werte. Das kann durchaus als »normal« bezeichnet werden. Was dabei allerdings auf der Strecke bleibt, sind die innere Kreativität und der Zustand der Erfüllung.

Immerhin deutet sich noch gelegentlich an, was in uns verborgen ist und sich seinen Weg bahnen möchte. Es ist unsere Sehnsucht, unsere Intuition, die ohne Nachdenken zutage tritt. Wer solche Signale bewusst aufgreift, kann sie mit gezielten Fragen lenken und die Antworten darauf durch Nachdenken überprüfen. So können Chancen, aber auch in Kindheit und -Familie verwurzelte Muster und Ängste zum Vorschein kommen, an denen es sich lohnt zu arbeiten, um zu einer selbstbestimmteren Lebensführung mit eigenen Wertvorstellungen zu gelangen.

GEFÜHLE LEITEN UNS Unsere Gefühle sind wie ein Seismograph. Sie helfen uns, Sachverhalte, Herausforderungen und Situationen einzuschätzen. Auch machen sie uns deutlich, wie wichtig oder unwichtig etwas für uns ist. Angst warnt vor Gefahr und mobilisiert die Fähigkeit, sie abzuwenden; Trauer signalisiert, dass wir etwas Wichtiges verloren oder nicht erhalten haben; Scham gibt uns zu verstehen, dass wir eine gesellschaftliche Norm verletzt haben; Freude macht uns klar, worauf wir Lust haben.

Weil Gefühle wichtige Schlüsse auf Befindlichkeiten und Verbesserungsmöglichkeiten zulassen, nutzt die neue Organisationsform der Holokratie diesen subtilen Gradmesser. Erste Firmen wie das 1.500 Mitarbeiter zählende Handelshaus Zappos mit Sitz in Las Vegas haben sie bereits eingeführt.

GEFÜHLE SIND NICHT LÄNGER »BULLSHIT«, SONDERN WICHTIGE GRÖSSEN IM UNTERNEHMEN.

Sie sind davon überzeugt, damit besonders schnell auf Veränderungen reagieren zu können. Holokratie steht dafür, dass alle Mitarbeiter Macht haben und jeder Einzelne verantwortlich eine Aufgabe innerhalb eines bestimmten Feldes übernimmt. Wer welche Rolle innehat, wird jeden Monat neu beschlossen, ebenso welche Aufgaben und Veränderungen anstehen. Dabei versteht man die Organisation als Organismus mit einem Eigenleben. Lenkung von oben gibt es nicht. Um Strömungen, Blockaden und Probleme schnell wahrnehmen zu können, dienen die Mitarbeiter als sogenannte Toleranzgrenzen: Jeder versteht sich als »Sensor« und entscheidet, wann er in Aktion tritt. Nimmt er in seinem Bereich etwas als außergewöhnlich wahr (etwa dass der Markt sich verändert, neue gesetzliche Bestimmungen gelten oder unter den Kollegen Missstimmung herrscht), muss er den Kollegen in der »Check-in-Runde«, die jedes Meeting eröffnet, seine Beobachtungen und Empfindungen mitteilen. So sollen aufkeimende Probleme und Veränderungen schnell und unbürokratisch bearbeitet und behoben werden. Es sorgt auch dafür, dass viele Entscheidungen, die zuvor beim Chef lagen, auf alle umverteilt werden.

Gefühle sind gute Wegweiser. Was aber, wenn jemand nicht fühlen kann? Die Psychologin Stefanie Stahl schreibt in ihrem Bestseller »Das Kind in dir muss Heimat finden«, sie kenne einige Männer, die zwar hochintelligent im abstrakten Denken seien, denen aber jeglicher Kontakt zu ihren Gefühlen fehle.[67] Aus diesem Grund bekämen sie ihr Leben nicht in den Griff. Dazu fehle ihnen eine wichtige Orientierungshilfe. Andererseits würden manche Menschen auch von einem alles überlagernden Gefühl wie Angst, Depression oder Aggression geleitet. Dadurch könnten sie das auslösende, dahinter verborgen liegende Gefühl nicht wahrnehmen. Als Beispiel dafür führt sie die Kränkung an, die der Betroffene in seiner Kindheit möglicherweise immer und immer wieder zu spüren bekam. Stahl schreibt, grundsätzlich könne jeder den Gefühlen näherkommen, die eine allgemein schlechte Situation wie andauernde Angstzustände auslösen. Die Frage »Was fühle ich gerade?« mehrmals am Tag an sich selbst zu stellen und dabei auf die Empfindungen im Brust-Bauch-Raum zu achten, sei ein erster Schritt. Sei dort ein Kribbeln, ein Ziehen, eine Enge spürbar, solle alle Aufmerksamkeit dorthin gelenkt und gefragt werden: Welches Gefühlswort passt dazu? Angst? Trauer? Scham? Wut? Freude? Erleichterung? Dann könne dieser körperlichen Empfindung eine Frage gestellt werden: »Was in meinem Leben macht es so kribblig/ziehend/eng?« Daraus erhalte man eine Antwort. Je häufiger wir unsere Aufmerksamkeit auf unsere inneren Vorgänge lenkten, desto besser nähmen wir sie wahr und könnten von ihnen profitieren.[68]

Die Antwort kann auch in Form einer Erinnerung oder eines Bildes in Erscheinung treten. Beides ist ein Zeichen dafür, dass jetzt das Default Mode Network am Werk ist und uns Lösungen anbietet. Das ist verblüffend einfach, hört sich für uns Durchgetaktete allerdings merkwürdig an. Es liegt vor allem daran, dass die Menschen in Hochtechnologie-Gesellschaften gelernt haben, die Lösung für ihre Sorgen und Probleme eher in komplexen Wissenschaften und langwierigen Verbesserungsprozessen zu suchen als in einfachen, weniger prozessorientierten

GELEBTE AUFMERKSAMKEIT BEGINNT BEI DER SELBSTWAHRNEHMUNG.

Methoden. Allmählich allerdings werden solche Vorgehensweisen akzeptiert. Zum Beispiel erstatten inzwischen einige Krankenkassen, die sich naturgemäß vor allem der Schulmedizin verschrieben haben, Kosten für die wissenschaftlich höchst umstrittene Homöopathie und lassen ihren Versicherten CDs mit Übungen zur »Atementspannung« zukommen. All das deutet darauf hin, dass die Antwort auf die Frage nach dem eigenen Gefühlszustand zumindest ein Schritt auf dem Weg zu Besserung und Heilung ist.

WAS IST MEINE ESSENZ? Die Frage nach dem »Wer bin ich, und was treibt mich an?« ist die nach dem Wesenskern – dem gewissen Etwas, das den Menschen ausmacht. Wer sie für sich beantwortet, findet einen Anker in sich selbst. So hat er die Chance, sich freizumachen davon, Aufmerksamkeit allein und ständig bei anderen suchen zu müssen. Es wird ihm klarer, was er im Leben will, und er kann seine Ziele effektiver, effizienter und sinnerfüllter erreichen.

Wichtig ist dabei zu unterscheiden zwischen der Frage, wer man ist, und der Frage, was man braucht: »Welche sind meine Bedürfnisse?« Als solche werden gemeinhin diejenigen bezeichnet, die Abraham Maslow in seiner Bedürfnispyramide als fundamental verzeichnete. Vor allem anderen kommt hier, dass ich genug zu essen und ein Dach über dem Kopf habe; dann, dass ich mich geborgen und in Sicherheit fühle. Als weitere Bedürfnisse werden genannt, dass man mir freundlich und wertschätzend begegnet und mir zuhört; außerdem, dass meine Meinung zählt und ich mich verwirklichen kann.

Sehnsüchte allerdings – und damit die Antwort auf die Frage »Wer bin ich?« – stehen hinter den Bedürfnissen zurück. Solange ein Bedürfnis, etwa das nach Sicherheit oder Liebe, viel Aufmerksamkeit braucht, hört man die innere Stimme der Sehnsucht kaum. Weil andere, elementarere Notwendigkeiten im Vordergrund stehen, verspürt man keinen großen Antrieb, sich mit ihr auseinander-

DIE ERFÜLLUNG DER SEHNSUCHT WIRD SPÄTESTENS IN DER KRISE ZUM ELEMENTAREN BEDÜRFNIS.

zusetzen. Vielfach weist erst eine Krise den Weg. Das Gefühl, festzustecken und nicht mehr weiterzukommen, wird dann zum Beweggrund, seiner Essenz näherzukommen. Wenn der Mensch nicht weiterweiß (und meist erst dann und nicht proaktiv), wendet er sich an einen Berater, Coach oder Therapeuten. Mit ihm geht er seinem wirklichen Wollen nach. Er spürt, dass darin der Urgrund für all das verborgen liegt, was zu mehr Sinn, Kraft und Erfolg führt. Aufgrund dieser Schlüsselerkenntnis kann er nun ergründen, was das für ihn bedeutet.

»Klarheit über den Sinn und das Ziel unserer Existenz ist mehr wert, als sich in leistungsorientierter Kostenrechnung, Balanced Scorecards, dem Konzept der Kernkompetenz, der disruptiven Innovation, den vier Ps und dem Fünf-Kräfte-Modell auszukennen.«[69] Das sagt der amerikanische Wirtschaftswissenschaftler Clayton Christensen. Wer mag da noch an der Kraft der inneren Bestimmung zweifeln, wenn selbst ein arrivierter Wirtschaftsprofessor an einer Elite-Uni wie der Harvard Business School so denkt?

Jeder sollte sich in ruhigen, mußevollen Stunden die zentralen Fragen stellen:

× Was ist meine Essenz, mein Kern: »Wer bin ich, und was treibt mich an?«

× Was ist meine Vision, mein Idealzustand in der Zukunft: »Wo will ich hin?«

× Was ist meine Mission, mein Weg: »Wie schaffe ich das?«

Um Antworten auf diese Fragen geht es auch, wenn Unternehmen ihre Existenzberechtigung überprüfen: Welches Recht haben sie, überhaupt am Markt zu sein? Wen soll interessieren, dass es sie gibt? Wer soll ihre Produkte und Services nachfragen? Einmal gefunden, sind die Antworten – neben weiteren Elementen wie Alleinstellung und Gesellschaftsbeitrag – Teil ihrer Persönlichkeit. Ist diese Positionierung kraftvoll formuliert und wird sie gelebt und erlebbar gemacht, hat das Unternehmen damit die Chance, am Markt und im Kampf mit den Konkurrenten besser wahrgenommen zu werden. Es hat dann eine Identität.

Doch anstatt sich einem solchen Prozess zu stellen, denken viele Führungskräfte, die Existenzberechtigung sei ihrem Unternehmen eingebaut, quasi als Naturgesetz. Mit einer solchen Haltung verkennen sie, dass Aufmerksamkeit immer nur geliehen ist und es sie nicht im Abonnement gibt. Und dass vom Markt geht, wer da nicht mithalten kann. Nokia ist ein trauriges Beispiel hierfür. Die Firma verschwand vom Markt, zumindest was die auf sie verwendete Aufmerksamkeit der Konsumenten angeht. Vor wenigen Jahren noch stolze Firma, hat Nokia es verpasst, zeitgemäße Antworten auf die zentrale Frage zu finden und diese zur Grundlage allen Handelns zu machen. Dafür müssen Unternehmen der Zielgruppe zuhören, wenn sie formulieren, was sie morgen von einem mobilen Telefon erwartet. Und das tut sie, heute vernehmlicher denn je. Das Zuhören ist die Voraussetzung dafür, Aufmerksamkeit für neue Produkte zu bekommen.

AUFMERKSAMKEIT IST IMMER NUR GELIEHEN. ES GIBT KEIN ABO DARAUF.

Auch der einzelne Mensch hat in der Regel etwas, wofür er lebt. Die Volksbanken Raiffeisenbanken beziehen sich sogar in ihrer Werbung darauf: »Jeder Mensch hat etwas, das ihn antreibt.« Was es ist, lässt sich ähnlich wie bei Unternehmen herausfinden und fassbar machen. Beim Human Branding geht es ebenfalls um Essenz, Vision und Mission, Herausstellung und Gesellschaftsbeitrag. Beim Herausarbeiten ist die entspannende Umgebung wichtig, ebenso die Schubkraft des Unbewussten. Wer die Antwort kennt, hat die Basis dafür, sich bewusst für ein bestimmtes Handeln zu entscheiden und ein anderes genauso bewusst zu unterlassen.

Allein Materielles anzuhäufen bringt auf Dauer keine wirkliche Befriedigung – davon zeugen die unablässige Gier vieler Superreicher und die ständigen Nachrichten über Abstürze prominenter Menschen, die vermeintlich alles haben. Vor allem Unternehmer und Führungskräfte – und breiter gefasst alle Menschen, die etwas bewegen wollen – stellen im Lauf des Lebens irgendwann fest, dass Geld allein weder sie selbst noch andere zufrieden macht. Wer das Materielle allem anderen Erstrebenswerten vorzieht, wird nie das Gefühl verspüren, wirklich angekommen zu sein. Wer es über Gesundheit, Familie und Zufriedenheit stellt, wird auf Dauer scheitern. Erst der eine Wert, die eine Haltung, die der Mensch als seinen Kern ansieht, gibt seinem Leben den Sinn. Er kann jederzeit Arbeit und Geld verlieren und ist bei allem Tun in Angst davor, dass es so kommt. Eine Haltung wie beispielsweise Zufriedenheit dagegen, die tiefer in ihm angesiedelt ist, kann er nicht verlieren. Er kann vielmehr dafür sorgen, dass sie stärker wird und sich immer mehr manifestiert. Ebenso ist es mit Gelassenheit. Stellt der Mensch einen solchen Wert an die Spitze seines Handelns, wird er sich anders verhalten als derjenige, dem Materielles über alles geht. Er wird anders auf sich achten und mit seiner Gesundheit umgehen, Geld verdienen und auf seine Mitmenschen eingehen. Weil er erkannt hat, dass auf dem Friedhof viele Millionäre liegen.

Geld verdienen und sich etwas leisten zu können ist etwas Schönes. Wer darum weiß, es jedoch nicht zum Maß seines Handelns macht, hat eine gesunde Einstellung dazu und strebt zuerst nach anderem. Er macht es nicht so, wie es zum Beispiel der Vater gemacht hat oder die Mutter immer schon wollte: dass es ihm einmal »besser geht«. Viele erkennen zu spät, dass sie sich diesen Motiven fremdbestimmt unterworfen haben.

Wenn Sie erfahren wollen, was Ihnen am wichtigsten ist: Fragen Sie sich, was in Ihrem Leben ganz oben steht, und schreiben Sie die vier wichtigsten Aspekte nacheinander auf. Hier gibt es kein Richtig und kein Falsch, auch kein Besser oder Schlechter. Die wichtigsten Motive gliedern sich in drei Dimensionen, an denen Sie sich bei Ihrer Liste orientieren können:

- Schaffenswerte: Job, Geld, Gesundheit, Partnerschaft, Familie …

- Haltungswerte: Wertvorstellungen, Dankbarkeit, Zufriedenheit, Gelassenheit …

- Erlebniswerte: Freude an der Natur, Geborgenheit, Ruhe …

Nachdem Sie Ihre Liste erstellt haben, fragen Sie sich einmal, was Sie denken und fühlen würden, wenn ein ganz anderer Wert ganz oben stünde. Welcher wäre das, und welche Auswirkungen hätte es auf die Gestaltung Ihres Lebens?[70] Dann spüren Sie, welchen Unterschied es macht, die eigenen Prioritäten jederzeit auf dem Schirm zu haben.

Alles hat seinen Preis. Insgeheim spürt der Mensch, wenn er dauerhaft das für ihn falsche Ziel verfolgt. Echt werden – nämlich so, wie es unserem Kern entspricht – können wir nur, wenn wir uns der Herausforderung stellen, unsere Essenz zu finden. Die Antworten auf die Kernfragen haben enorme Tragweite bei der Lebensgestaltung – wenn wir es zulassen. Sie bieten uns die Chance, wahrhaftig zu sein und damit eine ganz andere Wirkung auf andere zu entwickeln; sich selbst bewusst, authentisch im Handeln und dadurch erfüllt. Wir kommen so allmählich uns selbst und dann auch anderen nahe. Das Leben füllt sich mit Sinn. Das Ich schlägt tiefe Wurzeln und nährt sich von der Erfüllung der Bedürfnisse, die vielleicht lange ignoriert wurden. Die Facetten des Charakters, die eigenen Werte und das Potential kommen so zum Tragen. Das Ich lernt, was es sich wert ist, und erkennt sich als einzigartig.

ERFÜLLT LEBT, WER DAS LEBEN NACH GEFÜHL ORDNET, NICHT NACH DRINGLICHKEIT.

VIEL SAGEN, OHNE VIEL ZU SAGEN

Reden, denken, reden, entscheiden, reden, machen, reden. Sofort und ständig, überall. Die vielen Verpflichtungen und empfundenen Notwendigkeiten treiben uns vorwärts und lassen uns blindlings und reflexhaft agieren. Dabei ist es oft klüger, in einem Dialog einmal nichts zu sagen! Einfach nichts erwidern, nicht richtigstellen. Stattdessen schweigen und abwarten, was sich tut. Verhandlungsstrategen wissen um die Souveränität, die diese Konsequenz erfordert. Sie sagen zu einem als unmoralisch empfundenen Angebot zunächst nichts und schalten auf stumm. Dabei blicken sie ihrem Gegenüber geradewegs in die Augen. Das setzt die Gegenseite nicht selten so sehr unter Druck, dass sie aufs unmoralische Angebot schnell noch etwas Moralisches drauflegt.

Auch in Konflikten ist beredt zu schweigen nicht selten der klügere Weg. Wer eine unverschämte Mail, eine taktische Absage oder eine Drohung erhält, tut gut daran, sich zu überwinden, bis auf weiteres nichts zu tun. So lange, bis er antwortet, hat er die Zügel in der Hand.

> *DIE WIRKSAMSTE GEGENMASSNAHME BEI EINEM ANGRIFF IST, DRÜBER ZU SCHLAFEN.*

Es verunsichert den Absender und drängt ihn in die passive Position. Das garantiert dem Schweigenden volle Aufmerksamkeit.

BEREDTES SCHWEIGEN: DIE STILLE TUGEND In einer Pause schaltet das Gehirn ins langsame Denken. Das bewahrt uns davor, reflexhaft und wütend in einer Art und Weise zurückzuschlagen, die uns hinterher leidtut und kontraproduktiv ist. Solch beredtes Schweigen veranlasst uns zu prüfen, was wirklich wichtig ist, und als Ergebnis schließlich, befreit von erstem Ärger, so abgewogen wie klug zu reagieren. Das ist herrlich, auch unterwegs im Auto oder in den Bergen. Wer sich auf diese Kunst versteht, kann konstruktives Nichts-Sagen sowohl geben als auch nehmen. Er weiß zu schätzen, wie wohltuend und gerade deshalb verbindend es sein kann, wenn mal niemand spricht. Lieber widmet sich jeder seinen Gedanken, den Reiseeindrücken oder seiner Lektüre. Wer es tut, stellt fest, dass beim Reden weniger mehr ist – weniger Small Talk und Bewerten, mehr Muße und Zeit für das Wesentliche. Das überlegte Schweigen bewahrt uns auch davor, dem anderen nach dem Mund zu reden. Die Schweizer Zen-Meisterin Anna Gamma präzisiert: »Wir meinen immer, wir müssten geben, aber vielleicht wäre es besser, weniger zu nehmen und auch zu empfangen und zu sehen, was wirklich wichtig ist. Um dieses Sehen zu lernen, müssen wir innehalten und aus der Geschäftigkeit heraustreten, sonst können wir gar nicht richtig sehen.«[71]

Nur im Innehalten können wir unsere eigene Stimmungslage und die des Gegenübers prüfen. Mit einem zurückhaltenderen Ego lebe es sich außerdem gesünder und gelassener, sagen die amerikanischen Psychologen Jack Bauer und Heidi Wayment. Das »stille Ich« (die Erforschung des »quiet ego« ist eine neue Bewegung in der Psychologie) habe das Bedürfnis, den »Egoismus-Lautsprecher« herunterzudrehen, und zwar auf persönlicher wie auf kultureller und sozialer Ebene. Das habe nichts mit einem geringeren Selbstwertgefühl zu tun und sei auch kein Kriterium für »Low Performer« oder »Loser«, vielmehr ein Zeichen geistiger Reife.[72]

Die Sehnsucht nach Ruhe lässt sich auch am Zeitgeist ablesen. Künstlerische, ja meditative Filme, die sich früher keine Woche gehalten hätten, laufen heute monatelang im Kino. Der Arthouse-Streifen »Kirschblüten und rote Bohnen« aus Japan zum Beispiel, der Nation der großen Schweiger: Der trübsinnige Bäcker Sentaro stellt in seiner Bude Dorayaki her, die typischen Pfannkuchen mit Bohnenpaste. Er hat mäßigen Erfolg, bis die Rentnerin Tokue in sein Leben tritt und ihn die Liebe zu seinem Handwerk lehrt. Im Verlauf des Films sagen sie viel zueinander, ohne viel zu sagen. Viel mehr Handlung, als dass der Bäcker nach einigem Auf und Ab Bestimmung und Erfüllung findet, gibt es nicht. Dabei ist gerade dieses Wenige das neue Viel. Es ist ein stiller Film, der in die Zeit passt wie das Revival der Roadmovies mit vielen Highway-Kilometern und noch mehr Rindern am Straßenrand und sonst nicht viel. Der norwegische TV-Sender NRK begeistert mit der siebenstündigen Live-Übertragung einer Zugfahrt von Oslo nach Bergen mehr Zuschauer als die Konkurrenz mit der zeitgleich gesendeten

Castingshow *X-Factor*. Außerdem lange im Programm: der Livestream vom emsigen Werkeln diverser Vögel und Eichhörnchen in ihrem zum Mini-Coffeeshop umgebauten Vogelhäuschen. Drei Monate lang verfolgten bis zu 30.000 Viewer täglich das Geschehen in der »Piip-Show«, bei der auf den ersten Blick nichts geschah und auf den zweiten jede Menge. Es sind kleine, ruhige Ereignisse, die die Menschen emotional berühren und sich ohne Brimborium und PR-Gedöns in die Herzen schleichen. Das Pure und Echte des Geschehens und die dort gelebten Werte sind so überzeugend. Eine solche so willkommene Auszeit von Hektik und Werbung ermöglicht stilles Verstehen.

> *LANGSAMES DENKEN IST DIE VORAUSSETZUNG DAFÜR, SOUVERÄN ZU HANDELN.*

Beredtes Schweigen ist im privaten Umgang eine Wohltat, ebenso in der Werbung und bei der Kundenansprache. Die australische Kosmetikfirma Aesop etwa besticht durch maximale Zurückhaltung. Die Optik ihrer Produkte, der Fläschchen und Tuben genauso wie der Etiketten, beschränkt sich auf das Nötigste. Sie erscheinen nüchtern wie Klinikbedarf. In dieser Klarheit findet Aesop seine Abgrenzung von der Menge all der anderen Kosmetikprodukte, die mit großen Buchstaben und grellen Farben um Aufmerksamkeit buhlen. Die Reduziertheit kommt an: In kürzester Zeit eröffnete das kleine Unternehmen ein Dutzend Läden in Deutschland. Jeder durfte anders aussehen. Wichtig bei der Gestaltung war nur ein zur Philosophie passender Stil, der sie »reduziert und ohne Schnörkel präsentiert, sich aber auf jedem Zentimeter hochwertig anfühlt und einen individuellen Zuschnitt auf den Standort hat«[73], so der Europa-Chef Thomas Buisson. Das Produkt ist bei Aesop mehr als Feuchtigkeitspflege für Hände und Nagelhaut, Duftwässerchen und »Körperreiniger für verwöhnte Miezen und Möpse«. Es ist Ausdruck eines Lebensgefühls, dem des schweigenden Genießers, der ganz nach der Devise »Reduce to the max« lebt. Ihn spricht Aesop an, und für ihn fabuliert der Werbedichter auf der Website: »Aesop bringt allen menschlichen

Bestrebungen, die auf intellektueller Scharfsinnigkeit, Vision und einer Prise Ausgefallenheit beruhen, großen Respekt entgegen. Wir stellen jedes Produkt mit derselben Liebe zum Detail her, die unserer Meinung nach auch allgemein im Leben gelten soll, und tun dies unter Berücksichtigung des Klimas und der Umwelt, in der unsere Kunden leben und arbeiten. Wir empfehlen den Gebrauch unserer Produkte als Teil eines ausgeglichenen Lebenswandels, beruhend auf gesunder Ernährung, einem vernünftigen Maß an Körperbewegung, mäßigem Rotweinkonsum und einer regelmäßigen Dosis stimulierender Literatur.«[74] Mit solcher Prosa trifft Aesop den Zeitgeist derer, die auf sich achten und sich wichtig genug dafür sind, 29 Euro für 100 Milliliter »konzentriertes, duftendes feuchtigkeitsspendendes Öl für normale und trockene Haut« auszugeben. Solcherlei Menschen gibt es im Sinne der Absatzziele von Aesop genügend.

Der Trend zu zurückhaltend kommunizierten Produkten, die gerade wegen ihres reduzierten Auftritts ein Hingucker sind, zeichnet sich auch in der Mode ab. Hier fallen Unisex-Kollektionen, schlichte Schnitte und klassische Farben auf. Das passt in eine Zeit, in der viele Konsumenten müde sind von den lauten, aufgeregten »Kauf mich!«-Rufen der Vergangenheit. Sie sind die idealen Kunden für Manufactum, das Kaufhaus für die schlichten guten Dinge, die es schon immer gab. Das hier schlummernde Potential erkannte auch der Versandhändler Otto. Er war mit austauschbarer Massenware an seine unternehmerischen Grenzen geraten und übernahm Manufactum, das Spezialgeschäft mit den beachtenswerten Hinguckern. Auch Masse braucht immer häufiger Klasse.

Grundsätzlich, so die Marktforscherin Martina Kühne vom Gottlieb Duttweiler Institut, sei ein Großteil der Verbraucher konsummüde. Vor allem, was Luxus anbelange. Das liege daran, dass es den Verbrauchern in Westeuropa schon so lange so gut gehe. Anders als in jungen aufstrebenden Volkswirtschaften wie China oder Vietnam seien hier Konsumhunger und Markenenthusiasmus abgeebbt. Ginge es in Asien noch stärker um Wettbewerbsdruck und die Sorge, mithalten zu können, seien wir in der reiferen Phase angelangt. Die zentrale Erkenntnis: Kaufen macht nicht glücklich. Wir kauften daher nur noch, so Kühne, wenn wir von einem Produkt überzeugt seien. Dies erkläre das neue Bestreben nach Reduktion und Schlichtheit. Nachhaltigkeit in der Produktion und schlüssige Antworten auf die Sinnfrage gewännen an Bedeutung. In Kühnes Augen befindet sich in Westeuropa fast jeder zweite Luxuskonsument in den fortgeschrittenen Phasen der Luxusmüdigkeit. Davon abgesehen seien sie alle bestens informiert, kauften immer häufiger über das Internet und erwarteten vom Handel, dass er mit ihnen auf Augenhöhe kommuniziere. Darüber hinaus seien sie weniger empfänglich für Werbung als andere Konsumentengruppen.[75]

GIER IST OUT – SINN IST DER NEUE LUXUS.

Ihren heutigen Reiz ziehen Luxusanbieter aus ihrer Zurückhaltung und der geheimnisvollen Aura, die sie umgibt. Vor allem müssen sie ihren Kunden Beachtung schenken, sie besser verstehen und ihnen mehr Einblick in den Wertschöpfungsprozess geben. Wer darum weiß, wie sein Produkt hergestellt wird, schätzt seinen Wert höher. Wer sich außerdem einbringen kann, etwa als Designer seiner eigenen Tasche oder Sneakers, erst recht. Dabeisein und Mitmachen fördern den »Werkstolz« und geben das gute Gefühl, Teil eines Unternehmens und seiner Community zu sein. Das fühlt sich dann an wie ein Stück der verlorengegangenen Heimat. Die Folge: Bei solchen Unternehmen kauft man, gerade auch weil sie nicht die lautesten sind, sondern vielmehr am bedeutungsvollsten schweigen.

Es folgt: beredtes Schweigen.

GUTE GESPRÄCHE FÜHREN Viele Gespräche laufen im Alltag nur nebenher und beschränken sich auf den Austausch über Organisatorisches: eine Terminvereinbarung, den Wochenendeinkauf oder die Weihnachtsplanung. Schwieriges wird hier bewusst nicht thematisiert, stattdessen beschränkt sich der Austausch jenseits des Themas auf Nebensächlichkeiten: »Was macht eigentlich der Hans?«; »Habe ich dir schon erzählt, was der Kunde zu unserem Angebot gesagt hat?«; »Du kannst dir Zeit lassen, meine Mutter kommt später.« Dafür reicht es in der Regel, physisch anwesend zu sein, ab und zu etwas beizusteuern und das Wichtigste abzuspeichern. Ähnlich verhält es sich mit dem Small Talk. Er ist ein munterer Zeitvertreib mit der Unterhaltung über dies und das, weil man eh schon da ist; nicht mehr und nicht weniger.

Ein gutes Gespräch ist etwas anderes. Dabei ist es wichtig, dass ich auf den anderen und seine Worte, seine Mimik und Gestik wirklich fokussiert bin. Ich will auch selbst zu Wort kommen und mich gehört fühlen. Dafür muss ich spüren, was in mir los ist. Wenn ich unter Druck stehe und das nicht ausreichend erkenne, kann ich noch so sehr glauben, dass ich »on« bin. Trotzdem spürt der andere, dass ich nicht ganz auf die Situation und das Thema eingestellt bin. Dann lässt er sich auch nicht wirklich auf mich ein. Lieber will er nur das Nötigste loswerden und das Gespräch bald zum Abschluss bringen, denn: Es führt nicht weiter. Wenn es wirklich Redebedarf gibt, ist das die falsche Ausgangsbasis.

Um mich in eine aufmerksame Position zu bringen, sollte ich mich vor einem Gespräch fragen: Wie geht es mir? Wo bin ich mit meinen Gefühlen? Spüre ich den Boden? Wie sitze ich? Die Antworten verankern mich im Raum und erlauben mir, das große Ganze ins Auge zu fassen. Fokussiert auf den eigenen Kern, aber die Umstände nicht ausgeblendet. Aus dieser Position heraus habe ich mehr Spielraum, was meine eigenen Emotionen und Handlungen ebenso wie die des anderen betrifft. Ich bin klarer und weniger reflexhaft, weil ich mich ins langsame Denken begeben habe. Das verleiht mir Souveränität und Ruhe. Meine Sinne sind geschärft. Jetzt kann ich dem anderen wirklich begegnen. Ich kann auf ihn und seine Thesen eingehen. Und ich kann, aus der geerdeten Position heraus, eventuelle Übergriffe souverän kontern.

In diesem Modus ist die Chance groß, dass sich ein außergewöhnlich gutes Gespräch entwickelt, bei dem man sich gehört und verstanden fühlt. Der Funke springt über und entzündet ein kreatives verbales Feuerwerk, für das ich meine tiefe innere Weisheit anzapfe. Dafür schaltet sich mein Default Mode Network dazu. Es sorgt unter anderem dafür, dass ich auf den Einsichten aufbauen kann, die mein Gesprächspartner formuliert. Auch er kommt weiter mit seinen Themen, sieht Alternativen und neue Perspektiven. Diese Begegnung erleben beide als Bereicherung und echten Austausch.

Für ein Gespräch mit solcher Qualität braucht es Muße. Es ist längst nicht mit jedem möglich, und schon gar nicht immer und überall. Viele Menschen schieben lieber Bekanntes und Erlebtes hin und her, als Neues anzustoßen. Sie schaffen es nicht, mit ihren Gedanken proaktiv die Chance zur Gegenrede einzuräumen. Das ist wichtig, um die Redelust anzuregen und sie laufend zu verstärken. Statt sich fortwährend zu widersprechen, sollten sich die Gesprächspartner gegenseitig in der Rede bestärken. Und Widerspruch sollte vorsichtig, am besten durch Nachfragen artikuliert werden.

Bei Brainstorming-Runden sammeln die Beteiligten in einem Ideenfindungsprozess erst einmal alle Ideen unkommentiert ein. Sie bewerten sie nicht gegenseitig. Das beflügelt geistige Kapriolen. Dieser paradiesische Zustand des Nicht-Abwertens und Nicht-Widersprechens sowie des Ungehindert-fließen-lassen-Könnens bereichert alle Beteiligten. Er stellt die Kommunikation auf der Beziehungsebene in den Vordergrund –

mit gegenseitiger Bestärkung und Lachen, was dem Prozess unterstützende und erhellende Impulse gibt und ihn weiter anheizt. All das regt den Gedankenfluss an. Wer eine solche Atmosphäre auch in weniger formellen Gesprächen schafft, sorgt für gute Ergebnisse. Das verringert auch das Risiko, dass jemand die Ratschlags- oder die Monologisierungskeule schwingt. Und es erhöht die Chance, dass beide Seiten gestärkt, aufgeladen und erfüllt auseinandergehen.

Wer sich allerdings selbst fremd ist, dem fällt es schwer, eine solche Beziehung herzustellen. Solche Menschen sprechen gerne von sich als »man« (»Man sollte / könnte / müsste ...«). Außerdem neigen sie dazu, Erlebtes nachzuerzählen. So wollen sie ihren fehlenden Bezug zu ihrem Inneren kompensieren. Zuweilen spicken sie ihre Ausführungen mit peinlich genauen Details. Ihr Gegenüber zum fühlenden Reflektieren zu animieren, bringen sie nicht fertig: Sie haken nicht feinfühlig nach, spiegeln Gefühle nicht und meiden Pausen. Förderliche Äußerungen wie »So siehst du das also ...«, »Wie meinst du das genau?«, »Was empfindest du dabei?«, »Geht es dir gut damit?« sind ihnen fremd.

Der gute Gesprächspartner ist ein Sparringspartner. Er hört gut zu, reflektiert das Gesagte und bringt seine Ideen, Gefühle, Themen ein. Das macht ihn zu einem Gegenüber auf Augenhöhe. Verbale Sternstunden lassen sich nur mit jemandem erleben, der auf diese Art und Weise auf derselben Frequenz sendet und empfängt. Aufmerksamkeit ist die Grundlage für ein gutes Gespräch – doch sie darf dabei nie einseitig sein, denn ein wirklicher Dialog braucht immer zwei.

ECHTES INTERESSE ZEIGEN

Der aufmerksamkeitsstarke Eintrag einer Beraterin auf ihrer Facebook-Seite unter der Überschrift »Kontakte sind keine Einbahnstraße«:

»Nach langer Zeit war ich mal wieder auf (dem Online-Karrierenetzwerk) XING und las eine Nachricht, dass sich ein Vertriebstrainer von XING abmelden wolle. Er sei nun so bekannt, dass er täglich Stunden brauchen würde, um alle Nachrichten lesen zu können. Deshalb würde er nun mehr fokussieren und sich bei XING abmelden. Um aber weiter mit ihm in Kontakt zu bleiben, könne ich seinen Podcast und seinen Newsletter abonnieren, seine Seminare besuchen und blablabla. Alles Einweg-Kanäle, und an mir hat er mit seiner Nachricht NULL Interesse gezeigt. Mich kotzt dieses ›Ich bin zwar kein Promi, aber ich verhalte mich mal so‹-Gehabe an. Da erzähle ich seit 20 Jahren was von Kundenorientierung, und nun benimmt sich ein Verkaufstrainer, als sei er ein Hollywoodstar – selbst die denken langsam um. Heute ist nicht mein Tag. Ich gehe Kuchen essen und Luftblasen aussortieren.«

Dieser Zeitgenosse will nichts hören, schon gar nicht zuhören – er beschränkt sich lieber aufs Senden. Ein anderer Typus Mensch tut es wiederum zu gut: der Aushorcher, der immer auf den eigenen Vorteil bedacht ist – ein echter Opportunist. Mit gespitzten Ohren lauscht er großen Worten. »Wie angenehm«, denkt man zunächst. Wenig später stellt man fest: Es ist kein Lauschen, sondern ein Lauern. Denn in dem Moment, in dem er alles erfasst hat, will er es jetzt ganz genau wissen: »Ah, du warst in London! Wann warst du dort? Bei wem warst du? Machst du das öfters? Was zahlen die dir? Wird das ein Dauerprojekt? Kannst du mich da auch ins Gespräch bringen?« So schnell, wie der einen löchert, kann man gar nicht antworten. Es sind Fragen, die über die Grenzen des guten Geschmacks und der gepflegten Zurückhaltung hinausgehen. Wie im Verhör. Man fühlt sich gestresst, an die Wand gepinnt, auf einmal wird einem ganz heiß. Dem Aushorcher geht es bloß darum, alle sich ergebenden Optionalitäten abzuklopfen und auszunutzen. Ob er dabei zu weit geht, interessiert ihn nicht. Er bemerkt es nicht einmal. Doch man selbst fühlt sich als Objekt, das kurz mal alle seine wertvollen Erfahrungen weiterreichen soll. Ausgesaugt wie von einem Vampir. Empathisch ist das – null.

Aus Gesprächen mit dem Aushorcher kann man sich nur mit Humor und Schlagfertigkeit herauswinden. Wer die Kraft aufbringen mag, antwortet mit einem klaren Nein. Und wer Letzteres nicht kann und Ersteres nicht hat, geht als Verlierer vom Platz. Er fühlt sich benutzt.

Auch manche Unternehmenskommunikation fühlt sich aushorchend an. Bei diesen übergriffigen Unternehmen ist die Reaktion einfacher: All die Mails mit den ganzen Fragen nach der Meinung, der werten Zufriedenheit und weiteren Bedürfnissen sind schnell weggeklickt und gebündelt entsorgt, zudem als »Spam« markiert.

Die klugen Fragensteller unter den Gesprächspartnern und Unternehmen wissen das und stellen sich darauf ein, anstatt es nach dem Gießkannenprinzip dennoch zu versuchen. Sie doktern nicht auf der Inhaltsebene herum, sondern docken auf der Beziehungsebene an.

WER ETWAS WISSEN WILL, DOCKT BESSER AUF DER BEZIEHUNGSEBENE AN.

Es interessiert sie wirklich, welche Themen einen umtreiben und was man denkt, fühlt, macht. Sie hören bereits zu und kollaborieren. Und sie kennen den Riesenvorteil, den sie haben, wenn sie Meinungen anderer schätzen und daraufhin ihre eigenen prüfen und justieren. Wer so handelt, weiß um den Wert seines Gegenübers und orientiert sich an seinem Bedürfnis: Wie geht es ihm, und was braucht er? Wie können wir seine Wünsche am besten befriedigen? Passt ihm ein Gespräch oder eine Kontaktaufnahme jetzt, oder ist es zu einem anderen Zeitpunkt besser? Sie verhalten sich – neben der Aufmerksamkeit, die sie ihrem Gegenüber zollen – respektvoll und feinfühlig. Mit dieser Haltung dringen sie durch und erhalten die Chance, umgekehrt auch erhört zu werden. Der Empfänger empfindet ihre Suche nach Nähe als echt und lässt zu, dass sie sie bekommen.

Aufmerksamkeit und Respekt, so der amerikanische Psychologe Todd Kashdan, erzeugen nur dann Nähe und Offenheit, wenn ich an meinem Gegenüber aufrichtig interessiert bin.[76]

Jeder weiß, wie gut es tut, wenn der Hausarzt ernsthaft fragt, wie es uns geht. Er fragt es zugewandt und schaut uns dabei in die Augen. Er erinnert sich noch an den letzten Termin vor längerer Zeit, weiß noch, weshalb ich bei ihm war und auch das eine oder andere Detail. Er hat im Kopf, was er mir verschrieben hat. Er mag sich damals Notizen gemacht haben und sie vor diesem neuen Termin durchgelesen haben, doch das tut im Gespräch nichts zur Sache, im Gegenteil: Es spricht umso mehr dafür, dass er ernsthaft bei der Sache ist.

Echtes Interesse bekundet mein Gesprächspartner auch im Geschäftsleben, wenn er beim Wiedersehen Monate nach dem letzten Meeting daran anknüpft, was damals bei mir Thema war. Er fragt, wie es mir seither ergangen ist. Sagt, er habe über das Besprochene nachgedacht und jetzt eine Idee, einen Vorschlag ... Ist er mein Lieferant oder Dienstleister, bin ich nun offen für ein wohlmeinendes Angebot. Selbst der an sich so anonyme Onlineshop, der sich die Mühe macht, mich zu kennen und zu verstehen, verschafft sich auf diese Weise eine große Chance: Der bestens informierte Mitarbeiter weiß, was ich wie oft kaufe. Er ruft mich an, holt mich auf der Beziehungsebene ab und unterbreitet mir einen Rabatt bei Einmalzahlung oder ein faires Angebot zur Ratenzahlung. Es entspricht meinen Konsumgewohnheiten und meiner finanziellen Lage. So macht er mich zum Stammkunden, gar zum Fan. Nebenbei bindet er mich schon durch die längerfristige Verpflichtung an sein Haus. Das verspricht ihm zusätzlichen Umsatz, und den bekommt er dann auch gern von mir.

Manche Unternehmen gehen noch weiter: Sie beteiligen ihre Kunden an den Überlegungen und Entstehungsprozessen, bevor sie eine Dienstleistung oder ein Produkt auf den Markt bringen. Der Kunde denkt und entwickelt mit. Echtes Interesse schmeichelt ihm, und so genügt eine eher symbolische Entlohnung (in Form eines Rabatts oder eines Gutscheins) dafür, dass er seine Expertise einbringt. Er weiß, dass die materielle Entlohnung mager ist. Aber seine Identifikation mit diesem Unternehmen und der Stolz darauf, gefragt worden zu sein, machen es mehr als wett: Ideeller Lohn ist mit Geld nicht zu bemessen. Der Mitmacher wird Teil des Unternehmens, und das neue Produkt auf dem Markt ist für ihn »mein Produkt«. Mehr Verbundenheit geht nicht.

KUNDEN, DIE SICH GEHÖRT FÜHLEN, HELFEN SOGAR UNBEZAHLT BEI DER ENTWICKLUNG MIT.

»WE ARE FAMILY«: KUNDEN ALS ENTWICKLER Der Computerbauer Dell umwirbt Mitentwickler auf ideastorm.com. Mit dem ermunternden Slogan »Ideastorm can take your idea and help turn it into reality« (»Der Sturm der Ideen kann Ihre Idee Wirklichkeit werden lassen«) ist eine Plattform für Kundendialog, Beschwerdestelle und Innovations-Hub zugleich. Sie gibt dem Kunden eine Stimme, die von den Entscheidern bei Dell ohne Umwege gehört wird. Hier treffen sich Anwender, Nerds und Designer. Die Nutzer können online brainstormen, untereinander genauso wie mit Gleichgesinnten auf Seiten des Unternehmens. Dell will auf diese Weise frühzeitig in Erfahrung bringen, welche Produkte und Services entwickelt oder verbessert werden können und welche Trends sich in der Community abzeichnen. Seit 2007 wurden bereits mehr als 25.000 Ideen auf ideastorm.com eingereicht. Etwa 550 davon wurden umgesetzt, darunter die beleuchtete Tastatur, die Verlegung des Gebläses von der Unterseite des Laptops an die Seite, und dass die Website von Dell auch mit Firefox auf Linux läuft. Ideen, die die Nutzer mögen, können sie wählen und Punkte vergeben; beides liebt die Online-Community. Vorteil für Dell: Ihr Hirnschmalz wird kostenfrei abgezapft. Die Mitmacher wissen sehr wohl darum und fühlen sich geehrt. Ihre Loyalität zu Hersteller und Produkt besorgen sie jetzt selbst – das ist Kundenbindung 2.0. Der Anbieter ist der Ermöglicher, interessierte Zuhörer und willige Umsetzer. Er macht die Intelligenz der vielen auf empathische Art für sich nutzbar und gibt ihnen das Gefühl, das tief in uns angelegt ist und jedem guttut – zu einer großen Familie zu gehören.

Auf mystarbucksidea.force.com gibt es fast 50.000 Ideen für neue und verbesserte Kaffees und Espressos, mehr als 7.000 für Frappucino-Getränke und über 15.000 für neue, ganz andere Produkte. Die Online-Mitmach-Area verlängert das entspannte Erlebnis im Store inmitten cooler Leute mit ihrem Sound an den heimischen Rechner. So haben die Einreicher das Gefühl, sie bauen aktiv mit an ihrem gewohnten zweiten Wohnzimmer, das viele als kuscheliger empfinden als das erste Zuhause. Die Fans setzen sich ein für eine neue Zuckerart aus Kolumbien, Strohhalme mit mehr Duchlassvermögen und den Becher mit Motor am Boden, der den Eistee in den Strohhalm pumpt, damit man weniger saugen muss. Dabei sollen LEDs in allen Blitz- und Donnerfarben leuchten. Allein über Beschaffenheit und Farbe des vergrößerten Strohhalms – Gold, Rot-Weiß-Blau oder lieber alle auf einmal und optional mit fluoreszierenden Leuchtstreifen für einen Stromausfall – tauschen sie sich ellenlang aus. Mehr Involvement geht nicht. Es bindet die Kunden an Starbucks, solange sie das Gefühl haben, tatsächlich erhört zu werden. Der Grat ist schmal: Wer nur fragt, aber keine Antworten gibt, geschweige denn etwas umsetzt, verspielt das Vorschussvertrauen seiner Fans. Zumindest in Deutschland hat man als Starbucks-Kunde den Eindruck, dass die Kräfte eher zum Auflösen des Investitionsstaus gebraucht werden, bevor es an die Innovationen geht.

Die Mitglieder solcher sogenannten »Co-Creation-Communities« sind heiß umworben. Der Konsumgüter-Konzern Procter & Gamble tut es auf pgconnectdevelop.com und der Mineralöl- und Erdgaskonzern Shell mit dem »Gamechanger Programme« (shell.com/global/future-energy/innovation/innovate-with-shell/

shell-gamechanger.html). Die Einbeziehung der Crowd verspricht nicht weniger als das gemeinsame Verändern der Spielregeln, wie Innovation, Produktentwicklung, ja: Wirtschaften funktioniert. Diese und viele andere Unternehmen wollen User an die Marke binden und dazu motivieren, neben ihren wertvollen Daten auch gleich ihre tollsten Ideen dazulassen. Bestens funktionierte das bei dem Kosmetikunternehmen Manhattan. Auf der Facebook-Fanseite sowie einer Crowdsourcing-Plattform wandte man sich mit dem Wettbewerb »Community Colours« für neue Nagellackfarben an die »Freundinnen des Hauses«. Unterstützt wurde die Aktion mit »User Innovation Toolkits« (auf Deutsch weniger schick »Selbermachpäckchen« genannt), die ausgewählte Community-Mitglieder nach Hause geschickt bekamen. Sie mischten damit ihren eigenen Lack und konnten so ihre Ideen visualisieren. Das Ergebnis: 1.600 selbstgemischte Prototypen und mehr als 20.000 Abstimmende. Die durch Crowdsourcing entwickelte Nagellack-Kollektion war auch im Abverkauf ein Erfolg: »Community Colours ist eines der bisher erfolgreichsten Nagel-Displays der Marke Manhattan!«[77], schwärmte die Produktmanagerin.

STATT DER ELTERN SORGT HEUTE BEI VIELEN DIE CROWD FÜR DIE ERSEHNTE ANERKENNUNG.

Abseits dessen verzeichnete man durch die Einbindung weiter Teile der Zielgruppe einen interessanten Nebeneffekt: »Ganz nebenbei arbeitet der Auftraggeber mit einer solchen Aktion intensiv am Image der Marke (Online Reputation Management und Brand-Building) und betreibt Marktforschung der innovativen Art. Näher kann man sein Ohr nicht am Markt, den Marken-Fans und potentiellen neuen Käuferschichten haben als mit einer solchen Crowdsourcing-Maßnahme.«[78] Wer so agiert, stellt den Forschern und Entwicklern im eigenen Haus jemanden zur Seite, der weit kritischer ist und mehr Bedenken trägt als alle Kollegen von Marketing, Vertrieb und Management zusammen: den Kunden. Das Beispiel Manhattan zeigt eindrucksvoll, wie in den Social Media nachhaltig Werte geschaffen werden, indem die Kundenbeziehungen in die Produktentwicklung einfließen können. So entstehen Produkte, die sich nah an den Wünschen der Kunden orientieren und einen eingebauten »Buzz-Effekt« enthalten.

Auch dass es von Haribo blaue Bären mit Heidelbeergeschmack gibt, ist allein den Kunden zu verdanken. Man mag unterstellen, dass das Unternehmen sich so etwas allein nicht trauen würde, auch nicht nach umfangreicher Marktforschung. Zu sehr sind die bewährten Farben in den Köpfen, zu groß ist das Risiko, einen Flop zu landen. Man stellte den Fans online sechs Wochen lang jede Woche zwei denkbare neue Geschmacksrichtungen vor und ließ sie abstimmen. Heraus kam die »Fan Edition« mit Kirsche, Grapefruit, Wassermelone, Waldmeister, Aprikose und eben Heidelbeere. Befeuert durch kreative Erstverkaufsmaßnahmen wurde die Aktion ein voller Erfolg. Das gab der PR-Abteilung Anlass zu frenetischem Jubel: »Die euphorische Fan-Begeisterung entsprach einem regelrechten Süßwarenrausch auf der Suche nach der ersten Goldbären-Fan-Edition im Handel. Eine sechsstellige Anzahl an Wahlstimmen, über eine Million Website-Besuche und mehr als 180.000 Kommentare und Facebook-Likes sowie eine absolut bärenstarke Nachfrage im Handel bis hin zu Hamsterkäufen beweisen eindeutig das enorme Interesse der Konsumenten, um hier nur einige eindrucksvolle Daten zu präsentieren!« Der Coup schaffte vor allem eines: die mit dem Ende der Thomas-Gottschalk-Ära angestaubte Marke zurück ins »Relevant Set«, den relevanten Kreis der besonders spaß- und konsumorientierten jungen Zielgruppe zu bringen. Es verzeichnet all die Produkte, die es schaffen, vom Verbraucher gezielt nachgefragt und gekauft zu werden. Bully Herbig, Nachfolger von Thomas Gottschalk als Haribo-Werbegesicht, würde das gerade bei der besonders attraktiven Zielgruppe der 12- bis 25-Jährigen alleine wohl nicht hinbekommen: Sie wissen oft gar nicht, wer er ist.

Noch ist es ausreichend für solche Bindungsaktionen, dass Anbieter den Abstimmenden und Mitmachern das gute Gefühl geben, mitentwickeln und mitentscheiden zu können. Allerdings sind inzwischen unzählige Ideensammler und Wettbewerbe online. Deshalb beginnen einige Unternehmen damit, sich für ernsthaftes Mitmachen mit mehr zu bedanken als nur mit Ruhm und Ehre. Der Werkzeughersteller Wera tauscht sich in seinem Anwenderforum mit rund 60 »Lead Usern« – Profi-Handwerkern, Maschinenbauern, Dachdeckern und Kfz-Mechanikern – aus. »Wir vertreiben unsere Werkzeuge größtenteils über den Handel, da ist es schwierig, an die Endkunden zu kommen. Unsere Großhändler stehen selten in direktem Kontakt mit dem Endanwender«[79], sagt der Geschäftsführer Michael Abel. Die Profis testen auch Prototypen und geben direkt und unverblümt Rückmeldung. Für ihr Engagement bekommen sie vergünstigte Produkte. Führt ihr Input zur Entwicklung eines neuen Produkts, gibt es laut der schriftlichen Anwendervereinbarung eine Vergütung. Einige Tausend Euro für eine umsetzungsfertige Idee sind eine Investition, die sich für das Unternehmen schnell amortisiert – und obendrein Kunden zu Fans macht.

Dabei muss besonders wertschätzender Dank nicht unbedingt materieller Art sein: Lego sammelt nicht nur die Ideen seiner User ein und lässt sie dort bewerten. Die Dänen gehen einen cleveren Schritt weiter und laden jene Tüftler, die 10.000 Unterstützer für ihr selbstgebautes Modell bekommen, zur »Lego Review« ein.

PORSCHEFAHREN KANN JEDER. DAS NEUE STATUSSYMBOL IST EIN SERIENREIFES LEGO-MODELL.

Eine Jury aus Designern und Marketingverantwortlichen schaut es sich dort ganz genau an. »We can't make everything, but every project in review gets a fair shot.«[80] (»Wir können nicht alles umsetzen, aber jede Idee bekommt eine faire Chance.«) Teilnehmer, die mindestens 13 Jahre alt sind und ihre Idee aus nichts anderem als Lego-Steinen bauen müssen, werden vieles dafür tun, ihre Freunde zum Abstimmen zu bewegen. Geld bekommen sie selbst dann nicht, wenn das Modell in Serie geht. Dennoch gibt es nur Gewinner: Der Mitmacher bekommt die

Aufmerksamkeit seiner Kreise, die für ihn stimmen; wenn er Glück hat, außerdem die der Chefetage einer so großartigen Marke wie Lego; und im allerbesten Fall sein eigenes Lego-Set im Regal der ganz realen Spielwarenhandlung seines Vertrauens. Ein größeres mehrstufiges Dankeschön ist für ihn kaum vorstellbar. Vor allem, weil sich diese Belohnungen niemand kaufen kann.

INTERN VOR EXTERN Unternehmen, die ihren Kunden mehr Gehör schenken, müssen zuerst ihren Mitarbeitern mehr Aufmerksamkeit schenken, indem sie sie stärker einbeziehen. Die erfahren häufig erst aus den Medien von der Repositionierung ihres Unternehmens, dem neuen Produkt oder der neuen Werbekampagne. Dabei basiert die Idee der echten Zusammenarbeit auf Werten wie Transparenz, Nachvollziehbarkeit, Kontinuität und Standhaftigkeit. Um eine Fankultur wachsen zu lassen (wer möchte das nicht?), braucht es die Unterstützung jedes einzelnen Mitarbeiters. Dafür muss er sich ernst genommen fühlen und überzeugt sein von dem, was er tut. Er soll das Gefühl haben, zuerst zu kommen, aus seiner Perspektive sogar vor dem Kunden. Maßgeblich ist hierfür das Bewusstsein in der Führung, dass ein Unternehmen als Ganzes nur so gut sein kann wie in allen seinen Teilen – bis hin zum einzelnen Mitarbeiter. Wer seine Mitarbeiter also noch für beliebig verfügbare »Humanressourcen« hält, wird sich mit der neuen Welt schwertun. Im feinmechanischen Räderwerk eines Unternehmens hat jeder Kollege die Funktion eines Zahnrädchens, einer Stellschraube oder einer Feder. Wer hier nicht weiß, will oder kann, richtet in seiner Funktion – oftmals unbewusst – großen Schaden an.

Wer von seinen Mitarbeitern erwartet, dass sie die Marke leben und so Kunden begeistern und zu Fans machen, muss mit bestem Beispiel vorangehen. Vorleben, fordern und fördern sind die Tugenden des Vorweggehers. Benita Struve, Leiterin Marketingkommunikation bei der Lufthansa, sagt: »Behandle den Bewerber für die Flugbegleiter-Ausbildung so, wie du später als Passagier von ihm behandelt werden möchtest. Biete ihm einen Platz an, serviere Kaffee und lass' ihn nicht warten.«[81] Sie weiß aus eigener Erfahrung, wie sich Flugbegleiter wertgeschätzt und damit motiviert fühlen – vor dem Einstieg ins Management war sie selbst Stewardess. Mitarbeiter werden durch Vorträge, Workshops und Coaching zu Markenbotschaftern. Außerdem braucht es das formelle wie das informelle Gespräch mit der Führungskraft, zum Beispiel zur Zielvereinbarung und in der wöchentlichen Teamrunde. Solch ein Diskurs darf niemals mehr aufhören, weil markenadäquates Verhalten endlos sein muss. Stattdessen wird er kultiviert und gehört zum Unternehmen wie das Logo, die Produkte und die Personalabteilung. Wenn das Aufmerksamkeitskonto intern stimmt und alle Mitarbeiter nicht überredet, sondern von der Kraft ihrer gelebten Kollaboration überzeugt sind, ist die Zeit reif dafür, die Kunden noch mehr einzubinden.

ERST WENN DAS UNTERNEHMEN WIRKLICH ZUHÖRT, SOLLTE ES SEINE KUNDEN EINBINDEN.

Eine griffige Bezeichnung für die institutionalisierte Form dieser Zusammenarbeit war schnell gefunden: Enterprise 2.0. Sie geht auf den amerikanischen Ökonomen Andrew McAfee zurück, der als Kodirektor für digitale Wirtschaft am MIT lehrt. McAfee bezeichnet damit den Einsatz von Social Software (er versteht darunter soziale Werkzeuge) in Unternehmen. Dazu gehören schlüssige Online-Systeme für die Koordination von Projekten und das Wissensmanagement ebenso wie bessere Recherchemöglichkeiten über das Internet. Über allem steht die bestmögliche Nutzung der »Weisheit der vielen«: Informationen werden in Gruppen zusammengeführt und führen zu gemeinsamen Entscheidungen, die besser sind als die Einzelner. Darüber hinaus bezeichnet Enterprise 2.0 die Tendenz weg von der klassischen Top-down-geprägten Unternehmensführung, die auf klaren Hierarchien beruht, hin zur selbstgesteuerten Gruppe. Sie wird von Führungskräften eher moderiert denn geleitet. In diesem Organisationsansatz sind deutliche Parallelen zu dem der Holokratie erkennbar.

Die neue Offenheit extern und die neuen Formen der Zusammenarbeit intern führen zu einem Wir-Netzwerk, dem Mitarbeiter und Kunden angehören. Das vernetzte Unternehmen nutzt Blogs und Facebook-Seiten sowie Firmen-Wikis (Wikipedia-ähnliche Fachtextsammlungen auf Internetbasis), die nicht nur von jedem gelesen, sondern auch geändert und angereichert werden können. Darüber tauschen Mitarbeiter sich untereinander und ebenso mit Kunden aus. Beide Gruppierungen stellen innerhalb festgelegter Wirkkreise ihr Wissen und ihre Ideen ein, kommentieren und bewerten. Beim Automobilzulieferer und Rüstungskonzern Rheinmetall nutzt man Wiki und Blogs, um das Wissen der Fachleute zu bündeln. Webcasts (internetbasierte audiovisuelle Sendungen) informieren darüber, wie die neuen Techniken von rund 9.000 Mitarbeitern nutzenstiftend angewandt werden können. Bei Audi verwenden Teams Gruppen-Wikis für operative Prozesse, und bei Siemens bloggen Ingenieure und Führungskräfte und stellen so ihre Gedanken und ihr Know-how allen zur Verfügung. Das Siemens-Technoweb, ein ursprünglich nur für Entwickler vorgesehenes soziales Netzwerk, dient dabei dem internen Wissensmanagement.[82] So wird Aufmerksamkeit für wichtige Ressourcen geschaffen und gleichzeitig allen Mitwissern die gebührende Aufmerksamkeit geschenkt.

Die Unternehmensberater von Capgemini stellen Beiträge für alle Mitarbeiter auf einer Microblogging-Plattform ein. Sie erlaubt es auch, Dokumente hochzuladen und Beiträge anderer zu kommentieren. Das Besondere: Jeder darf, niemand muss mitmachen. Einzige Bedingung: Pseudonyme sind verboten. Das Unternehmen setzt hier auf den Mitzieh-Effekt und einen gewissen konstruktiven Gruppendruck. Wer profitiert, will, dass auch andere profitieren. Mit dem Tool knüpfen die Mitarbeiter schneller Kontakte und erhalten schneller Lösungen, und das über alle organisatorischen Grenzen hinweg. Damit solche Katalysatoren funktionieren, bedarf es eines so offenen wie interessierten Umgangs miteinander. Die Kriterien dabei sind:

× Jeder darf seine Meinung äußern.
× Jede Meinung zählt und wird respektiert.
× Der elektronische Austausch wird als Arbeitszeit betrachtet.

Netzwerke auf der Basis von interessiertem Zuhören unterstützen Unternehmen dabei, großartige Ideen und Impulse zu generieren. Zugleich sind sie planlos und geprägt von starker Dynamik. Sie können sogar zu einem unkontrollierbaren Hype führen. Im Interesse aller Beteiligten sowie der nutzbringenden Funktion ist es deshalb unerlässlich, hier eine von wenigen, dafür effektiven Regeln geprägte Kultur zu leben. Sie definiere Korridore, bestätigt der Netzwerkexperte Peter Kruse, und funktioniere im Netz wie ein Gewissen. Sie lege den Spielraum sowie den Tenor für all das fest, was gesagt werde, außerdem wie eine bestimmte Formulierung verstanden werden könne. Da in einer gemeinsamen Kultur alle Teilnehmer wissen können, was okay ist und was nicht, wirkt sie auch dezentral und ist »kein abgehobenes Schönwetterthema, sondern ein harter strategischer Faktor«[83], so Kruse. Wer Netzwerke im Unternehmen aufsetzen will, sollte zuerst selbst Teil davon werden. So zeigt er Interesse an dem Wissen und der Meinung anderer und geht mit gutem Beispiel voran. Und er sollte vor allem eines sein: konstruktiv und kritikfähig im Umgang mit diesem Instrument.

DIE KRAFT DER VIELEN MACHT UNTERNEHMEN ZUKUNFTSFESTER ALS JEDE NEUE MANAGEMENT-STRATEGIE.

DRIVERSEAT STATT OPFERROLLE

Aufmerksamkeit zu schenken – etwa durch fokussiertes Zuhören, echtes Interesse und Einbindung auf Augenhöhe – ist das eine, sie zu bekommen das andere. Aushorcher, Zuquatscher,

Monologisierer ... Sie sind überall unterwegs, und niemand ist vor ihnen sicher. Doch grundsätzlich hat es jeder selbst in der Hand, sich aus der Opfer- und Zuhörerrolle zu befreien und vom Beifahrer- auf den Fahrersitz zu wechseln. Dafür gibt es wirksame Werkzeuge:

1. **Bewusst »Pong« machen**
   Wer im Tischtennis den Ball nicht retourniert, verliert. Außerdem ist es so kein Spiel. Das lebt nämlich davon, dass der Ball hin- und hergeschlagen wird und behände übers Netz geht. Landet er im Aus, kommt ein neuer ins Spiel. Ein Gespräch, das diese Bezeichnung verdient und nicht nur Gerede ist, läuft genauso: Rede – Kommentar – Rede – Gegenrede – Rede – Anmerkung – Rede – Bestätigung – Rede – Verneinung – Rede ... Es ist mal leichtfüßiger, mal ernsthaft. Mal punktet der eine, mal der andere; doch immer ist es ein Gewinn für beide.

   Dafür, dass ein Gespräch diese Qualität annimmt, braucht der »Ping« immer den »Pong«. Der »Pong« kann eine Frage sein, ein Nachhaken, ein Argument: »Willst du damit sagen, dass unser Produkt schlechter geworden ist?«; »Ich habe den Eindruck, dass du wütend bist.«; »Ich denke, du irrst dich.«; »Schön, dass du es so siehst, aber ...« Ist man in den Fängen eines Monologisierers, kann der »Pong« zum »Ping« werden und, beginnend mit einem »Übrigens ...«, die eigenen Themen ins Spiel bringen. Das führt immerhin dazu, dass man sich am Ende der Unterredung nicht vorwerfen muss, dass wieder nur der andere gesendet hat und man selbst zu kurz gekommen ist.

2. **Herausfordernd moderieren**
   Eine bewährte Beraterregel lautet »Nicht sagen, fragen«. Beherzigen wir sie, setzen wir Akzente, lenken das Gespräch und gelangen an Informationen. Moderieren (lat. moderari: mäßigen, regeln, lenken) funktioniert über aktives Fragenstellen. Damit sind wir aufmerksamer Zuhörer, steuern das Gespräch und haben selbst auch etwas davon. Es unterstützt den Gesprächspartner

auch dabei, seine Gedanken und Ideen konkreter zu fassen und näher zu erläutern. So lernen beide etwas dazu und haben schließlich das Gefühl, bereichert auseinanderzugehen.

Die Perspektive zu erweitern ist eine der wichtigsten und besonders sinnstiftenden Erfahrungen. Aus dieser Warte betrachtet, haben sogar dominante Gesprächspartner etwas Gutes an sich. Moderiert man ihre Beiträge, verhelfen sie dazu, alte Muster und blinde Flecken zu erkennen und zu neuen Erkenntnissen zu gelangen. Jeder Dialog, der über bloßen Small Talk oder regelrechten Quatsch hinausgeht, kann Ergebnisse zeitigen – und sei es nur, die Augen ein bisschen weiter zu öffnen, eine neue Perspektive auf Bekanntes zu gewinnen oder auch auf einem ganz unerwarteten Feld eine Tür aufzustoßen. Das ist tröstlich, wenn wir uns unseren Gesprächspartner nicht aussuchen konnten, nun aber mit ihm umgehen müssen. Herausfordernd zu moderieren kann lahme Gespräche retten und auf einen konstruktiven Pfad führen. Etwa mit dem ausschweifenden Kunden, dessen Aufträge auch durch umfangreiches Zuhören gewonnen werden wollen; mit dem Chef, der sich selbst gern reden hört; mit der Schwiegermutter, die keinen Punkt und kein Komma kennt. Im Gespräch mit all jenen, die nur in Bezug auf sich selbst aufmerksamkeitsstark sind, ist es hilfreich, mit gezielten Fragen lenkend einzugreifen.

3. Schutzschild Humor

»Humor ist der Knopf, der verhindert, dass einem der Kragen platzt«, sagte der Schriftsteller und Kabarettist Joachim Ringelnatz. Tatsächlich ist Humor ein wunderbares Werkzeug in der Diskussion. Durch die Überhöhung eines Missgeschicks oder einer angespannten Situation nimmt er ihr das Bedrohliche und gibt ihr eine neue Wendung. Humor entspannt und schenkt, klug angewandt, beiden Seiten Hoffnung. Außerdem werde man, befand der Psychoanalytiker Sigmund Freud, indem man sich dümmer mache, als man sei, stärker, als man scheine. Er war

WER SEIN GEGENÜBER MIT FEINEM HUMOR IN DIE SCHRANKEN WEIST, GEWINNT.

der Meinung, Humor wirke nicht nur erhebend und befreiend, sondern stelle sogar einen Lustgewinn dar – wenn es durch ihn gelänge, mit schwierigen Personen und vertrackten Umständen intelligent umzugehen.[84]

Humor ist auch ein Ventil, um Übergriffe und Kritik abseits des verbalen oder gar tätlichen Angriffs gekonnt zu parieren. Besonders auch im beruflichen Miteinander. Der Schweizer Psychologieprofessor Willibald Ruch organisiert ein jährliches Symposium zur internationalen Humorforschung und meint: »Humor kann ein positives Klima erzeugen, das auch bei Firmen die Widerstandskraft während Belastungen erhöht.« Menschen, die miteinander lachten, würden besser kooperieren, auch wenn ihnen gar nicht zum Lachen zumute sei.[85]

Sogar konservative und bürokratisch kommunizierende Unternehmen bedienen sich dieses Kniffs und lassen sich zu so unterhaltsamen wie wirkungsvollen Ausreißern verleiten. Die Deutsche Bahn etwa macht gelegentlich auf Facebook Sympathiepunkte: Die Userin »Franzi Do«, leidenschaftliche wie humorvolle Bahnfahrerin, beschwerte sich darüber, dass man sie auf dem Bahnsteig einfach in der Kälte stehengelassen hatte. Die Kommunikationsprofis der Bahn retournierten gekonnt, und die automobilen Mitbemüher schalteten sich auch dazu:

Franzi Do ▶ DB Bahn
18. Januar um 09:18

Meine liebste Deutsche Bahn,

seit vielen Jahren führen wir nun eine abenteuerliche Beziehung. Wir haben Tiefen überstanden, in denen du sehr einengend und besitzergreifend warst und mich manchmal überraschend mehrere Stunden festgehalten hast, weil es dir nicht gut ging. Ich verstehe ja, dass dich der Winter so überrascht hat. Für uns kam er auch so plötzlich. Ich bin da ja nicht nachtragend. Auch deine Ausreden im September, wo es laut deinen Aussagen auch schon gewisse Störungen wegen Glatteis gab, habe ich schmunzelnd hingenommen. Ich bin so gerührt,dass du so viel Zeit mit mir verbringen möchtest. Als ich dich um ein bisschen mehr Freiraum gebeten habe hast du das toleriert und kamst einfach immer ein bisschen später. Pünktlichkeit ist nicht deine Stärke,das weiß ich ja. Auch darüber sehe ich meist noch hinweg.

Dass du mich jetzt aber bei klirrender Kälte fast 45 Minuten warten lässt ohne Bescheid zu sagen und dann gar nicht auftauchst, das geht nun wirklich zu weit. Stets war ich tolerant und finanzierte deine Späßchen jedes Jahr mit mehr meiner kostbaren Taler, damit unser Verhältnis nicht beschädigt wird.
Ich finde es sehr schade, dass du unsere aufregende Beziehung so leichtfertig aufs Spiel setzt. Es tut mir sehr leid, aber ich denke nun wirklich über eine endgültige Trennung nach. Ich brauche jemanden an meiner Seite der zuverlässig ist, nicht nur mein Geld will und auch bereit ist auf meine Bedürfnisse einzugehen. Und ich habe so jemanden kennengelernt. Er nennt sich Opel und ist immer für mich da. Leider werdet ihr euch nicht kennen lernen. Adieu.

Deutsche Bahn? - ich bin doch nicht blöd!

DB Bahn Hallo meine liebste Franzi Do,

es tut mir so leid. Ich weiß, dass ich in der Vergangenheit viele Fehler gemacht habe und nicht immer pünktlich bei unseren Treffen war. Dafür möchte ich mich in aller Form bei Dir entschuldigen. Ich habe die Zeit mir Dir sehr genossen. Manchmal wollte ich, dass sie kein Ende hat. Das ich manchmal anhänglich bin, weiß ich. Es fällt mir schwer loszulassen. Dass ich Dich mit dieser Zuneigung erdrückt habe, ist unentschuldbar und mein größtes Laster. Das wir heute einen Termin hatten, habe ich total vergessen. :) Wo und wann waren wir verabredet? Ich schaue dann gerne einmal in meinem Terminkalender nach.

Ich kann verstehen, dass Du dich nach etwas anderem umgesehen hast. Eine Frau wie Du, bleibt natürlich nicht lange alleine, dass weiß ich. Vielleicht gibst Du mir aber noch einmal die Möglichkeit, Dir zu zeigen, wie viel Du mir bedeutest. Ich werde bei unseren nächsten Treffen auch versuchen pünktlich zu sein oder bescheid zu sagen, falls ich mich verspäte.

Ich werde Dich vermissen. :) /mi
18. Januar um 09:35 · Gefällt mir nicht mehr · 👍 126

Renault Deutschland Liebe Franzi Do,

diese Zeilen zu schreiben fällt mir alles andere als leicht. Wie lange habe dich davon geträumt mit Dir zusammen durch den kalten Winter zu schreiten. Mit Dir gemeinsam deine Lieblingslieder im Radio zu hören und auf Reise durch ganz Europa zu gehen. Natürlich wusste ich von deiner Beziehung zur Deutschen Bahn. Doch ich habe immer gehofft, dass Du mich in der Zeitung oder im Fernsehen siehst. Das Du nun mit diesem Opel gehst, macht mich natürlich sehr traurig. Trotzdem wünsche ich euch beiden alles Gute für die Zukunft.
@Deutsche Bahn Wenn Du jemanden zum Reden brauchst, meine Facebook-Seite ist immer offen für dich.

Dein

Renault
vor 3 Stunden · Bearbeitet · Gefällt mir · 👍 48

Opel Deutschland Liebe Franzi Do,
ich bin so glücklich, dass Du Dich nach dem Ende Deiner langjährigen Beziehung so leidenschaftlich zu mir bekennst und mich all Deinen Freunden vorstellst. Auch wenn es Avancen von einem anderen Charmeur gibt, so finde auch ich: wir gehören zusammen! Ich werde Dich nie im Stich lassen, Dich immer warm halten und immer pünktlich sein.
Liebe Grüße Dein Opel
vor 19 Minuten · Gefällt mir · 👍 16

4. Aufeinander zugehen

Stress, Ärger, Müdigkeit und die eigene Bedürftigkeit können den Blick vernebeln und die Ohren verschließen. Damit es dadurch nicht zum Bruch kommt, ist es in festgefahrenen Gesprächen notwendig, rechtzeitig wieder aufeinander zuzugehen. Verständnisvolles Wiederaufnehmen des Fadens, um der Fortführung des Dialogs willen auch durch Nachgeben, verhindert, dass Porzellan zerschlagen wird und nur noch mühevoll gekittet werden kann. Besonders wenn beide Gesprächspartner im selben Moment Aufmerksamkeit brauchen, sollte derjenige nachgeben, der gerade jetzt klüger und stärker ist. Ein Beispiel des Paartherapeuten Wolfgang Schmidbauer unter der Überschrift »Warum hört er ihr nie zu?«:

Marianne fehlt nach vier gemeinsamen Jahren Hans' Aufmerksamkeit. Sie will ihm bei einer gemeinsamen Wanderung davon erzählen. Mitten in ihrer Schilderung weist Hans sie auf einen Falken hin, direkt vor ihnen. Darauf Marianne anklagend: »Nie hörst du mir zu!« »Doch höre ich dir zu«, gibt Karl zurück, »aber der Falke wäre gleich weg gewesen, und ich wollte doch nur, dass du ihn auch siehst! Aber du nutzt jede Gelegenheit, mir einen Vorwurf zu machen!«

BEZIEHUNGEN LEBEN VON GEGENSEITIGER AUFMERKSAMKEIT.

Schmidbauer sagt, in jeder Liebe spielten kindliche Bedürfnisse eine wichtige Rolle. »Oft entspinnt sich eine Konkurrenz, wer gerade Kind sein darf.« Das Erwachsenen-Ich trete dann in den Hintergrund und mit ihm die Fähigkeit, Aufmerksamkeit zu geben. Wenn beide nach dem Muster »Schau mal, Mama, was ich da gefunden habe!« zur selben Zeit in diese Rolle verfielen – Marianne mit der Schilderung Ihres Seelenzustands und Hans mit dem Falken – und Aufmerksamkeit bräuchten, käme es zu einer angespannten Situation. »Die Probleme durch solche Wettkämpfe bleiben harmlos, solange die entstehende

Irritation durch eine liebevolle Bemühung ausgeglichen wird.« Gehe allerdings keiner der Gesprächspartner auf den anderen zu, werde das Kindliche mit Begrifflichkeiten wie »immer« und »nie« entwertet: »Nie hörst du mir zu!«, »Immer machst du die gute Stimmung kaputt!«[86]

Spätestens jetzt gilt es, hellhörig zu werden: Solche Phrasen kündigen an, dass die gemeinsame Kommunikationsbasis bröckelt. Das ist auch der Fall, wenn beide nach einem Krach nicht mit einem klärenden Gespräch die Gründe für den Crash ermitteln – und sich vor allem klarmachen, was sie daraus lernen können. Stattdessen macht dann jeder den anderen für die Verletzung verantwortlich und sitzt die Sache aus, bis die Luft scheinbar wieder rein ist. Wenn jetzt einer von beiden noch einen draufsetzt, ist der Bruch nicht fern. Auch das gehört zu einer aufmerksamen Beziehung dazu: Der Schritt heraus aus dem Aufmerksamkeitsvakuum sollte immer auf den anderen zuführen. Nur wer Aufmerksamkeit schenkt, wird sie auch bekommen.

5. Farbe bekennen

In gewissen Situationen müssen Zeit- und Energieräuber kompromisslos in die Schranken gewiesen werden. Das geht mit Ehrlichkeit. Sie muss zeitnah kommuniziert werden und darf nicht allzu verletzend sein. Schließlich ist sie die Voraussetzung für Heilung und dafür, Selbstdarsteller vor selbstzerstörerischen Höhenflügen zu bewahren. Hier gilt es vorher abzuwägen, wie der andere sein Gesicht wahren kann. Niemand mag hören, dass er sich falsch verhält, polternd auftritt, »zu ego« oder »alphamäßig« ist. Im Sinne des konstruktiven Austauschs geht es allerdings von Zeit zu Zeit nicht anders. Dann bleibt dem Ehrlichen nur zu hoffen, dass das wahre Wort ankommt, verstanden wird und Veränderung bewirkt. Ehrlichkeit öffnet die Augen. Dafür, dass auch der mitfühlendste und höflichste Zeitgenosse irgendwann keine Lust mehr auf abgekaute Ohren und unsensible Tiraden hat und dann auf lange Zeit unerreichbar bleiben wird.

Für den Empfänger ehrlicher Worte ist es natürlich nicht leicht, die Kritik anzunehmen. Leichter wird es, wenn wir sie als Geschenk betrachten: Der andere hat nachgedacht und sich etwas überlegt, was er mir jetzt mitteilt. Er müsste das nicht tun, könnte auch den zunächst einfacheren Weg des Rückzugs wählen, das Gespräch auf die Small-Talk-Ebene ziehen oder sich schlicht seinen Teil denken. Stattdessen bin ich es ihm wert, dass er sich derart äußert, obwohl das unbequem ist. Mit seiner Ehrlichkeit zeigt der Kritiker, dass ihm etwas an mir liegt. Aus dieser Perspektive betrachtet wird es auch für den Kritisierenden leichter: Ich konfrontiere mein Gegenüber freundlich und einfühlsam mit der Wahrheit, und zwar ohne Umschweife. Ich halte sie ihm hin wie einen Mantel, in den er bequem hineinschlüpfen kann, und knalle sie ihm nicht wie ein nasses Handtuch um die Ohren.

Amerikanische Filmproduzenten gehen auf ihre ganz eigene Art mit den zarten Diven-Seelen der Schauspieler, Regisseure und Kameraleute um, die sich mit Kritik nicht immer leichttun. Sie üben Manöverkritik im Sandwichstil: zunächst einen Sachverhalt herausstellend loben, dann in ganz anderer Sache mit der ungeschminkten Wahrheit herausrücken, schließlich ein Lob in einer dritten Angelegenheit. So verträgt der Kritisierte die unbequeme Wahrheit. Er ist weder am Boden zerstört noch außerstande, weiterzumachen. Der Teamgedanke bleibt erhalten, und keiner bringt die kostspielige und nervenaufreibende Produktion in Gefahr. Schließlich ist der Produzent wie kaum ein anderer Chef davon abhängig, dass am Set alle Beteiligten miteinander können und hundertprozentig funktionieren. Nur eben so, wie er es will. Zieht nur einer nicht mit, steht alles still. Die schmackhaft verpackte Kritik ist hier eine konstruktive Methode, Dampf abzulassen und seinen Willen zu bekommen. Andere Führungspersönlichkeiten genauso wie Eltern, Lebenspartner und Kollegen können sie ebenfalls anwenden, wenn sie es mit mimosenhaften Wesen zu tun haben. Besser natürlich, eine solche Strategie ist gar nicht erst notwendig, um den anderen zurück auf die gemeinsame Spur zu holen.

Kritik äußert sich am besten aus der Ich-Perspektive, außerdem vorschlagend statt vorwurfsvoll: »Ich finde, du könntest das anders machen« statt »Wie du das machst, gefällt mir gar nicht!« Außerdem wird Kritik persönlicher, wenn gleichzeitig ein Gefühl kommuniziert wird: »Ich fühle mich durch die Art, wie du an das Thema herangehst, ausgehorcht / an die Wand gedrückt / nicht wertgeschätzt. Das demotiviert mich / macht mich müde.« Auf diesem Weg fällt es dem anderen leichter, das Gesagte anzuerkennen, weil die Emotion die Kritik begründet und sie bestmöglich annehmbar macht.

Bei allem strategischen, ausprobierenden, lernenden Umgang mit Zeit- und Energieräubern: Die Zeit ist ein limitiertes Gut. Deshalb ist es entscheidend zu wissen, wem man mit seiner Aufmerksamkeit eine Bühne gibt und wem nicht. Aufmerksamkeit zu schenken ist eine Voraussetzung für den Beziehungserhalt. Doch die Aufmerksamkeit, die wir zu verschenken haben, ist ebenfalls begrenzt.

DER MUT ZUM NEIN

Klarheit ist eine Voraussetzung dafür, im Umgang mit anderen die Aufmerksamkeitsressourcen angemessen zu verteilen. Niemand hat die Kraft, die Nerven und die Zeit dafür, mit einem Übermaß an Mutmaßungen, Vermeintlichem und Unwägbarkeiten umzugehen. Weshalb verhalten wir uns dennoch oftmals unpräzise und damit häufig in gewissem Maße unehrlich – vor allem auch uns selbst gegenüber?

Es liegt daran, dass Ehrlichkeit zunächst Kraft kostet. Allerdings bereitet sie auch den Boden für neues Wachstum, menschlich wie inhaltlich. Dafür muss der Mensch zunächst wissen, wofür er steht und was er will. Daraus entstehen die Fragen, was er verfolgen möchte und wovon er sich abgrenzt. Klar sein bedeutet nicht nur zu wissen, was man will und tut (eher wenige Ziele und Aktivitäten, nur für mich); es bedeutet auch zu wissen, was man nicht will und nicht tun wird (all das viele andere für die vielen anderen). Diese Haltung spart Kräfte und hilft bei der Konzentration auf das Wesentliche. Wer so denkt und handelt, ist ein starker Mensch, der ernst genommen und respektiert wird. Solchen Menschen vertrauen wir uns an und hören ihnen zu. Wer weiß, wofür er steht, vielleicht 'ne Marke – auch im ironiefreien Sinne. Er ist eine stolze Human Brand.

DAS NEIN SCHÄRFT DAS PROFIL Unternehmen müssen ebenso handeln, um am Markt profilscharf auftreten zu können. Wer nur seine Produktionsanlagen besser auslasten oder nur noch mehr Umsatz machen will, ohne eine konkrete Vision damit zu verfolgen, lebt heute gefährlich. Groß ist die Versuchung, eine Marke mit neuen Produkten zu stark zu dehnen oder zu verwässern. Wenn Vivil – der Bonbonhersteller steht für Pfefferminzkompetenz wie kein zweiter und lebt davon seit 1903 sehr gut – plötzlich auf die Idee kommt, auch ganz andere Bonbons herzustellen, ist das ein schlechter Einfall. Vivil kann Pfefferminz wie kein Zweiter, alles andere können andere besser. Mittlerweile gibt es jedoch Latte-macchiato-, Kirsch- und Karamellbonbons. Das jahrzehntelang aufgebaute unverwechselbare Profil wird so beschädigt.

Melitta machte es zunächst ähnlich schlecht, indem man sein Produktportfolio verwässernd erweiterte, zog dann aber die Lehren daraus und besann sich auf seinen Kern: Filterkompetenz, sagten sie sich am Stammsitz in Minden, geht nicht nur beim Kaffeekochen, sondern auch beim Saubermachen. Staubsaugerbeutel von Melitta kamen auf den Markt. Sie wurden ein Flop, gleichzeitig ging der Absatz der Kaffeefilter zurück. Die Ursache: Melitta stand für Genussmittel, nicht für Schmutz. Man wurde das Gefühl nicht los, sein Leib- und Magengetränk durch das Papier zu filtern, durch das man eben noch die Hamsterhaare im Kinderzimmer aufgesaugt hatte. Das Unternehmen ruderte zurück, ohne die Sache bleiben zu lassen. Clever: Staubsaugerbeutel von Melitta heißen heute Swirl. So trennscharf klappt's jetzt beim Filtern wie beim Saugen mit dem Umsatz. Ein gelungenes Beispiel dafür, wie aus dem konsequenten Nein zum faulen Kompromiss auf der einen Seite ein konstruktives Ja zum profilierenden Vorgehen auf der anderen Seite wird.

Die Strategen bei Colgate sagten lieber ganz strikt nein – nach einem Ausflug in die Welt der Fertiggerichte: Zahncreme mag man nicht essen, und Rindsrouladen taugen nicht zur Mundhygiene. Ebenso wie Beiersdorf, nachdem man 1938 eine Zahnpasta unter dem Namen Nivea lanciert hatte. Beides ist weiß, mehr Gemeinsamkeiten gibt es nicht. Am besten macht man das, wofür man bekannt ist und geschätzt wird; sonst am besten nichts. Für klar positionierte menschliche Marken-Persönlichkeiten gilt das ebenso.

GENERALISTEN SIND NICHT MEHR GEFRAGT: LIEBER EINS RICHTIG MACHEN ALS ALLES IRGENDWIE.

NEIN SAGEN, WENN DIE AUFMERKSAMKEITSRESERVEN GROSS SIND

Ein Nein kommt grundsätzlich schwer über die Lippen – auch im Alltag. Zu verlockend sind die einfacheren Strategien: Durchlavieren, Wird-schon-werden und Everybody's Darling sein. Ein Ja ist zunächst leichter und fühlt sich besser an; vor allem in Stresssituationen und erst recht, wenn wir überrumpelt werden. Die Lage ist vielleicht schon schwierig genug, da soll das Problem nicht noch komplexer werden. Daher denken wir dann eher steinzeitlich und tendieren reflexhaft zum Ja. Dabei ist uns bewusst, dass die gut begründete Ablehnung nicht nur eine Haltung prägt, sondern auch das Interesse an unserer Person eher verstärkt als abschwächt. Um die Potentiale zu nutzen, müssten wir allerdings unsere »inneren Interferenzen« in den Griff bekommen, sagt die Neurowissenschaftlerin Karolien Notebaert. Sie bestünden aus all den Ängsten, Erwartungen und Verhaltensmustern, die uns im Moment der Entscheidung – der

Einfachheit halber zustimmen oder ehrlich verneinen – Blut und Wasser schwitzen und unser Gefühlssystem auf Hochtouren laufen ließen. Die »Exekutive im Kopf« koste das enorme Energie. Die schwindet im Lauf des Tages, wir werden müde. »Die Exekutive hat ihr Limit erreicht, das Gehirn schaltet auf bequem. Ja statt nein.« Aus diesem Grund fällt es uns am Morgen viel leichter, nein zu sagen, als am Nachmittag. Notebaert empfiehlt, deshalb wichtige Entscheidungen vormittags oder nach einer kraftspendenden Pause zu fällen.[87]

Dabei sagen wir gar nicht seltener nein als ja, es scheint nur so. Wenn es uns in einer wichtigen Sache nicht gelingt, nein zu sagen (wir es uns aber fest vorgenommen hatten), prägt sich diese Erfahrung tief in unser Gedächtnis ein. Viel tiefer als die Situationen, in denen es mühelos gelungen ist. So verstärkt sich der Eindruck, dass nein zu sagen besonders schwer ist.

Ein zurückweisender, je nach Kontext manchmal sogar trennender und finaler Begriff ist das »Nein« ganz bestimmt. Deshalb haben ihn Kollektivgesellschaften wie China, Indonesien oder Malaysia nicht in ihrem Wortschatz. In Malaysia antwortet man auf die Frage, ob man verheiratet sei, mit einem »noch nicht«. Hier steht nicht die Klarheit im Vordergrund, sondern im Sinne des Miteinanders der sozialen Norm zu entsprechen.

DIE KUNST DER GEPFLEGTEN PROVOKATION

Herausfordernde Werbung in eigener Sache macht die Buchhandlung Lentner in München-Haidhausen. Sie tut das so charmant und souverän, dass man gar nicht anders kann, als sich erwischt zu fühlen – und hier nicht nur zu stöbern, sondern auch zu kaufen.

Provokation ist wie eine Nadel, die in die Komfortzone sticht und zum Nachdenken anregt. Im Coaching ist sie das wohl

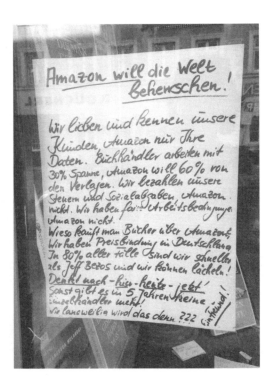

Aushang der Buchhandlung Lentner

stärkste (aber auch riskanteste) Mittel, um den Coachee ins Tun zu bringen. Dann kommt sie wuchtig daher. Es gibt sie allerdings auch rhetorisch austariert und fein ziseliert. Sehr schnell lässt sich an der Reaktion ausmachen, wer den Sinn für die Finesse teilt und wer sich eher auf die Schippe genommen, sogar angeschossen fühlt. Wo der eine gewitzt kontert, zieht der andere sich verletzt ins Schneckenhaus zurück. Die gepflegte Provokation bringt Aufmerksamkeit: Wer klingt gleich, wer tönt ganz anders? Mit wem kann man »es« machen, an wem sich wundervoll reiben, und wer steigt aus? Gerade die Provokation in ihrer ganzen Brutalität braucht die Sensibilität fürs Gegenüber.

PROVOKATION IST WIE EINE NADEL, DIE IN DIE KOMFORTZONE STICHT.

Provozieren heißt überhöhen, um in andere Sphären des Denkens vorzudringen. Es beruht auf gewitzter Übertreibung und der geplanten Verletzung von Regeln. Eine gezielte, in der Sache treffende Provokation weckt Agilität und Kreativität, lockt andere aus der Reserve und regt sie dazu an, eingefahrene Verhaltensweisen neu zu sehen. Dabei darf es allerdings nicht bloß effekthascherisch darum gehen, heftiger, frecher, lauter zu sein als alle anderen zuvor. Die Boulevardmedien und die Werbeindustrie setzen die Provokation immer wieder als – durchaus wirkungsvolle – Waffe im Kampf um Aufmerksamkeit ein, und enttabuisieren damit die letzten Geheimnisse der Gesellschaft. Inflationär eingesetzt verkommt die Provokation zur bloßen PR-Strategie.

SMART PROVOZIEREN Die intelligente Provokation vertritt eine Meinung und zeigt Profil. Sie ist der aufmerksamkeitsstarke Rahmen, die Botschaft ist das Bild. Der amerikanische Outdoor-Ausrüster Patagonia warb am Superverkaufstag Black Friday mit einer ganzseitigen Anzeige in der *New York Times*: »Don't buy this jacket!« Das war die Aufforderung dazu, weniger zu kaufen, auch von den eigenen Produkten. Der Text erklärte, alles, was Patagonia herstelle, sei schlecht für die Umwelt. Für die abgebildete Jacke brauche man 135 Liter Wasser – genug, um den täglichen Bedarf von 45 Menschen zu decken. Auf dem Weg ins Lager produziere sie fast 20 Pfund Kohlendioxid. Zwar sei sie außergewöhnlich haltbar, so dass man sie nicht oft ersetzen müsse. Dennoch warb Patagonia: »Es gibt genug zu tun für uns alle. Kaufen Sie nicht, was Sie nicht brauchen. Bedenken Sie das, bevor Sie etwas kaufen.«

> DIE PROVOKATION IST DER RAHMEN, DIE BOTSCHAFT IST DAS BILD.

Aufmerksamkeit durch Provokation – eine schockierende Strategie! Es sei gerne unterstellt, dass Patagonia es ernst meint mit der Übernahme von Verantwortung für die Umwelt und nachfolgende Generationen. Gerade als Hersteller von Outdoor-Bekleidung, die man nur benötigt, wenn die Natur erlebbar bleibt. Die Öffentlichkeit und die Werbewelt waren auf betroffene Art begeistert: »Die Marke erklärt dem abartig gewordenen Konsum den Krieg und gibt eigene Umweltsünden zu«, zeigte sich das Fachmagazin *Adweek* berührt. Hier handele es sich nicht um Greenwashing. »Die Kampagne ist ein ehrbarer Versuch, die Leute für nachhaltigen Konsum empfänglich zu machen.«[88] Begleitend erzählten Sportler in Werbespots davon, dass sie bei Wettbewerben lieber abgetragene als neue Klamotten trügen. Die seien bequemer und spornten sie an, weil sie sie an ihre Siege erinnerten. Die Sportler und die Spots wurden von Patagonia bezahlt.

Solche Anti-Werbung mit dem Antlitz der ernst genommenen Verantwortung wirkt: Gezielte Provokation kann die erwünschte Art von Aufmerksamkeit erregen, wenn sie eine substantielle Botschaft einrahmt. Sie ist konstruktiv disruptiv und bedient sich der Kunstform des Schockierens. So hat sie die Kraft, den Lärm aller »Kauf mich!«-Botschaften zu durchdringen. Neu daran ist die autoaggressive Brutalität, die am Beispiel Patagonia deutlich wurde. Die Medien berichteten von der Kampagne, und Patagonia bekam kostenfreie PR im Wert von Millionen Dollar. Das Perverse daran ist: Der Konsument geht in den Laden mit dem Vorsatz, genau die Jacke zu kaufen, die er nicht kaufen soll. So ein starkes »Conversation Piece« muss er haben, bevor es ausverkauft ist.

Der deutsche Wettbewerber Vaude geht da sanfter vor. Er unterstützt einen Shop auf Ebay, über den User ihre gebrauchte Outdoor-Kleidung verkaufen können. Das provoziert ebenfalls, hinzuhören, und bringt auch gute PR. Es ist glaubwürdiger, weil es nicht so laut daherkommt. Und es lädt das Image des Anbieters auf mit der Botschaft, seine Sachen seien von so guter Qualität, dass sie sogar aus zweiter Hand top seien.[89]

Provokation ist dann gut, wenn ihr Urheber damit intelligent aneckt und der Provozierte sich nicht nur betroffen fühlt, sondern außerdem zumindest innerlich schmunzelt. Ihre Qualitäten reichen bis ins Groteske: Mit einer Tür bewaffnet, zog die Engländerin Clodagh Pickavance durch die Londoner Innenstadt. Sie wollte nach einer Reihe von unbezahlten Praktika einen Fuß in selbige bei einer guten PR-Agentur bekommen. Potentielle Arbeitgeber konnten sich unter dem Hashtag #FootInTheDoor online näher informieren. Pickavance kannte die Regeln für das Spiel mit den Medien schon aus ihrer Zeit als Schönheitskönigin ihres Heimatsortes. Sie bekam schließlich einen Job als Corporate Communications PR Trainee beim Kosmetikriesen L'Oréal. Auffallen um des Auffallens willen ist einen Versuch wert, wenn man nichts zu verlieren hat – die Alternative für Pickavance wären weitere unbezahlte Praktika gewesen.

DIE DOSIS MACHT DAS GIFT Das Stilmittel der Provokation eignet sich vor allem dann, wenn der Diskurs steckengeblieben ist. Der andere kriegt die Ohren einfach nicht auf und das Hirn nicht an. Jetzt verändert sich die Stimme, und dieser eine, wohlformulierte Satz reißt die Beteiligten aus ihrer Lethargie. Als Salve durchaus, aber nicht als nasses Handtuch. Am besten mit Humor. Der ist bei der Provokation der Geschmacksträger wie das Fett in der Wurst.

Die Provokation ist immer eine Gratwanderung: Ist sie zu schwach, verpufft sie; ist sie zu laut, verletzt sie. Ein gelungenes Beispiel: Deutschland ist im »Siegelwahn«. Für alles und jedes gibt es inzwischen ein Gütesiegel, oder auch zehn. In jeder Branche gibt es bunte Bildchen für irgendeinen ersten Platz in irgendeiner Kategorie. Optiker und Banken führen sie, Paketdienste und Makler, Hotels und Restaurants sowieso. Doch je mehr stempelähnliche Phantasievignetten es gibt, desto weniger sind sie wert. Der Kommunikationsdesigner Simon Noack beschleunigt den Wertverfall gezielt durch eine Provokation – um eben darauf aufmerksam zu machen. Auf siegelwahn.de gibt es eine Tüte seiner Klebesiegel für 6 Euro: »100 % verpackt«, »Genau abgezählt 1 Stück«, »Bei Kauf garantiert Ihr Eigentum«, »Reagiert garantiert auf Schwerkraft« ... Sie sind, sagt Noack, als »paradoxe Intervention« gedacht. »Ich nehme einen Problempunkt, nämlich die Flut von Siegeln, die es mittlerweile gibt und die das Vertrauen der Konsumenten missbrauchen, und mache mit Übertreibung und Humor auf diesen Missstand aufmerksam.« Es dürfe nicht die Lösung sein, findet er, dass jedes Unternehmen, jedes Magazin sich zur selbstberufenen Instanz erhebe und Siegel mit einer vermeintlich unabhängig prüfenden Instanz als Absender vergeben könne. Dafür brauche es vielmehr harte Vergabekriterien und nicht nur findige Marketingstrategen.

DIE HUMORVOLLE PROVOKATION ÖFFNET DAS HERZ DES EMPFÄNGERS.

Das Magazin *Focus* beispielsweise erhebt per einfacher Onlineumfrage gemeinsam mit dem Karriere-Netzwerk Xing die »500 besten deutschen Coaches«. Sie erhalten die Berechtigung, das Siegel »Top-Coach« zu führen. Dieses kostet allerdings für ein Jahr 5.000 Euro plus Mehrwertsteuer – das »Gütesiegel« ist letztlich einfach gekauft. Das an sich ist schon eine Provokation für denjenigen, der aus der Branche kommt und genau hinhört. Noack schlägt die Urheber mit ihren eigenen Waffen und führt die Aktion damit ad absurdum – eine Provokation, die die Aufmerksamkeit an die richtige Stelle lenkt. Im Gegensatz zu den Phantasiesiegeln.

Die gekonnte Provokation gehört auch anspruchsvollsten Disziplinen der fortgeschrittenen Gesprächsführung. Franz Josef Strauß beherrschte sie meisterhaft: Den Staatsminister Jürgen Möllemann, der ihm zu aufgeblasen daherkam, bezeichnete er als »Riesenstaatsmann Mümmelmann«, um aus dessen Selbstinszenierung die Luft rauszulassen. Herbert Wehner konnte ebenfalls provozieren. Er brachte es in seiner Zeit im Deutschen Bundestag auf 58 Ordnungsrufe, unter anderem für die Bezeichnung »Herr Übelkrähe«, die er dem Abgeordneten Jürgen Wohlrabe angedeihen ließ, und den Spitznamen »Herr Hodentöter« für den Abgeordneten Jürgen Todenhöfer. Verballhornungen nur, die allerdings das Image dieser Politiker als frühe menschliche Marken-Persönlichkeiten festigten und bis heute nachhallen. Die Ausdrucksformen der Provokation sind vielfältig. Wer sich ihrer bedient, muss eines können: Gegendruck aushalten. In der Regel kommt die Provokation nämlich, genau wie das gute Echo, mehrfach zurück. Und das nicht immer mit derselben Art von Humor, mit dem sie abgefeuert wurde.

ZUM MITNEHMEN

x Kollaborierendes Kommunizieren ermöglicht, den anderen genau zu verstehen, um anschließend mit ihm an einer gemeinsamen Lösung zu arbeiten.

x Wer besonders smart ist und clever vorgeht, bindet seine Kunden in die Produktentwicklung ein. Sie fühlen sich gehört und es macht sie stolz – und sie kaufen.

x Nur wer sich selbst zuhört, findet heraus, was er will, und ist nicht länger abhängig von den Meinungen anderer. Das macht selbstbewusst und frei.

x Beredtes Schweigen, wenn Reden nichts bringt, verhilft zu mehr Aufmerksamkeit für das Wesentliche. Wer es beherrscht, sitzt im Gespräch am Steuer.

x Kluge Fragensteller docken auf der Beziehungsebene an, um echtes Interesse zu demonstrieren.

x Jeder hat es in der Hand, ein Gespräch in seinem Sinne zu beeinflussen. Die Instrumente dafür: bewusst retournieren, herausfordernd moderieren, humorvoll agieren, auf den anderen zugehen und Farbe bekennen.

× Die klare Positionierung sorgt dafür, dass man das macht, wofür man steht. Und zu allem anderen bewusst nein sagt. So lenkt man Aufmerksamkeit auf den eigenen Markenkern.

× Die intelligente Provokation wird sparsam eingesetzt und zeigt immer Profil. Sie ist der aufmerksamkeitsstarke Rahmen, die Botschaft ist das Bild.

ZUM SCHLUSS GEHT'S UMS SICH-VERKAUFEN

Wer Aufmerksamkeit bekommen will, muss zunächst wissen, wofür: seine Persönlichkeit, seine Haltung, die Werte, für die er steht. Der professionelle Weg zur Aufmerksamkeit im großen Stil ist Human Branding. Mit ihm entwickeln Menschen ihre identitätsstiftende Positionierung. Sie beruht auf den anerkannten und bewährten Modellen und Methoden der modernen Markenarbeit und des Marketings für Produkte. Diese Techniken erschließt Human Branding für den Menschen mit dem Ziel, dass er genauso einzigartig unterscheidbar von anderen Menschen ist wie seine Lieblingsmarken unter der Vielzahl an Herstellern und Produkten.

Die Marken-Persönlichkeit des Menschen beschreibt, wer er ist und wie er ist; was ihn ausmacht und welcher sein wahrer Antrieb ist. Auf dieser Basis braucht er weniger zu tun, um mehr zu erreichen – geplante Aufmerksamkeit.

In einer Zeit, in der es nichts gibt, was es nicht gibt, und in der wir alles tun und alles lassen können, werden drei Dinge immer wichtiger, um Aufmerksamkeit geplant zu erzeugen:

- *Halt:* Zu wissen, was man braucht für ein sinnvolles Leben, ist eine Kunst. Wer es für sich herausgefunden hat, der weiß auch, wo es sich lohnt, seine Kräfte zu investieren. Er schafft die eindeutige Grundlage, macht sich einen Plan und setzt sich auf dieser Basis klare Ziele. In einem solchen Plan steht auch, mit welchen Maßnahmen er die Ziele erreicht. Auf einmal ist dabei sein nicht mehr alles. Stattdessen reichen gezielte Aktionen, wie ein solcher Entwicklungsplan sie vorgibt. Jetzt berührt jede Aktivität, im Rahmen des Tuns genauso wie des Lassens, das Herz und gibt dem Leben mehr Kontur und Gestalt.

- Sinn: Wer nur dabei ist, weil alle anderen dabei sind, und wer nur etwas macht, weil man es so macht, stellt irgendwann fest, dass er leer ist. Was um ihn herum geschieht, betrifft ihn nicht mehr wirklich. Er vergeudet seine wertvolle Zeit. Wer dieses Gefühl hat, tut gut daran, sich auf die Suche nach seinem Kern zu machen – dem Gehalt seines Lebens. Und sich zu vergegenwärtigen, dass er dafür lebt. So macht ihn das, was er tut und was geschieht, konstruktiv betroffen, anstatt dauerhaft unerfüllt Pflichten zu erfüllen und Zwänge zu befriedigen. Dann lebt der Mensch anstatt gelebt zu werden.

- Nachhaltigkeit: Um diesem Imperativ des Zeitgeists einen persönlichen Sinn zu verleihen, sind viel Leidenschaft und das feinsinnige Gespür dafür nötig, was wirklich zählt; jetzt nicht mehr nur für den Einzelnen, sondern für die Gesellschaft. Es gilt, den eigenen Gesellschaftsbeitrag zu finden, der das eigene Wirken für andere nachvollziehbar und attraktiv macht: So können sie andocken und schenken der menschlichen Marke dafür ihre Aufmerksamkeit. Wer mit dem, was er tut, erreicht, dass es den Menschen und der Welt ein kleines bisschen besser geht, fühlt sich nicht nur erfüllt, sondern erfährt auch Zuwendung.

DIE PROFILIERTE MENSCHLICHE MARKE ERKENNT MAN DARAN, DASS MAN SIE ERKENNT.

Wahrer Sinn tut not in einer Zeit, in der Schneller, Höher, Weiter nicht mehr der Gradmesser für menschlichen und gesellschaftlichen Fortschritt ist. Die westlichen Industrienationen müssen umdenken und tun das zunehmend auch auf institutioneller Ebene; viele Einzelne und auch viele Marken haben ihr Denken und Handeln längst neu definiert.

Andere sind in diesem Punkt schon weiter als wir: Der kleine Himalaya-Staat Bhutan hat bereits 1972 die Zufriedenheit seiner Bürger als Staatsziel festgeschrieben und misst die Fortschritte mit dem »Gross National Happiness« (GNH) bzw. dem »Bruttoinlandsglück«. Sogar in unserer direkten Nachbarschaft ist man dabei umzudenken: Der französische Staat arbeitet gemeinsam mit Visionären, Wissenschaftlern und Ökonomen ganz konkret an einem neuen Indikator, angelehnt an den bhutanischen. Der soll ehrliche Auskunft darüber geben, ob das Wachstum (und vor allem welche Art von Wachstum) den Bürger tatsächlich »wohlhabender« macht. Vor allem im Sinne seiner tief empfundenen Zufriedenheit.

Die New Economics Foundation ermittelt regelmäßig den Glücksstandard in den Ländern der Erde im »Happy Planet Index«[90]. Ausschlaggebend für die Bewertung der einzelnen Staaten sind neun Kriterien:

- Lebensstandard
- Ausbildung
- Gesundheit
- Vielfalt und Widerstandskraft des Ökosystems
- Vielfalt und Aktivität des kulturellen Lebens
- gute Regierungsführung
- Nutzen und Balance von Lebenszeit
- Aktivität des gemeinschaftlichen Lebens
- psychologisches Wohlbefinden

Die höchste Wertung im aktuellen Happy Planet Index erzielt – Costa Rica. Viele der genannten Kriterien haben dort eine ungebrochene Tradition, während sie bei uns erst wieder den Raum, den sie auch hier einmal hatten und mit der Zeit zugunsten anderer Kriterien wie technologischer Fortschritt, Mobilität und Telekommunikation eingebüßt haben.

Wer hätte gedacht, dass Costa Rica uns einmal in einem globalen Ranking abhängen würde, und alle anderen westlichen Industrienationen ebenso? Alles ist möglich: Wer Sinn zu bieten hat, bekommt auch die ihm gebührende Aufmerksamkeit. Es gibt einen direkten Weg dorthin: Entwickeln Sie Ihre Human Brand.

DIE HUMAN BRAND ENTWICKELN

> Auf www.jonchristophberndt.com finden Sie unter »Bücher« und hier »Buchleser-Login« weitere Informationen und Arbeitsblätter zu den hier beschriebenen und weiteren Modulen. Der Benutzername lautet »buchleser«, das Passwort »12134«.

Wenn Sie Ihre Identität entwickeln, bedenken Sie, dass

- × Sie Ihre Marken-Persönlichkeit nicht für die Gegenwart, sondern für die Zukunft erarbeitet. Es handelt sich um Ihr Soll-Profil, weil das Heute morgen schon von gestern ist

- × dieses Soll-Profil wichtig dafür ist, wie Sie selbst sich in Zukunft wahrnehmen wollen (Ihr Selbstbild). Genauso wichtig ist es für das Bild, das die Menschen überall um Sie herum von Ihnen haben werden (Ihr Fremdbild)

- × Ihre Marken-Persönlichkeit so überlegt wie abgewogen entstehen und ausgerollt werden muss. Sie soll – genau wie die Marken starker Unternehmen und Produkte – mindestens zehn Jahre lang die Grundlage all Ihrer Aktivitäten sein; besser noch ein Leben lang

- × Sie sich nach der Entwicklung Ihrer Marke genug Zeit dafür nehmen, sie wahr werden zu lassen. Empfehlenswert ist ein Zeitraum von einem bis zwei Jahren. Dann hat sie in alle Lebensbereiche Einzug gehalten. Das ist nicht zu schnell und setzt Sie nicht zu sehr unter Druck; und es ist nicht zu langsam und vermeidet, dass Ihnen auf dem Weg die Luft ausgeht.

Auf der Grundlage Ihrer heutigen Ist-Situation entwickeln Sie Ihr Soll-Profil für morgen, das Sie fortan leben und für andere erlebbar machen.

Die Leitfragen dafür sind:

× Wofür stehe ich in zwei Jahren?
× Wie bin ich dann positioniert?
× Wie bin ich dann wahrnehmbar?
× Was macht mich dann besonders?
× Was spüren dann meine Mitmenschen von mir?

Die Hauptbestandteile Ihrer Identität als Human Brand:

Ihr Marken-Ei: Viele große, international erfolgreiche Unternehmen stellen all ihr Tun auf dieses Werkzeug ab. Das Marken-Ei ist der Nukleus Ihrer Marken-Persönlichkeit, die morgen wahr werden soll. In der Mitte steht ein einziges Wort. Es bezeichnet Ihren Markenkern oder auch Ihren ultimativen Beitrag zur Gesellschaft.

> DER MARKENKERN VON BMW IST »FREUDE«.
> DIE MARKENWERTE SIND »DYNAMISCH«, »INNOVATIV« UND »ÄSTHETISCH«.

Dieser Dotter des Eis ist der Ursprung Ihres Human Brandings: Welche Empfindung sollen andere in Zukunft haben, wenn sie Sie sehen, an Sie denken, sich mit Ihnen umgeben, Ihnen ihre Aufmerksamkeit schenken? Außen herum, im Eiweiß, stehen Ihre Markenwerte. Das sind drei Adjektive. Die Werte schützen, interpretieren und übersetzen den Markenkern. Sie legen ihn aus und übersetzen ihn, machen Ihre Positionierung griffiger.

× *Ihre Herausstellung:* Der Unique Selling Point (USP) steht für das Alleinstellungsmerkmal eines Produkts, seinen Vorteil im Vergleich mit den Produkten der Konkurrenz. Er ist dieses gewisse Etwas, das kein anderes Produkt hat. Er macht zum Beispiel eine Schokolade unverwechselbar und zu etwas ganz Besonderem. So hebt er sie aus der Masse der anderen Marken heraus. Das können die handverlesenen Criollo-Kakaobohnen aus dem venezolanischen Hochland sein, der besonders zarte Schmelz oder die raffinierte Füllung mit Chili. Oder aber der USP beschränkt sich auf die Verpackung, zum Beispiel auf ihre Wiederverschließbarkeit. Weil aber niemand der absolut Größte, der Beste, der Beliebteste, der Schnellste ist, hat der Mensch keinen echten USP – und selbst für Unternehmensmarken wird es immer schwieriger, sich noch griffig von der ständig wachsenden Konkurrenz abzuheben. Bringen Sie deshalb stattdessen das auf den Punkt, was Sie herausstellt, von den Menschen in Ihrer Umgebung abhebt. Finden Sie die Eigenschaften, die Sie wirklich von anderen unterscheiden. Im Beruf genauso wie im Privatleben und in der Freizeit.

× *Ihr Gesellschaftsbeitrag:* Das beste Produkt mit dem besten USP ist nur in dem Maß erfolgreich, wie es von seinen Fans begehrt wird. Nur wenn das sogenannte Nutzenversprechen der Schokolade – sie erfüllt ein Begehren, sie wird einem bestimmten Bedürfnis gerecht, sie macht das Leben schöner und erquicklicher – möglichst viele Menschen interessiert, ja fasziniert, hat sie die notwendige Relevanz. Dann wird sie beachtet. Was ist der Nutzen einer Schokolade, welche Relevanz hat sie? Man sagt, sie macht glücklich. Das sagt auch unser Unterbewusstsein, besonders wenn wir uns gestresst fühlen oder traurig sind. Es arbeitet und weint sich leichter mit einem Stück Schokolade.

Beim Menschen sprechen wir statt von seinem Nutzen (das klingt despektierlich, ähnlich wie »Humanressource«) von seinem Beitrag zur Gesellschaft, der ihm Relevanz verleiht. Der Gesellschaftsbeitrag ist das, was er anderen Menschen mitgibt und hinterlässt, das andere mit Freude und Dankbarkeit an ihn denken lässt und ihn deshalb auch zum Gesprächsthema macht.

Welchen Beitrag leisten Sie zukünftig dafür, dass die Welt ein bisschen besser wird? Beachten Sie, dass die beste Herausstellung nichts nutzt, wenn sie keinen begehrlichen Beitrag zur Gesellschaft ermöglicht. Umgekehrt nutzt der begehrlichste Beitrag zur Gesellschaft nichts, wenn zig andere Mitbewerber das Gleiche versprechen und vielleicht sogar halten.

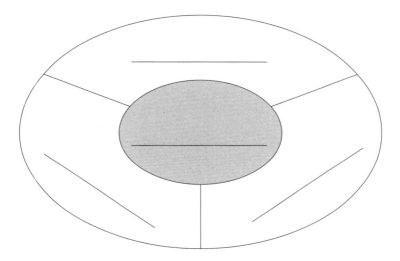

Vom Marken-Ei geht alles aus: Ihr Antrieb, Ihre Ziele und die Wege dorthin. In der Mitte steht Ihr Markenkern, außen herum stehen Ihre Markenwerte.

STARKE PROMINENTE BEISPIELE

1. Paulo Coelho

Der Erfolgsautor Paulo Coelho (»Der Alchimist«, »Veronika beschließt zu sterben«, »Elf Minuten«) erreicht Millionen Menschen jeden Alters und aus vielen gesellschaftlichen Milieus. Man fühlt mit den Protagonisten in seinen Büchern, ist berührt von den Geschichten und beschließt die Lektüre mit dem wunderbaren Gefühl der Zufriedenheit. Dabei hält sich der Autor stets im Hintergrund; er gibt nur wenige Interviews und lässt weitestgehend sein Werk für sich sprechen. Er möchte nicht durch seine Person, sondern durch sein Inneres, seine Persönlichkeit überzeugen, um dem Leser die Identifikation mit seinen Figuren und Geschichten nicht zu verstellen. Was ihn auszeichnet, ist die Gabe, die gesellschaftlichen Verhältnisse mit wachen Sinnen wahrzunehmen und Geschichten zu schreiben, die dem Leser Wachstum und Erkenntnis schenken. Sein weltweites Engagement für mehr

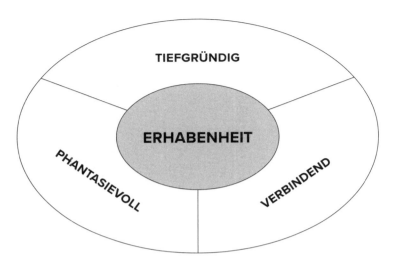

Marken-Ei von Paulo Coelho

Toleranz und Vielfalt, für soziale Initiativen und die Gestaltung einer besseren Zukunft kann als konsequente Betrachtung einer »Weltenseele« gedeutet werden, um deren Wohlergehen er sich sorgt und kümmert. Dafür schenken Millionen Menschen ihm ihre Aufmerksamkeit.

x Herausstellung: Ich öffne verschlossene Herzen. Dabei stelle ich mich den brennenden Fragen der Gesellschaft, spreche Tabuthemen an und breche Grenzen auf. Bei der Beschäftigung mit philosophischen Fragestellungen treiben mich schonungsloses Hinsehen, ehrliche Reflexion und meine stete Weiterentwicklung an. Mit mir lernt man sich selbst und die Welt besser kennen.

x Gesellschaftsbeitrag: Durch mich verstehen Menschen, was sie bewegt. Sie beschäftigen sich angstfrei mit allen Facetten ihres Lebens und ihrer Seele, und sie nehmen ihre Welt positiv und phantasievoll wahr. Die Menschen erkennen sich in meinem Werk und wachsen so über sich hinaus. Sie werden besser und können ihren Mitmenschen ein größeres Vorbild sein.

Marken-Ei von Arnold Schwarzenegger

2. Arnold Schwarzenegger

Der Schauspieler und Politiker Arnold Schwarzenegger ging mit 18 Jahren aus Österreich in die USA. Schon in den Siebzigerjahren verdiente er seine ersten Millionen im Immobiliengeschäft. Auf dem Höhepunkt seiner beeindruckenden Biographie war er Gouverneur von Kalifornien. Trotz alledem ist »Arnie« den meisten als Bodybuilder und Schauspieler bekannt. Auch wenn er in einem seiner ersten großen Kinoerfolge »Conan, der Barbar« maximal fünf Sätze sprach und die wenigsten Menschen sich damals mit Kraftsport beschäftigt haben, hat er es auf dieser Basis zur Berühmtheit gebracht, weil er einzigartig war. Wir wissen sogar um sein nichteheliches Kind mit der Hausangestellten und die dramatische Trennung von Maria Shriver. Die Öffentlichkeit sah es ihm nach wie vieles andere; seine Marke blieb unbeschädigt, weil sie stark genug war.

× Herausstellung: Ich gehe immer einen Schritt weiter als die Masse. Für mich ist das erreichte Ziel nicht das Ende. Meine Kraft ist grenzenlos, und für mich gibt es keinen Stillstand. Ich entwickle mich immer weiter und schwimme an immer neue Ufer. Dabei scheue ich kein Hindernis, und ich gehe den direkten Weg. Schwierigkeiten sind für mich Herausforderungen. Ich nehme sie immer an.

× Gesellschaftsbeitrag: Ich mache Mut. Mit mir werden Täler durchschritten und Gipfel erklommen. Durch Standhaftigkeit erfüllen sich die Menschen ihre Träume, genauso wie ich. Sie sagen dann auch: »I live my dream instead of dreaming my life.« Dabei wachsen sie wie ich an ihrer Fehlbarkeit, und sie begreifen ihre Fehler als Chance.

3. Jackie Kennedy

Wenigen Menschen gelingt, was Jackie Kennedy gelungen ist. Sie ist heute noch der Inbegriff einer ganzen Stilrichtung, die Ikone von Perfektion und Eleganz. Nahezu alles, was sie trug, wurde früher oder später zu einem Klassiker. Ihre charakteristischen Markenzeichen: die Perlenkette, die übergroße schwarze Sonnenbrille, der Pillbox-Hut, das klassische Etuikleid und die

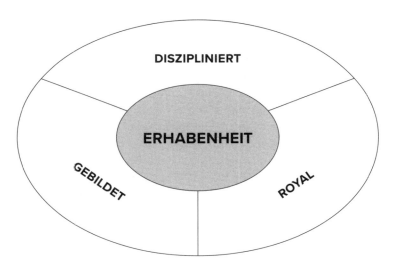

Marken-Ei von Jackie Kennedy

Gucci-Tasche, bekannt als Jackie-Bag. Die Mutter aller First Ladys wird mit ihrem klassisch-zeitlosen Geschmack und ihrem immer dem Anlass gemäßen Stil in Verbindung gebracht. Menschen ihres Typs wissen sich für jeden Anlass richtig zu kleiden und gehen dabei äußerst gewissenhaft vor. Der Anspruch, den sie an sich selbst stellen, soll sich auch in ihrer Mode ausdrücken. Dabei stehen Moral, Disziplin und Ordnung ganz oben, was auf manche Menschen kühl und abgeklärt wirken kann. Das Beste, und das ist nicht bloß materiell gemeint, ist gerade gut genug. Durch Leitfiguren wie Jacqueline Kennedy traut man sich, sich dieses Beste auch zu nehmen; weil man es als allzeit eleganter Perfektionist verdient und verkörpert. Und weil man es zu schätzen weiß, gibt man es gern auch anderen, die es verdienen.

- x Herausstellung: Ich verfolge meinen Weg und meine Ziele mit großer Konsequenz. Was laut und bunt ist, ist nicht meine Welt. Stattdessen bin ich zuallererst und sehr lange die Beobachterin. Dann, zum richtigen Zeitpunkt, glänze ich zu 100 Prozent. Dabei kommt die Qualität immer zuerst: Lieber etwas weniger, das aber in jeder Hinsicht erlesen.

- x Gesellschaftsbeitrag: Durch mich haben die Menschen das schöne, leichtfüßige Gefühl, etwas größer, glanzvoller und weltfraulicher zu sein. Ich verleihe ihnen Flügel, in ihrer Vorstellung wie im wirklichen Leben. Sie wachsen über sich hinaus. Sie werfen Ballast ab und machen Platz für ihr Wesentliches. Dadurch gelangen sie in neue, entdeckenswerte Sphären, die ihnen zuvor verborgen blieben.

4. Thomas Gottschalk

Der Entertainer Thomas Gottschalk hat sich vom Radio über Kino und Fernsehen in das kollektive Herz der Deutschen moderiert und gespielt. Er ist die geborene Frohnatur – enthusiastisch, humorvoll, kommunikativ und leidenschaftlich. Bei allem, was er tut, spürt man, dass er mit Spaß bei der Sache ist. Wo er ist, ist die ganze Energie. Er ist ein Meister des Wortes und zieht die Menschen in

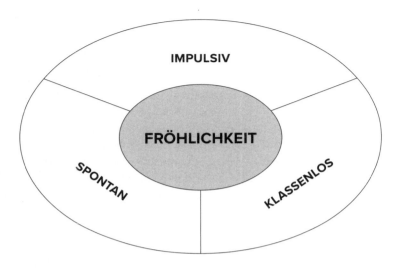

Marken-Ei von Thomas Gottschalk

seinen Bann. Während andere sich in der Öffentlichkeit betont cool geben, brennt er im wahrsten Sinne des Wortes für die Sache und ist dabei so ansteckend, dass man sich gern mitreißen lässt. Einfach gut drauf sein, für ein paar Stunden abschalten und sich das Leben einmal nicht zu sehr zu Herzen nehmen.

× Herausstellung: In meiner Gegenwart ist es ein bisschen fröhlicher, bunter und glücklicher als im normalen Leben. Ich sehe alles erst einmal positiv, und dabei bin ich immer echt. Ich bin ein Sonnenschein und erleuchte jeden Raum, aus tiefstem Herzen. Wo ich scheine, werden Energien freigesetzt. Ich teile sie gern.

× Gesellschaftsbeitrag: Auch in schwierigen Zeiten mache ich Hoffnung. Ich gebe den Menschen Urlaub von ihren traurigen, dunklen Erlebnissen und Gedanken, von Routine und Alltagszwängen. Mit mir lachen sie unbeschwert und haben Spaß am Leben. Sie werfen einen offenen und hellen Blick auf ihre Welt. Die Menschen laden bei mir ihren Akku auf. Das macht sie froh.

DIE EIGENE HALTUNG LEBEN Wer weiß, wofür er steht, hat alles, was er braucht, um an Klarheit und Kontur zu gewinnen. Beides ist wichtig in einer Zeit, in der es unendlich viele Wege und Möglichkeiten gibt – und damit großes Potential dafür, sich völlig zu verzetteln. Wer sich selbst genauso wie seinen Antrieb, seine Wünsche und Ziele einzuschätzen weiß, hat etliche Vorteile: Er kann sich auf die Menschen konzentrieren, die ihm wirklich etwas bedeuten. Sie verdienen seine volle Aufmerksamkeit. Außerdem braucht er nur das zu tun, was seine Haltung erlebbar macht – und kann alles andere ganz bewusst weglassen. Es genügt das, was auf die eigene Positionierung einzahlt. Dieses Vorgehen verschafft ihm geplant die Aufmerksamkeit derjenigen Menschen, auf die es ankommt.

Alle Maßnahmen und Aktivitäten sollten darauf überprüft werden, ob sie Ausdruck der eigenen Haltung sind – und damit das Marken-Ei mit dem Markenkern und den Markenwerten sowie die Herausstellung und den Gesellschaftsbeitrag erlebbar machen. Diese Prüfung bezieht auch die Frage ein, welche Bühnen eigentlich wichtig sind, im Internet genauso wie im richtigen Leben. Nur dabei sein um des Dabeiseins willen ergibt jetzt keinen Sinn mehr. Stattdessen zählt die Devise, dass eher etwas gilt, wer seltener in Erscheinung tritt – dort, wo er mit seinen Beiträgen aus Worten und Taten die Spuren hinterlässt, die er hinterlassen will.

Auf einmal ist weniger mehr. Wir müssen nicht mehr immerzu mit der Herde gehen und brauchen keine Angst mehr zu haben, etwas zu verpassen: »Was, wenn ich daheim bleibe und begegne dann ausgerechnet dem Menschen nicht, der mir seine Visitenkarte geben und den Job ermöglichen würde, von dem ich schon immer träume?« Wer weiß, was er will, lebt weniger in der Hätte-Könnte-Würde-Blase und mehr im Hier und Jetzt. Da, wo »Wollen«, »Können« und »Werden« stattfinden. Das geht nicht nur online, sondern vor allem offline, in der Kantine und bei Einladungen, auch in der Pause im Theater.

Für Bacardi-Rum gab es einmal schöne Werbung. An Bahnhofsgebäuden hingen große Plakate, auf denen fröhliche Menschen in geselliger Runde zu sehen waren. Die Überschrift: »Deine Offline-Freunde vermissen dich!« Auch das entsprach dem Zeitgeist: wieder mehr Zeit für persönliche Begegnungen haben, die wir heute oft ziellos in den sozialen Netzwerke vergeuden. Inzwischen stellen sich viele die Frage, wer interessanter ist: derjenige, der wie alle anderen auf Facebook ist, dort aber nicht wirklich etwas zu bieten hat? Oder eher der, der überzeugt sagt, dass er nicht dabei ist, und es für alle gut nachvollziehbar begründet? Letzterer hat schnell und ohne große Anstrengung die volle Aufmerksamkeit der anderen und erspart sich obendrein viel Geposte, Gelike und Geshare.

WENIGER ZIELLOS INVESTIERTE ZEIT IM NETZ BEDEUTET MEHR ZEIT FÜR ECHTE BEGEGNUNGEN.

Alles wirkt mit allem zusammen. Auch Berufs- und Privatleben. Es gibt keinen Anfang und kein Ende. Je stärker Sie Ihre Positionierung leben, desto stärkere Wellen schlagen Sie und desto gezielter können Sie beeinflussen, wie Sie wahrgenommen werden. Das Beste, was uns passieren kann, ist, dass unsere Aussage nicht nur gut ankommt, sondern auch geteilt wird. Wir haben verdrängt, dass das nicht nur online, sondern immer schon im echten Leben funktioniert. Posten, Liken und Sharen geht auch real. Hier hat es sogar sehr schätzenswerte Vorteile: Die Empfänger können sofort mit dem Gesagten arbeiten und reagieren. Ihre Antwort kommt sofort und pur, ohne Überlegen und Strategisieren in der Anonymität hinterm Bildschirm. Sie ist zudem nicht nur verbal, sondern auch geprägt von der Mimik und Gestik des Gegenübers. Beides sagt oftmals mehr als Worte. Schnell entsteht ein echtes Gespräch, vielleicht sogar eine kontroverse Diskussion. Auch Fotos und Videos machen den Mangel einer echten Begegnung nicht wett. Sie sind immer mehr oder weniger inszeniert und damit eines nicht: spontan.

Wer weiß, was er im Leben will, und das für sich und für andere deutlich macht, muss weniger tun, um mehr zu erreichen. Er muss nicht mehr »Schaut mich an!« rufen und braucht kein »Push-Marketing« mehr. Wer das laut, bunt und omnipräsent macht, scheint es sehr nötig zu haben. Er braucht dringend Aufmerksamkeit. Statt sie zu bekommen, wird er schnell als nervig und unsympathisch wahrgenommen und tendenziell abgelehnt. Wer dagegen begehrenswert profiliert ist, kann sich gelassen zurücklehnen und »Pull-Marketing« betreiben: Der Mensch hat Anziehungskraft. Man will ihn gerne um sich haben. Andere Menschen fühlen sich zu ihm hingezogen, umgeben sich gerne mit ihm. Sie sind aufmerksam, wenn er in den Raum kommt, zum Sprechen anhebt und seine Ideen und Vorschläge unterbreitet.

Besonders anziehungsstark sind diejenigen, die nicht scheinbar perfekt daherkommen. Fehlbarkeit ist menschlich, Schwächen sind sympathisch. Vor allem sind sie keine Fehler, sondern eher Markenzeichen – wenn man sie klug ins Spiel zu bringen vermag. Exemplarisch macht das die Kampagne »Wir können alles. Außer Hochdeutsch« für das Bundesland Baden-Württemberg vor: So gekonnt wie charmant spielen die Schwaben und die Badener mit dem Vorurteil, sie könnten sich nicht richtig artikulieren. Das ist so sympathisch, weil es den Strebereffekt vermeidet. Zuerst gab es böse Anrufe bei den Verantwortlichen (»Ha noi, mir kennet do Hochdeutsch!«), und die Opposition in Baden-Württemberg forderte ein Ende der Verschwendung von Steuergeldern für diese Kampagne. Inzwischen geht der Slogan regionalen Unternehmern ganz selbstverständlich über die Lippen, und es schwingt Stolz mit. Sogar eine Folge des Stuttgarter Tatorts endete damit, aus dem Munde der Hauptfigur Kommissar Bienzle. Mehr sympathische Werbung für die Region, und die noch unbezahlt, geht nicht. Hier wird ein vermeintlicher Makel in eine Stärke, ein Markenzeichen umgemünzt: Das ironische Spiel mit der Schwäche lenkt die Aufmerksamkeit auf die Vorzüge, ohne sie zu »pushen«: Man hat Autos im Kopf und Maschinenbau, Wein und Maultaschen, schöne Landschaften und Urlaub. Wie gut, dass die Schwaben nicht auch noch Hochdeutsch sprechen. Perfekt wäre langweilig ...

Beim Menschen ist es ähnlich: Wer zu perfekt daherkommt, wird tendentiell abgelehnt. Deshalb ist es wichtig, ehrlich zu sich selbst und zu seinen Werten zu stehen. Ein Lapsus in einer Rede, zu dem der Redner steht und den er gekonnt auffängt, macht ihn nahbar und im schönsten Sinne des Wortes merk-würdig. Der aalglatte, einstudierte Vortrag wirkt dagegen irritierend. Sich toller zu verkaufen, als man ist, kommt nicht nur gestelzt daher – es kommt vor allem immer raus. Das führt zu Enttäuschungen: Niemand möchte erkennen müssen, dass er seine Zeit und seine Loyalität an einen Menschen verschwendet hat, der unlauter unterwegs ist und sich später als Mogelpackung herausstellt. Wir kennen das von Unternehmen, denen wir unser Vertrauen geschenkt haben, und sie haben es leichtfertig verspielt. Was jahrzehntelang mühevoll aufgebaut wurde, kann in wenigen Momenten kaputt sein und ist nur schwer zu reparieren.

Wer sich darauf verlassen kann, wer und wie er ist, muss seinen Narzissmus nicht über die Maßen pflegen und nicht mehr scheinen, als er ist. Ihm kann es genügen, dass er ganz er selbst ist, mit allen Besonderheiten diesseits wie abseits der »Norm«. Es zählt zu den Grundbedürfnissen des Menschen, Anerkennung zu erfahren. Dafür allerdings andere nur zu loben und zu umschmeicheln (und von

SCHWÄCHEN UND NIEDERLAGEN BRINGEN OFT MEHR IDENTIFIKATION ALS GLITZERNDE HELDENGESCHICHTEN.

ihnen nur gelobt und umschmeichelt werden zu wollen) ist nicht nachhaltig. Stattdessen brauchen wir die Identifikation mit all dem, was andere ausmacht – ihre Persönlichkeit und Haltung, Stärken und Schwächen, Besonderheiten und Merkwürdigkeiten. Wir wollen uns »erwischt« fühlen: »Sieh mal einer an, selbst dem passiert so etwas!«; »Wow, das hätte ich von dem nicht gedacht!«; »Wenn das sogar der passiert, kann ich ja ganz beruhigt sein!« Menschen, die solche Gedanken auslösen, sind nahbar und die wahren Vorbilder. Ein Video von André Heller, in dem der vielseitige Aktionskünstler ganz offen über seine Spiritualität und seine schwierige Kindheit spricht, hat viele Menschen ebenso sehr berührt wie seine Kunst. Vor dem Hintergrund dieser authentischen Geschichten bleiben seine Aussagen länger haften.

Wer aufmerksamkeitsheischend kommuniziert, läuft Gefahr, das zu vergeuden, von dem er selbst wie alle anderen immer zu wenig hat: Zeit. Und wen man als Zeitverschwendung empfindet, ignoriert man. Wer allerdings empathisch und einfühlsam kommuniziert, wird die Menschen aufmerken lassen. Sie sind berührt und danken es mit ihrer Hinwendung. Wer Aufmerksamkeit schenkt, wird Aufmerksamkeit bekommen.

Aufmerksamkeit ist die härteste Währung der Welt. Mit ihr ist es umgekehrt wie mit Euro und Dollar: Wer sie schenkt, bekommt eine Gutschrift auf das Aufmerksamkeitskonto; wer sie bekommt, kriegt etwas abgebucht. Wir sollten immer im Plus sein. Wenn wir wissen, wofür wir stehen, und unser Handeln daran ausrichten, ist das keine Kunst.

ZUM MITNEHMEN

× Wer weiß, wofür er steht, muss weniger tun, um mehr zu erreichen.

× Wer immer nur lobt und schmeichelt, sorgt für Vorbehalte. Sein Verhalten wird als gestanzt und unecht angesehen.

× Spürbar zu sein heißt, auch Unbequemes auszusprechen. Erst das macht den Menschen begreifbar und nahbar.

× Fehler und Schwächen können Besonderheiten und Markenzeichen sein. Dafür müssen sie bewusst eingesetzt und genutzt werden.

- Es ist erstrebenswerter, gut begründet nicht an jedem Hype teilzunehmen, als irgendwie mitzumachen wie alle anderen.

- Posten, liken und sharen ging immer schon offline: indem wir unsere Meinung sagen, die Meinung anderer schätzen und sie im Gespräch teilen.

- Die Offline-Kommunikation hat gegenüber dem Internet entscheidende Vorteile: Die Reaktion kommt direkt und ungefiltert, außerdem auch nonverbal über Mimik und Gestik.

- Auf dem Aufmerksamkeitskonto gibt es für geschenkte Aufmerksamkeit eine Gutschrift, für erhaltene Aufmerksamkeit eine Abbuchung. Es sollte immer im Plus sein.

AUFMERKSAMKEITS-DETEKTOR: BIN ICH EIN GUTER ZUHÖRER?

Aufmerksamkeit bekommen Sie auch dadurch, dass Sie sie anderen schenken – denn wer uns nicht zuhört, dem hören wir auch nicht gern zu. Prüfen Sie Ihre Zuhör-Kompetenz mit dem Aufmerksamkeits-Detektor.

Inwiefern sind die folgenden Aussagen für Sie zutreffend?

1	2	3	4	5
Trifft gar nicht zu	Trifft weniger zu	Neutral	Trifft eher zu	Trifft voll und ganz zu

× Weiß ich, wann ich zum letzten Mal ein wirklich gutes, außergewöhnliches Gespräch geführt habe?

× Erinnere ich mich daran, was es bei mir bewirkt hat?

× Bin ich, wenn ich mit jemanden spreche, zu 100 Prozent auf das Gespräch konzentriert?

× Schaue ich meinem Gegenüber dabei in die Augen?

× Tue ich das nicht nur im geschützten Raum, sondern auch an der Supermarktkasse, an der Tankstelle, im Konferenzraum?

× Stelle ich meinem Gegenüber Fragen?

× Fasse ich Gesagtes zusammen, um sicherzustellen, dass ich den anderen richtig verstanden habe?

× Frage ich nach, wenn ich etwas nicht verstanden habe?

× Spiegele ich meinem Gegenüber, wie bestimmte Dinge auf mich wirken?

- × Bleibe ich bei Vorwürfen und Kritik ruhig und sage ich, wie das Gehörte auf mich wirkt?
- × Kann ich meinen Ärger steuern?
- × Äußere ich meine Meinung einfühlsam?
- × Wende ich Ich-Botschaften an?
- × Äußere ich Ratschläge nur dann, wenn ich vorher gefragt habe, ob mein Gegenüber sie überhaupt hören will?
- × Halte ich Redepausen meines Gesprächspartners aus?
- × Fällt es mir leicht zu loben, Komplimente zu machen, zu ermuntern und aufzuheitern?
- × Interessiere ich mich nicht nur dafür, wo der andere mir behilflich sein könnte, sondern auch dafür, was ihn als Person auszeichnet?
- × Interessiere ich mich für seine Bedürfnisse?
- × Kann ich schweigen und mich zurücknehmen?
- × Habe ich den Mut, nein zu sagen?
- × Weiß ich subtil zu provozieren, wenn es sein muss?
- × Höre ich mir selbst zu?
- × Weiß ich, welche meine Wünsche, Bedürfnisse und Sehnsüchte sind?
- × Kann ich meine Werte und meinen Beitrag zur Gesellschaft formulieren?

- ✕ Kenne ich meine Ziele, und weiß ich, wie ich sie erreichen werde?
- ✕ Agiere ich verantwortungsbewusst?

Auswertung: Jede Bewertung von 3 bis 5 zeigt, wie viel Raum zur Entwicklung in diesem Bereich noch steckt, um in Zukunft noch besser zuzuhören und – auf dieser Basis – noch konstruktiver und produktiver zu handeln.

LEITFRAGEN FÜR DEN VERTIEFENDEN DISKURS Wenn wir ein Bedürfnis nach mehr Aufmerksamkeit verspüren, ist es ein guter Anfang, sie zum Thema zu machen. Beantworten Sie sich selbst die folgenden Fragen und sprechen Sie mit anderen darüber. Am besten mit aufmerksamkeitsstarken Menschen!

- Wie viel Aufmerksamkeit gebe ich auf einer Skala von 1 bis 10?
- Von wem wünsche ich mir Aufmerksamkeit und warum?
- Wem schenke ich Aufmerksamkeit (Menschen, Themen, Orten ...) und warum?
- Wem will ich mehr Aufmerksamkeit schenken und warum?
- Wem will ich – zugunsten meines Energiehaushalts – weniger Aufmerksamkeit schenken und warum?
- Welche Medien nutze ich und warum?
- Laufe ich mit der Herde, oder mache ich mein Ding?
- Schaffe ich es, mich mit meinem »stillen Ich« zu verbinden und es zu pflegen?
- Welchen Nutzen hat es, wenn ich etwas sage oder tue?

ANMERKUNGEN

1. Georg Franck: Ökonomie der Aufmerksamkeit, Carl Hanser Verlag, München/Wien 1998, Seite 52
2. Microsoft Canada: »Attention Spans«, S. 6
3. Vgl. Hartmut Rosa: Resonanz, Suhrkamp, Berlin 2016, S. 14
4. Ebd.
5. Yvonne Vávra: Wo haben wir nur unseren Kopf, Psychologie Heute 5/2016, S. 24
6. Bitte mit ohne, Süddeutsche Zeitung, 9./10.1.2016, S. 60
7. Georg Franck: Ökonomie der Aufmerksamkeit, Carl Hanser, München/Wien 1998, S. 54
8. Jörg Bernardy: Aufmerksamkeit als Kapital: Formen des mentalen Kapitalismus, Tectum, Marburg 2014, S. 2
9. Vgl. Silke Pfersdorf: Das Ego – ganz besoffen von sich selbst, Psychologie Heute 9/2014, S. 67
10. Vgl. ebd., S. 68
11. Vgl. Hans-Joachim Maaz: Die narzisstische Gesellschaft, dtv, München 2014
12. Vgl. ebd., S. 28/29
13. Vgl. »Narzissten halten die Wirtschaft am Leben« (Interview mit dem Psychiater Borwin Bandelow), Frankfurter Allgemeine Zeitung, 2.9.2012, S. 38
14. Vgl. Schüler feiern Abiball im Bundesliga-Stadion, Spiegel online, 8.7.2016, http://www.spiegel.de/lebenundlernen/schule/abiball-abiturienten-mieten-fussballstadion-in-koeln-a-1101692.html, abgerufen am 18.12.2016
15. Vgl. »Ich bin wie die Katze übers Dach, Spiegel online, 27.7.2014, http://www.spiegel.de/wirtschaft/unternehmen/middelhoff-ex-bertelsmann-manager-ueber-offenbarungseid-und-flucht-a-983090.html, abgerufen am 4.1.2017
16. Psychologie Heute Nr. 5/2016, S. 7
17. Psychologie Heute Nr. 9/2014, S. 68
18. Nico Rosberg – Der Rücktritt ist eine Liebeserklärung an seine Frau, Welt/N24 online, 2.12.2016, https://www.welt.de/sport/formel1/article159923602/Der-Ruecktritt-ist-

eine-Liebeserklaerung-an-seine-Frau.html, abgerufen am 6.1.2017
19. Felix Stephan: Ich, Ich, Ich, Zeit online, 28.12.2016, http://www.zeit.de/kultur/2016-12/narzissmus-soziale-netzwerke-trump-syme-dombek, abgerufen am 28.12.2016
20. Ebd.
21. Quelle des Tests: Psychologie Heute 5/2016, S. 62ff.
22. Jens Jessen: Der Parasit am Star, ZEITmagazin 23/2014, 30.5.2014, http://www.zeit.de/zeit-magazin/2014/23/photo-bombing-filmfestspiele-cannes-gesellschaftskritik, abgerufen am 4.1.2017
23. Vgl. Dr. Hansjörg Leichsenring: Von Coca Cola lernen: Erfolg durch Individualisierung, der-bank-blog.de, https://www.der-bank-blog.de/von-coca-cola-lernen-erfolg-durch-individuali-sierung/innovation/11535/, abgerufen am 18.12.2016
24. Vgl. Manfred Sader: Psychologie der Gruppe, Juventa, Weinheim/München 2008, S. 161ff.
25. Vgl. Nikolas Westerhoff: Die Macht der Mehrheit, Psychologie Heute 10/2005, S. 10
26. Kirsten Brühl: Die neue Wir-Kultur, Zukunftsinstitut, Frankfurt 2015, S. 86
27. Anna Roming: Viel zu tun?, Psychologie Heute 5/2016, S. 20
28. Sebastian Herrmann: Leben auf der Erbse, Süddeutsche Zeitung, 2./3.7.2016, S. 49
29. https://www.partyschnaps.com/ficken-likoer.html, abgerufen am 20.12.2016
30. Martin Arnetzberger: Provokation als Familientradition, Süddeutsche Zeitung online, 3.4.2013, http://www.sueddeutsche.de/politik/kim-jong-uns-drohgebaerden-provokation-als-familientradition-1.1638873, abgerufen am 16.11.2016
31. Kristin Haug: 19-Jährige erregt mit Damenbinden weltweit Aufmerksamkeit, Spiegel online, 20.3.2015, http://www.spiegel.de/schulspiegel/karlsruhe-protest-mit-binden-wird-weltweites-phaenomen-a-1024616.html, abgerufen am 16.11.2016
32. Was t(h)un Sie mit dem Fisch, Frau Bonham Carter?!, Bild, 13.2.2015, S. 20

33. Vgl. Eveline Moor: Körperintelligenz, Goldegg, Wien 2017, S. 159
34. Jörg Breithut: Pril schmeckt nach Hähnchen, Spiegel online, 12.4.2011, http://www.spiegel.de/netzwelt/web/virale-werbefallen-pril-schmeckt-nach-haehnchen-a-756532.html, abgerufen am 7.1.2017
35. Vgl. Edelman PR: Markenstudie Brandshare 2014 – Bindungswilliger Konsument sucht Marke, die ihn wertschätzt, Hamburg 2014
36. Das Cluetrain Manifesto, http://www.cluetrain.com/aufdeutsch.html, abgerufen am 9.1.2017
37. Franziska Steinle/Andreas Steinle/Thomas Huber: Die Zukunft des Konsums, Zukunftsinstitut, Frankfurt 2013, S. 97
38. Vgl. ebd., S. 98
39. http://www.duden.de/rechtschreibung/Persona#Bedeutung2, abgerufen am 26.11.2016
40. Eduard Kaeser: Das postfaktische Zeitalter, Neue Zürcher Zeitung online, 22.8.2016, http://www.nzz.ch/amp/meinung/kommentare/googeln-statt-wissen-das-postfaktische-zeitalter-ld.111900, abgerufen am 26.11.2016
41. http://www.dv-p.org/, abgerufen am 11.12.2016
42. Hannes Vollmuth: Eins zu null für die Lüge, Süddeutsche Zeitung, 29.11.2016, S. 10
43. Fischer Appelt: Neuer Redaktionskopf mit Format, https://www.fischerappelt.de/blog/dirk-benninghoff-neuer-redaktionskopf-mit-format/, abgerufen am 4.12.2016
44. Eduard Kaeser: Das postfaktische Zeitalter, Neue Zürcher Zeitung online, 22.8.2016, http://www.nzz.ch/amp/meinung/kommentare/googeln-statt-wissen-das-postfaktische-zeitalter-ld.111900, abgerufen am 26.11.2016
45. Franziska Steinle/Andreas Steinle/Thomas Huber: Die Zukunft des Konsums, S. 98
46. Vgl. z. B. http://www.genisis-institute.org/think-tank/weq-more-than-iq.html, abgerufen am 26.11.2016
47. Gary Keller: The One Thing. The surprisingly simple truth behind extraordinary results, Brad Press, Austin 2013, S. 43

48. Yvonne Vávra: Wo haben wir nur unseren Kopf, Psychologie Heute 5/2016, S. 26
49. Vgl. Christoph Koch: Der Ton macht die Musik, brandeins, Ausgabe 4/2015, www.brandeins.de/archiv/2015/handel/thomann-musikhaus-onlineshop-der-ton-macht-die-musik/ abgerufen am 23.10.2016
50. Shopping-Berater aus dem Netz, Frankfurter Allgemeine Zeitung online, 31.8.2015, http://www.faz.net/aktuell/finanzen/meine-finanzen/geld-ausgeben/curated-shopping-persoenliche-stilberatung-bei-online-haendler-13777985.html, abgerufen am 2.1.2017
51. Vgl. Edelman PR: Markenstudie Brandshare 2014
52. Kirsten Brühl: Die neue Wir-Kultur, S. 90
53. Vgl. Christoph Koch: Der Ton macht die Musik
54. Vgl. https://www.jack-wolfskin.de/corporate-responsibility.html#socialresponsibility, abgerufen am 4.12.2016
55. Milliardäre: Sie wollen nur unser Bestes, Die Zeit, 28.7.2016, S. 40
56. Einfach überzeugen, Die Zeit, 4.5.2016, S. 35
57. Felicitas Wilke: Der Banker bringt's, Süddeutsche Zeitung, 21./22.5.2016, S. 28
58. Daniel Jakubowski/Alina Schadwinkel: Ein Hashtag allein ist kein Zeichen für Mitgefühl, Zeit online, 24.12.2016, http://www.zeit.de/wissen/2016-12/empathie-mitgefuehl-anschlag-berlin-opfer, abgerufen am 3.1.2017
59. Ebd.
60. Carl Rogers: Der neue Mensch, Klett-Cotta, Stuttgart 1981, S. 68
61. Harvard-Klassiker Selbstmanagement, Harvard Business Manager Edition 4/2016, S. 41
62. Ebd., S. 36
63. Vgl. z. B. Al Weckert: Gewaltfreie Kommunikation für Dummies, Wiley-VCH, Weinheim 2014, S. 129
64. Eveline Moor: Körperintelligenz, S. 74f.
65. Vgl. Bärbel Schwertfeger: Googelst du schon oder denkst du noch? Psychologie Heute 3/2016, S. 62

66. Thorsten Schmitz: Der Feind der Liebe ist die Romantik, Süddeutsche Zeitung, 20./21.8.2016, S. 60
67. Stefanie Stahl: Das Kind in dir muss Heimat finden, Kailash, München 2015, S. 83
68. Vgl. ebd., S. 85
69. Sinn des Lebens, Harvard Business Manager 4/2016, S. 9
70. Christoph Schlick: Was meinem Leben echten Sinn gibt, Scorpio, München 2017, S. 53ff.
71. Die Reizüberflutung macht uns blind für das Wesentliche (Interview mit der Psychologin Anna Gamma), Psychologie Heute 5/2015, S. 23
72. Heiko Ernst: Das stille Ich, Psychologie Heute 10/2016, S. 23
73. »Kurz gesichtet«, Süddeutsche Zeitung, 25./26.7.2016, S. 60
74. http://www.aesop.com/de/about_aesop/, abgerufen am 10.1.2017
75. Vgl. »Unsichtbare Harmonie ist stärker als sichtbare«, Werben & Verkaufen 41/2014, S. 23
76. Vgl. »Den Neugierigen gehört die Welt«, Psychologie Heute 5/2015, S. 30
77. https://innosabi.com/tag/nagellack/, abgerufen am 28.12.2016
78. http://www.socialnetworkstrategien.de/2012/11/manhattan-bald-mit-neuen-community-colours-dank-crowdsourcing-und-unseraller-de/, abgerufen am 29.12.2016
79. Kunde bei Innovation einbeziehen, Markt und Mittelstand online, http://www.marktundmittelstand.de/zukunftsmaerkte/kunde-bei-innovation-einbeziehen-1082591/, abgerufen am 29.12.2016
80. https://ideas.lego.com/howitworks, abgerufen am 29.12.2016
81. Jon Christoph Berndt/Sven Henkel: Brand New: Was starke Marken heute wirklich brauchen, Redline, München 2014, S. 195
82. Dieses und weitere Anwendungsbeispiele finden sich auf der Plattform www.e20cases.org der Universität St. Gallen. Sie führt Fallstudien von Unternehmen zusammen, die sich

als Enterprises 2.0 verstehen und Social Software einsetzen. Abgerufen am 7.1.2017
83. Enterprise 2.0 – Unternehmen, öffne dich!, Manager Seminare 11/2011, S. 77
84. Vgl. Sigmund Freud: Der Humor (1927), in: Kleine Schriften I, Kapitel 29
85. Paul Johannes Baumgartner: Das Geheimnis der Begeisterung, Gabal, Offenbach 2014, S. 47
86. Wolfgang Schmidbauer: Warum hört er ihr nie zu? ZEITmagazin 44/2015, 12.11.2015, http://www.zeit.de/zeit-magazin/2015/44/liebe-beziehung-aufmerksamkeit, abgerufen am 18.11.2016
87. Andreas Lebert/Benjamin Lebert: Das Nein und die Forschung, Zeit Wissen 5/2016, S. 24
88. Vgl. http://www.adweek.com/news/advertising-branding/ad-day-patagonia-136745, abgerufen am 30.12.2016
89. Vgl. Kauf mich, Nicht, Süddeutsche Zeitung, 7./8.3.2015, S. 28
90. Happy Planet Index Costa Rica, http://happyplanetindex.org/countries/costa-rica, abgerufen am 7.1.2017

LITERATUR

Baker, Mila N.: Peer-to-Peer Leadership – Why the Network is the Leader, Berrett-Koehler Publishers, Oakland 2014

Bernardy, Jörg: Aufmerksamkeit als Kapital, Formen des mentalen Kapitalismus, Tectum, Marburg 2014

Berndt, Jon Christoph: Die stärkste Marke sind Sie selbst – Schärfen Sie Ihr Profil mit Human Branding, 5. erw. und aktual. Neuaufl., Kösel, München 2014

Berndt, Jon Christoph: Die stärkste Marke sind Sie selbst! Das Human Branding Praxisbuch, 2. Aufl., Kösel, München 2012

Berndt, Jon Christoph; Henkel, Sven: Brand New: Was starke Marken heute wirklich brauchen, 3. Aufl., Redline, München 2016

Berndt, Jon Christoph; Henkel, Sven: Benchmarken: Wie Unternehmen mit der Kraft der Marke ganz nach vorn kommen – und die anderen auf Abstand halten, printamazing, München 2016

Berndt, Jon Christoph; Henkel, Sven: Einfach markant! Wie Unternehmen durch Klarheit und Begehrlichkeit erfolgreich sind, printamazing, München 2017

Borbonus, René: Klarheit: Der Schlüssel zur besseren Kommunikation, Econ, Berlin 2015

Brandes, Nicole: We-Q, Wir-Intelligenz. Warum wir ohne sie untergehen und mit ihr wirklich erfolgreich werden, Europa, München 2016

Förster, Anja; Kreuz, Peter: NEIN: Was vier mutige Buchstaben im Leben bewirken können, Pantheon, München 2016

Fraade-Blanar, Zoe; Glazer, Aaron M.: Superfandom. How Our Obsessions are Changing What We Buy and Who We Are, W. W. Norton, New York 2017

Franck, Georg: Ökonomie der Aufmerksamkeit, Carl Hanser, München/Wien 1998

Haller, Peter M.; Nägele, Ulrich: Praxishandbuch Interkulturelles Management, Springer Gabler, Wiesbaden 2013

Itten, Theodor: Größenwahn, Ursachen und Folgen der Selbstüberschätzung, Orell Füssli, Zürich 2016

Keller, Gary: The One Thing, The surprisingly simple truth behind extraordinary results, Brad Press, Austin 2013

Laloux, Frederic: Reinventing Organizations. Ein Leitfaden zur Gestaltung sinnstiftender Formen der Zusammenarbeit, Vahlen, München 2015

Lippmann, Eric: Identität im Zeitalter des Chamäleons, Vandenhoeck & Ruprecht, Göttingen 2014

Logan, Dave; King, John; Fischer-Wright, Halee: Tribal Leadership, Harper Business 2011

Maaz, Hans-Joachim: Die narzisstische Gesellschaft, dtv, München 2014

Pariser, Eli: Filter Bubble. Wie wir im Internet entmündigt werden, Hanser, München 2012

Purps-Pardigol, Sebastian: Führen mit Hirn, Campus, Frankfurt 2015

Rosa, Hartmut: Resonanz, Suhrkamp, Berlin 2016

Sader, Manfred: Psychologie der Gruppe, Juventa, München 2008

Stahl, Stefanie: Das Kind in dir muss Heimat finden, Kailash, München 2015

Wu, Tim: The Attention Merchants. The Epic Scramble To Get Inside Our Heads, Knopf, New York 2016

Yakob, Faris: Paid Attention. Innovative Advertising for a Digital World, Kogan Page, London 2015

PERSONEN- UND NAMENREGISTER

Adidas 37
Adweek 184
Aesop Kosmetik 151f.
Airbnb 102
Apple 37
Arcandor 53
ARD 70
Armstrong, Lance 53
Arrillaga-Andreessen, Laura 110
Asch, Solomon 62f.
ASMR (Autonomous Sensory Meridian Response) 45
Audi 169

Barwasser, Frank-Markus 10
Bauer, Jack 150
Beats by Dr. Dre 37
Bee, Dagi (Dagmar Nicole Ochmanczyk) 45
Behrendt, Frank 92
Beiersdorf 180
Benninghoff, Dirk 92
Bernardy, Jörg 43
Berns, Gregory 63
Bertelsmann 53
Blecharczyk, Nathan 110
BMW 193
Bonham Carter, Helena 75
Botton, Alain de 137
Branson, Richard 110
Buffett, Warren 110

Capgemini 169
Carroll, Dave 120
Chanel 38
Charlie Hebdo 61
Christensen, Clayton 145
Citizens for Responsibility and Ethics 54

Coca-Cola 59f.
Coelho, Paulo 195f.
Colgate 180

Dell 162f.
Depp, Johnny 70
Deutsche Bahn 173f.
Dollar Shave Club 117

Ebay 184
Edelman 84, 100

Facebook 25, 46, 48, 60, 65
Fischer Appelt 92
Foundation Strategy Group 110
Franck, Georg 17, 41
Freud, Sigmund 172

Gamma, Anna 149
Gates, Bill 110
Gillette 116
Gottlieb Duttweiler Institut 48
Gottschalk, Thomas 165, 199f.

Han, Byung-Chul 56
Haribo 165
Heinemann, Gerrit 99
Heller, André 205
Henkel 82f.
Herbig, Bully 165
Hilti 67
Hitler, Adolf 51
Högel, Niels 51
Hohlfeld, Tony 39
Humanic 119

Jack Wolfskin 105f.
Jackson, Michael 109
Jobs, Steve 51

Jong-un, Kim 73
Jung, C. G. 87

Kaeser, Eduard 89, 92
Kahneman, Daniel 97, 128
Kashdan, Todd 161
Kennedy, Jackie 198f.
Klatten, Susanne 110
Kohl, Helmut 54
Kuoni 108

L'Oréal 185
Levitin, Daniel 26f.
Levy, David 97
Lieberman, Carole 55
Ludwig XIV. 51
Lufthansa 167

M&M 60
Maaz, Hans-Joachim 49f.
Manhattan 164
Manzoni, Piero 73f.
McAfee, Andrew 168
Melitta 179f.
Middelhoff, Thomas 53
Möllemann, Jürgen 186

Nass, Clifford 97
Nero 51
New Economics Foundation 191
New Philanthropy Capital 110
Nivea 180
Nokia 146
Nutella 59

Pariser, Eli 91
Patagonia 183f.
Pelzig, Erwin 10
Polar 37
Polo Ralph Lauren 38
Pril 82f.

Procter & Gamble 163

Rheinmetall 169
Rogers, Carl 124, 130
Ronaldo, Cristiano 109f.
Rosa, Hartmut 22
Rosberg, Nico 55
Ruch, Willibald 173
Ruoff, Susanne 115
Ryder, Winona 57

Schmidbauer, Wolfgang 175
Schmidt, Helmut 11
Schock, Aaron 53f.
Schöffel 93
Schröder, Gerhard 50f.
Schulte, Brigid 69
Schwarzenegger, Arnold 197f.
Shell 163
Siemens 169
Silesius, Angelus 137
Simon, Fritz 101
Spiegel Online 71
Stahl, Stefanie 142
Starbucks 88f., 163
Strauß, Franz Josef 186f.
Struve, Benita 167f.

Tchibo 57
Thomann 98, 104
Timberlake, Justin 114
Todenhöfer, Jürgen 187
Twenge, Jean 48

UPS 93

Vaude 184
Victoria's Secret 57
Vivil 179
Volksbanken Raiffeisenbanken 146
Volvo 38

Wayment, Heidi 150
Wehner, Herbert 186
Wera 166
Whitman, Meg 13
Wilkinson 117

Xing 186

SACHREGISTER

ADHS (Aufmerksamkeits-Defizit-Hyperaktivitäts-Störung) 49, 77f.
ADS (Aufmerksamkeits-Defizit-Syndrom) 77f.
Ambush-Marketing 57
ASMR (Autonomous Sensory-Meridian Response) 45
Attention-Junkie 43ff.

Bedürfnispyramide 14, 69, 144
Bottom-up-Kommunikation 101

Cashback 20f.
Clickbaiting 75
Co-Creation Communities 163ff.
Content Marketing 92
Curated Shopping 99
Customer Insight 87f.

Default Mode Network 139, 143, 157
Denken, langsames 97, 151

Enterprise 2.0 168

Fokussierung 78, 81f., 97f.
Fremdbild 192

Gesellschaftsbeitrag 104ff., 108ff., 112, 116, 190, 194

Herausstellung 109, 193f.
Holokratie 66, 141f.
Human Branding 58, 109, 146, 189ff., 192f.

Individualisierung 60, 87, 89

Konfetti-Denken 69

Konformitätsdruck 63, 67ff.
Markenbotschafter 67, 168
Multitasking 9, 69, 78, 97

Nachhaltigkeit 190
Narzissmus 48ff., 53ff.

Online Reputation Management 164

Persona 87
Provokation 16, 70, 73, 75, 181–188

Quiet Ego 150

Rapportbruch 128f.
Relevant Set 165

Schweigen, beredtes 21, 128, 136, 148f., 151ff.
Selbstbild 16, 37, 56, 192
Selbstdarsteller 29ff., 46, 54, 59
Share of Voice 19
Sinn, Sinnhaftigkeit 69, 96, 101, 144f., 190f.
Sparringspartner 158
SSP (Social Selling Point) 102ff., 121
Storytelling 46f., 93f.

Transparenz 100, 106

Unboxing 44
USP (Unique Selling Point) 102ff., 193f.

Wahrnehmung 16, 23, 35, 62ff., 78
We-Q (Wir-Intelligenz) 15, 95f.

DIE INHOUSE-SESSION MIT JON CHRISTOPH BERNDT

Workshop »Attention, please!«

Wenn alle nur noch durcheinanderplappern, sterben die Zuhörer aus: Jeder ist so gerne Sender, auf allen Kanälen, und keiner will mehr der Empfänger sein. Darüber sind die wertvollsten Tugenden der Kommunikation – aktiv zuhören und beredt schweigen – aus der Mode geraten. Jon Christoph Berndt macht Unternehmer und ihre Mitarbeiter konstruktiv betroffen: »Der meint ja mich!« Klar, wen denn sonst? Wenn alle verstehen, was sie jeden Tag dafür tun müssen, sich die Aufmerksamkeit von Kunden und Konsumenten zu verdienen, sorgen sie für das Allerwichtigste: das so profilierte wie begehrte Gesicht in der Menge. Und damit für ein zukunftsfestes Unternehmen. Jon Christoph Berndt macht glasklar, was es dazu braucht – die eindeutige Identität und die Fähigkeit, sie durch immer wieder neues Zuhören lebendig und begehrenswert zu erhalten. Und wie die ersten Schritte zu diesem Ziel ganz konkret aussehen.

Mehr auf brandamazing.com

© Marian Wilhelm

DER KEYNOTE-VORTRAG VON JON CHRISTOPH BERNDT

»Vorsprung durch Aufmerksamkeit: Wie die Erfolgreichen von morgen die härteste Währung der Welt gewinnbringend anlegen«

JCB hält das leidenschaftliche Plädoyer dafür, dass das einzig Wahre wieder wichtiger denn je ist: genau beobachten, wertschätzend zuhören, abgewogen aufeinander eingehen. Und zwar schon beim Anbieten und nicht erst beim Verkaufen. Der Vortrag eröffnet auf humorvolle Weise, wie wichtig es für das eigene Vorankommen ist, anderen wieder echte Beachtung zu schenken. Wer es tut, ist wirklich vorne. Produkte und Angebote können dann wieder attraktiv sein und tatsächlich interessieren. Das weckt Begehrlichkeit, und man wird beachtet. So haben die cleveren Menschen und die cleveren Unternehmen mit ihren zielgerichteten, leiseren Tönen das wirklich profilierte Gesicht in der Menge. Es kann so einfach sein: Wer zuhört, den erhört man gern.

Mehr auf jonchristophberndt.com unter »Vortrag«

© Marian Wilhelm